Mein „unbekannter“ Vater

v|rg

Die Autorin: Dr. phil. Renate Oldermann war nach einem Studium der Germanistik und Geschichte als wissenschaftliche Archivarin in verschiedenen niedersächsischen Frauenklöstern und Stiften tätig und publizierte mehrere Monographien zur Geschichte von geistlichen Frauen in der Frühen Neuzeit. 2002 wurde sie erste Preisträgerin des Wettbewerbs „Frauen-Christentumsgeschichten ab 1500 in Niedersachsen". Ihr letztes Buch mit dem Titel „Leveke von Münchhausen-von Hammerstein. Eine Frau in der Frühen Neuzeit" erschien 2021.

Renate Oldermann

Mein „unbekannter“ Vater

Eine Spurensuche in der NS-Zeit

Verlag für Regionalgeschichte
Bielefeld 2023

Bibliografische Information der Deutschen Nationalbibliothek:
Die Deutsche Nationalbibliothek verzeichnet diese Publikation
in der Deutschen Nationalbibliografie; detaillierte bibliografische
Daten sind im Internet über dnb.d-nb.de abrufbar.

www.regionalgeschichte.de

ISBN 978-3-7395-1506-9

Satz und Layout: Verlag für Regionalgeschichte

Gedruckt auf alterungsbeständigem Papier
Printed in Germany

Inhaltsverzeichnis

Vorwort

Die Kindheitsjahre, die ich mit meinem Vater verbracht habe, waren nicht sehr ergiebig. Ein paar Erinnerungen an den großen Mann mit Hut, der zum Mittagstisch nach Hause kam und danach eine halbe Stunde auf dem Sofa ruhte, bevor er wieder ins Geschäft eilte. Ein paar Erinnerungen wie er am Wochenende auf dem Sofa saß und las, ernst und still und so, dass ich wusste, ihn keinesfalls stören zu dürfen. Dann der Einschnitt, zwei Wochen nach meinem siebten Geburtstag: Als ich aus der Schule kam war der Vater abgereist. Die unfassbare Nachricht wurde mir durch Hedwig überbracht. Das Hausmädchen hatte ihm sogar geholfen, die Koffer herunter zu tragen. Meine Mutter sitzt im Sessel und weint, sie ist nicht ansprechbar, und das bleibt auch so. Unter meinem Kopfkissen finde ich am Abend ein Notizbuch des Vorjahres, eingefügt in einen Umschlag mit vielen kleinen Fächern, wie ich sie als Kind liebte. Mein Heiligtum für lange Zeit. Danach war die Person meines Vaters in eine große Wolke des Schweigens gehüllt. Niemand sprach mehr über ihn. Es gab ihn nicht mehr. Das Kind, das ich war, nahm gleichwohl zur Kenntnis, dass Briefe rasch in der Schürzentasche meiner Mutter verschwanden und Gespräche abbrachen, wenn ich das Zimmer betrat. Satzfetzen wurden aufgeschnappt: „Sie ist ihm um den Hals gefallen, in aller Öffentlichkeit" war einer von ihnen. Für mich blieben Fotos in dem Album aus Vaters Kindheit, die ich wieder und wieder betrachtete.

Als Jahre später wieder Kontakte erlaubt waren, war das frühe Band zerrissen. Ein Fremder mit zwei kleinen Jungen erwartete mich auf dem Bahnsteig. Alle waren sehr nett zu mir. Barbara, die zweite Frau meines Vaters, behandelte mich wie eine erwachsene Person und klärte mich über ihre Geschichte mit meinem Vater auf. Sie versuchte auch, ein Bild meines Vaters zu zeichnen, von dem ich so wenig wusste und dessen Person doch über Jahre einen so breiten Raum eingenommen hatte in meinem Inneren.

Unsere späteren Kontakte bis zu seinem Tode beschränkten sich auf den Austausch von humorigen Berichten und liebevollen Freundlichkeiten. Vater ist harmoniesüchtig, sagte Barbara, er will keine Konflikte, auch nicht mit seinen Söhnen. Am liebsten hat er es, wenn wir ihn alle anstrahlen.

Zwanzig Jahre nach seinem Tod übergab mir Barbara zwei schwere Taschen mit den Briefen meines Vaters, die er aus Ausbildung und Krieg an seine Eltern gerichtet hatte und die im großelterlichen Hause sorgfältig aufbewahrt worden waren. Es mögen wohl an die fünfhundert, nach Jahren geordnete Briefe gewesen sein – ich habe sie nicht gezählt –, die ich dann in zwei Archivkartons in meinem Arbeitszimmer zwischenlagerte. Der Zeitpunkt, sie zu lesen, war noch nicht gekommen. Andere Biographien nahmen mich in Anspruch, andere Bücher wollten geschrieben werden.

Für Vaters Werdegang blieb noch Zeit, später, dachte ich. Vielleicht fürchtete ich mich auch vor dem, was ich zu lesen bekommen würde. Briefe zu lesen, die ja gar nicht für mich bestimmt waren. Eindringen in die Privatsphäre eines Menschen, der nicht mehr verhindern konnte, dass seine fremde Tochter Worte lesen würde, die nicht für sie bestimmt waren. Wollte ich das? Würde ich diesem so vermissten und geliebten Menschen nicht zu nahe zu treten, gleichsam Diebstahl an geistigem Eigentum begehen?

Vielleicht aber hatte ich auch Angst vor dem, was ich herausfinden würde. Ich habe ihn nie befragt nach seinem Einsatz im Krieg an den verschiedenen Fronten und in den Orten, an denen er stationiert war. Dazu war er mir zu fremd geworden. Ich hätte es wohl auch als übergriffig empfunden, schaute ich doch von dem mir bekannten Ende auf eine weit entfernte Lebensepoche, auf vergangene Zeitläufe, während er mitten drin gestanden hatte, mitten drin in einer immer greifbarer werdenden menschenverachtenden Ideologie.

Mittlerweile sind dreißig Jahre vergangen seit dem Tod meines Vaters, und auch Barbara, das Bindeglied zwischen ihm und mir, lebt nicht mehr. Endlich wollte ich nun den Vorhang lüften, begann mit dem, was mich am meisten interessierte, den Schilderungen des Russland-Feldzuges. Immer wieder musste ich unterbrechen, fürchtete mich, weiterzulesen. Vom „russischen Flintenweib" war die Rede. So schlimm hatte ich es mir nicht vorgestellt.

Keiner der Beteiligten lebt mehr. Rücksichtnahme auf Lebende ist nun nicht mehr notwendig. Dennoch wollte ich mir ein Bild nicht zerstören lassen, das Bild meines Vaters. Ich wollte Rücksicht nehmen auf meinen Vater. Und auf mich. Ich wollte wissen, wie es „dazu" gekommen ist. Daher begann ich von Anfang an zu lesen und versuchte Einblick zu gewinnen in einen schleichenden Prozess, der in das Denken und Fühlen von Menschen eingriff, die in einem christlich-bildungsbürgerlichen Umfeld aufgewachsen und lebend das schleichende Gift nicht erkannten oder erkennen wollten, dem sie durch die immer wiederholten Parolen und Hasstiraden ausgeliefert waren, bis es keine Möglichkeit des Entrinnens mehr gab.

1. Familienglück

Ein ungewöhnlicher Beginn 1914

Kaum hat Anna Concordia Lindemann mit Hilfe der Hebamme Marie Müller am 2. Juni 1914, nachmittags um drei Uhr, einen gesunden Knaben zur Welt gebracht, da überstürzen sich die Ereignisse. Als sie das erste Mal ihren Sohn in einen geliehenen Kinderwagen packt und ihn das Lützow-Ufer entlang Richtung Tiergarten schiebt, schallt ihr von den Zeitungsjungen die Nachricht vom Mord an dem österreichischen Kronprinzen in Sarajewo entgegen. Und vier Wochen später, als sie mit dem kleinen Henry wieder einmal unterwegs ist, um im tiefgrünen Tiergarten die Sonne zu genießen, hat Österreich bereits den Krieg gegen Serbien erklärt. Ein paar Tage später erklärt Deutschland Russland und Frankreich den Krieg. Der Berliner „Tagesspiegel" vom 31. Juli verkündet auf seiner Titelseite: „Deutschland im Kriegszustand". Halb Berlin jubelt und schließt sich patriotischen Umzügen an, die andere Hälfte zeigt sich ratlos und erschüttert.

Anna Concordia genießt die wenigen Wochen, die ihr mit dem Kind in der kleinen Pension in der Genthinerstraße bleiben. Sie weiß, dass es ihre einzigen sind. Danach wird sie zurück nach Lichterfelde kehren; dort ist sie seit fünf Jahren als Hausdame bei dem „wirklichen geheimen Oberbaurat" Ernst Maximilian Hake tätig. Ihren Sohn kann sie nicht bei sich behalten, während sie in Lichterfelde Anweisungen für die Haushaltsführung des geheimen Oberbaurats gibt, abends dem Hausherrn vorzulesen oder mit ihm eine Patience zu legen hat. Ein paar Mal besucht sie ihren Dienstherrn, und jedes Mal scheint der kleine Henry zu wissen, was von ihm erwartet wird. Er weint nicht, er lächelt brav, wenn der alte Herr ihn anspricht und spielt versonnen mit seinen kleinen Fäustchen. Und ja, er ist ein ausgesprochen hübscher Knabe mit dunklen Augen und dunklem Teint und einem feinen Haaransatz. Dem betagten Herrn gefällt der kleine Junge, aber er hätte sein Großvater sein können und ein engeres Zusammenleben ist nicht vorstellbar. Ganz abgesehen davon, was die Nachbarschaft und erst recht die Familie sagen würde. Die beiden ältesten Söhne des verwitweten Oberbaurats sind selbst gerade dabei, Nachwuchs in die Welt zu setzen.

Auch in ihr Elternhaus in der mecklenburgischen Kleinstadt Grevesmühlen kann Anna Concordia auf keinen Fall zurück. Das Pastorat, das Lehrer- und Küsterhaus ducken sich im Schatten der alten Kirche rund um den Kirchplatz. Keinem einzigen Gemeindemitglied wäre es entgangen, wenn die Tochter des Lehrers plötzlich ein fremdes Kind an der Hand gehalten hätte. Schweren Herzens muss sich Anna Concordia von dem Kleinen trennen und ihn einer verwitweten älteren Dame in Berlin-Schöneweide zur Pflege überlassen. Dort, in der geräumigen Etagenwohnung in der Wattstraße, besucht sie ihren Sohn jede Woche und überzeugt sich von seinem Wohlergehen. Zuvor jedoch, am 11. Oktober

1914, empfängt Henry in der Himmelfahrtskirche in Berlin-Gesundbrunnen das Sakrament der heiligen Taufe. Paten sind ihre Mutter und ihre Schwester Henriette, die sich aus Lübeck auf den Weg gemacht haben, um der Tochter und Schwester wenigstens in dieser Stunde zur Seite zu stehen.

Vorstellbar ist es, dass sich die drei Frauen nach der Taufe bemühten, bei einer Tasse Kaffee und einem Stück Apfelkuchen der ersten Amtshandlung an Henry einen würdigen Anstrich zu verleihen. Naheliegend ist es, dass die drei über das weitere Schicksal des Jungen beraten haben. Nicht mehr zu eruieren sind jedoch die Motive, warum sich weder die Großmutter um den Enkel noch die Tante um den Neffen kümmern wollten oder konnten. Ob Henry in seinem späteren Leben sich jemals Gedanken darüber gemacht hat, ist ebenfalls nicht bekannt. So bleibt nur die Spekulation. Henriette Lindemann, offensichtlich noch unverheiratet, hatte wohl keine Möglichkeit, sich um den Jungen zu kümmern. Hinter der Großmutter, die vielleicht bereit gewesen wäre, stand ihr Mann, der als moralisches Vorbild im kleinen Städtchen die Aufnahme des unehelich geborenen Knaben nicht mit seinen Amtsvorstellungen in Einklang bringen konnte. Vielleicht war er nicht mal eingeweiht. Dass es sich Anna Concordia nicht leicht gemacht hat, ihren Sohn fortzugeben, ist allerdings offensichtlich. Vielleicht hat sie immer weiter nach Möglichkeiten gesucht, ihr bisheriges Leben mit dem Kind an ihrer Seite fortzusetzen.

So vergehen Wochen und Monate, bis Anna Concordia bereit ist, dem Vorschlag ihres Brotherrn zu folgen und das Kind zur Adoption freizugeben. Inzwischen ist schon das zweite Kriegsjahr angebrochen. Ernst Maximilian Hake gibt sich der preußischen Behörde gegenüber selbstlos als Erzeuger des Knaben aus und übernimmt die Vormundschaft. So ist es leichter, ein geeignetes Elternpaar für den Jungen zu finden, als wenn Anna Concordia hätte angeben müssen: „Vater unbekannt“. Unbekannt ist er Anna Concordia natürlich nicht, aber sie schweigt eisern, hält die Hoffnung aufrecht, dass sich der Mann, mit dem sie ihren schönsten Frühling und einen unbeschwerten Sommer verlebt hat, eines Tages zurück melden würde. Bis dahin aber muss es genügen, sich an seine schöne Gestalt und den Vortrag seiner wohlklingenden Verse zu erinnern.

Für Henry ist der eingesprungene Vater mit den ostpreußischen Vorfahren ein Segen, aber das ahnt damals noch niemand. Die Fähigkeiten des angeblichen Vaters liegen im Berechnen und Kalkulieren, im Umgang mit Zirkel, Lineal, Dreieck und Schablonen. Nicht weniger als achtzehn Postgebäude im ganzen Reich sind unter seiner Bauführung entstanden: Von Thorn bis Dortmund, von Schwerin über Bremen bis Straßburg tragen die gründerzeitlich imposanten Postpaläste seine Handschrift. 1891 war er Mitglied der „Preußischen Akademie des Bauwesens“ geworden und durfte ab 1906 den Titel „wirklicher“ geheimer Oberbaurat führen.

Um zu vermeiden, dass die junge Mutter weiterhin Kontakt zu ihrem Sohn sucht, bemüht sich die Fürsorgeeinrichtung um Adoptiveltern außerhalb Berlins. Nach einem halben Jahr ist sie fündig geworden. Im Westen des Reiches findet sie ein solventes Ehepaar, das bereits eine Tochter adoptiert hat und die Familie gern mit einem Sohn vervollständigen möchte. Nachdem diverse Formalitäten erledigt sind, tritt der kleine Henry in Beglei-

Front des Hauses Lürmannstraße 33, ca. 1930

Gartenseite, 1938

tung einer Kinderschwester im September 1916 seine erste große Reise nach Osnabrück an. Anna Concordia sieht ihn nie wieder.

Henry jedoch hat das große Los gezogen. Eine geräumige Villa mit großem Park, in erster Adresse oberhalb der Altstadt an der alten Stadtmauer gelegen, wird sein neues Heim. Der Garten ist unergründlich mit seinen efeuumrankten steinernen Sitznischen und den Wegen zwischen den blühenden Bäumen, mit dem Burggarten seitlich des Hauses und dem Goldregen an der Treppe zum Dienstboteneingang.

Gertrud Oldermann, die neue Mutter, ist sofort verliebt in den kleinen Kerl und kann ihr Glück kaum fassen. Gerührt schreibt sie ihrem „liebsten Schatz", der 1916 im Felde weilt, von der Ankunft des kleinen Sohnes: „Nun ist unser Kriegsjunge da, anders zwar, als wir zuerst gedacht hatten, aber ich hoffe, wir werden auch an diesem Kleinen rechte Elternfreuden erleben und ihn zu einem tüchtigen Menschen erziehen können, der seinen Platz im Leben ausfüllt."

Der kleine Bursche nimmt als erstes Besitz von dem großen Sandhaufen im Garten und lässt sich dann von der neuen Mutter auf die Schaukel heben. Henry ist bereits weit für sein Alter; er spricht schon allerlei, schreibt sie an Franz, ihren Mann, und – besonders wichtig – „er isst mit seinen zwei Jahren schon sehr nett". Zwei Tage später treffen die vierjährige Schwester Leonore und die beiden Cousinen Ilse und Gerda zu Hause ein, die für die ersten Tage bei den Großeltern in Bad Rothenfelde untergebracht waren, und bestaunen jubelnd das kleine Brüderchen. Gertrud bemüht sich, alles „in himmlische Wolken zu hüllen" und erklärt, ein Engelein habe ihn des Nachts in Leonores Bett gelegt. Daraufhin bestürmen die Mädchen den Kleinen mit Fragen, ob er im Teich geschwom-

Heinz Oldermann mit Schwester Lore und den Cousinen Ilse und Gerda Prankel, 1916

men oder im Himmel gewesen sei und ob ihn ein Storch oder ein Engelein gebracht habe. Gertrud beschreibt ihn als sehr aufgeweckt, der sich alles, was man ihm sagt, fabelhaft schnell merkt, auch könne er sich schon prachtvoll allein beschäftigen. Abends faltet er wie seine Schwester brav die Händchen und spricht ihr das Abendgebet nach.

Das erste Foto, das Gertrud von ihm macht, um es an Franz zu senden, zeigt den Kleinen im dunklen Matrosenmantel mit einem Spazierstock in der Hand. Auf dem Kopf sitzt die passende Mütze mit der Aufschrift M.S. Deutschland. Der Blick des Jungen ist ernst und ein wenig skeptisch in die Ferne gerichtet. Wenn man es länger betrachtet, erblickt man eine gewisse Traurigkeit dahinter. Auf dem Gruppenbild mit Schwester und Cousinen umklammert er ein Spielzeugauto aus Blech. Wie die drei jungen Damen um ihn herum ist er in ein weißes Kleidchen gehüllt und trägt Stiefel mit weißen Söckchen. Erst auf einem Foto vom Jahr 1917 sieht man ihn lachend neben seiner Schwester vor der Haustür, wieder in weiß, diesmal mit einer Matrosenmütze.

Überhaupt die Fotos: es sind nur wenige – und sie sind einzigartig, jedes ein sorgsam arrangiertes kleines Gemälde. Gertrud in einer hochgeschlossenen Spitzenbluse, die von einer Brosche gehalten wird, mit hochgekämmter Frisur. Daneben Henry im weißen Anzug mit ernstem Gesicht und weitem Blick. Beide sitzen auf einem Korbstuhl, der Junge auf der Lehne ist so drapiert, dass er seinen Kopf an den seiner Mutter lehnt. Gertruds Spitzenblusen sind – wie die Kleidchen der Mädchen und der kurze Kittel von Henry – weiß. Wie seltsam unpassend dies für die Kinder selbst gewesen sein muss. Doch das spielte keine Rolle, gestärkt, blütenweiß mit Spitze sind Attribute der Zugehörigkeit zu einer bestimmten Schicht. Und zu dieser gehören nicht die Frau, die einmal wöchentlich in der dampfenden Waschküche ihr heißes Werk betreibt, und auch nicht die Mädchen, die die feinen Stoffe mit dem Plätteisen bearbeiten müssen.

Draußen im Felde geht derweil der Krieg weiter: Von den Söhnen von Freunden fehlt jede Spur, und Cousin Ernst gilt seit 1916 als vermisst. Tante Agnes sei in größter Sorge um ihren ältesten Sohn, berichtet Gertrud ihrem Mann. Am 8. Oktober desselben Jahres erleidet Franz als Oberleutnant in der Schlacht an der Somme einen Kopfschuss, und hätte seinen jungen Sohn um ein Haar gar nicht kenen gelernt. Über den Verlust ihres Mannes hätten auch die EK I und II und die Bremer und Hamburger Hanseatenkreuze nicht hinweg geholfen. Gertrud unterstützt indessen die Heimatfront, sammelt für das Rote Kreuz und betätigt sich in der Kriegskaffeestube.

Lore und Heinz Oldermann, 1917

Nach einem Jahr des Eingewöhnens, als sich das Ehepaar ganz sicher ist, den Jungen an Kindesstatt anzunehmen, wird am 17. März 1917 mit Einwilligung der Anna Concordia Lindemann ein Adoptionsvertrag geschlossen und von dem Geheimen Oberbaurat vormundschaftlich genehmigt. Bis zu diesem Zeitpunkt hatte der Knabe noch die mütterliche Staatsangehörigkeit des Großherzogtums Mecklenburg-Schwerin. Der Termin vor dem königlichen Kammergericht in Berlin-Lichterfelde ist das erste und einzige Mal, an dem das neue Elternpaar mit der leiblichen Mutter und dem angeblichen Vater zusammentrifft. Die Stempel-Gebühren von 27 Mark berechnen sich nach dem Wert des „Gegenstandes“ in Höhe von 3.000 Mark. Nur Henry soll der Gegenstand nicht mehr heißen. Henry Alexander das klingt dann doch zu hochtrabend in den Ohren der neuen Eltern. Sie machen Heinz aus ihm, lassen ihm aber den zweiten Vornamen Alexander.

Eine achtbare Familie

Der neue Vater Dr. Franz Oldermann stammte aus hanseatischem Haus: gebildet, protestantisch-sparsam, pflichtbewusst, achtbar und arbeitsam. Geld war genug da, aber man vermied, es auszugeben. Früh verwaist – die Mutter fünf Tage nach der Geburt verstorben, der Vater ihr wenige Jahre später gefolgt – wuchs Franz bei den Schwestern des Vaters in der Bremer Feldstraße auf. Sechs Tage die Woche führte ihn sein Weg zum Alten

Gymnasium, am Sonntag mit den Tanten Anna und Ida in den St. Petri-Dom, wo sich seine Eltern einst das Jawort gegeben hatten. Mit Fleiß und dem nötigen Kapital aus der ererbten väterlichen Zigarrenfabrik in Bremen-Burg absolvierte Franz ein Jurastudium an der Rupert-Karl-Universität in Heidelberg und schloss nach dem Staatsexamen im Juli 1901 mit einer Promotion ab. Unterbrochen wurde Franz' Karriere nur durch seinen Militärdienst in Burgdamm, den er als königlicher Leutnant der Reserve „hochwohlgeboren" 1901 beendete und durch seinen Einsatz im Ersten Weltkrieg, der ihm den Rang eines Hauptmanns einbrachte. Nach dem Assessorenexamen und einem Jahr als Justitiar der Deutschen Bank in Osnabrück trat er 1906 in eine Kanzlei ein und brachte es zu einem anerkannten und gutbetuchten Rechtsanwalt und Notar. Als Dank für die Rettung der Kohlenzeche „Glück auf" im Ruhrgebiet, die er im Auftrag der Deutschen Bank nach dem Krieg sanierte, bot man ihm eine leitende Stellung an, die er aber zugunsten seiner Tätigkeit in der Kanzlei ausschlug. Ein in Bronze gegossener Bergmann zierte seither als Anerkennung seiner Bemühungen die Diele im Hause an der Lürmannstraße. Seine christliche Überzeugung, seine Kompetenz und Unbestechlichkeit sprachen sich bis in die Landeshauptstadt herum, so dass man ihn 1932 in den siebenköpfigen Rat zur Gründung der evangelisch-lutherischen Landeskirche Hannovers berief. Freundschaften zum Generalsuperintendenten Wilhelm Schomerus in Aurich und zum ersten hannoverschen

Dr. Franz Oldermann, 1930

Gertrud Oldermann, geb. Kanzler, 1907

Landesbischof August Marahrens wurden ein Leben lang gepflegt. Aber nicht nur mit den Dignitäten der eigenen Konfession stand Franz in enger Beziehung, auch der katholische Bischof Wilhelm Berning zählte zu seinen Gesprächspartnern. Als Syndikus des vormaligen Fürstbistums Osnabrück und Ritterschaftssekretär der „Landschaft“ stand er zudem in engem Kontakt mit den alten Adelsfamilien des Osnabrücker Landes. Und stets um 8.30 Uhr schloss Franz die Tür zur Kanzlei auf, die er mit zwei Kollegen führte. Pünktlich um 13 Uhr schloss er die Tür seines Heims auf, um sich an den gedeckten Tisch zu setzen. Franz war ein gütiges, aber auch strenges Familienoberhaupt. Gesprochen wurde bei den Mahlzeiten nur das Nötigste, man konzentrierte sich auf die Gaben des Herrn. So war es der Hausherr von Jugend auf aus Bremen gewöhnt.

Gertrud ihrerseits stammte aus einem Arzthaushalt in Bad Rothenfelde. Ihr Vater Dr. Otto Kanzler, Geheimer Sanitätsrat, war der erste Badearzt Rothenfeldes und hatte mit der Einrichtung von Kurkliniken für skrofulöse Kinder aus dem Ruhrgebiet dem kleinen Ort im Teutoburger Wald mit seinen Salzsalinen und dem Grenadierwerk zum Titel eines Bades verholfen. Kinder, die zu Hause selten die Sonne und niemals etwas anderes als die mit Kohlestaub bedeckten Höfe und Gassen zu sehen bekamen, erhielten in den Heimen erstmals gesunde Nahrung und die Gelegenheit, in frischer Luft herumzutollen. Bereits 1887 profilierte Otto sich mit der Arbeit „Die Skrofulose, ihre Pathologie und allgemeine Therapie.“ Nur drei Jahre später, 1890, verfasste er eine erste Schrift über seine neue Wirkungsstätte, in der er die topographischen und klimatischen Verhältnisse von Rothenfelde einer genaueren Untersuchung unterzog, über die Flora und Fauna der Gegend sowie über die Geschichte der Saline und über die nähere und weitere Umgebung des kleinen Badeortes genaueste Beschreibungen vorlegte.

Verheiratet war Otto mit Hermine Künsemüller, einer Arzttochter aus Neuenkirchen, mit der er während seiner Assistenzzeit in Osnabrück „zarte Bande“ geknüpft hatte – wie es in seinem Nachruf hieß. Zum großen Unglück für Otto starb Hermine bereits mit 45 Jahren, nach nur 23-jähriger Ehe. Fast zwanzig Jahre sorgte seitdem eine Hausdame, von den Kindern Tante Dele genannt, für den älter werdenden Herrn. Nach dem Tod seiner Frau gab sich Otto ganz seiner Leidenschaft der geologischen Forschung hin. Auf ausgedehnten Wanderungen erforschte er die Gesteinsformationen des Teutoburger Waldes vom Paläozoikum bis zum Känozoikum und fasste 1920 seine Forschungsergebnisse in der zum Standardwerk avancierten wissenschaftlichen Schrift „Geologie des Teutoburger Waldes und des Osnings“ zusammen. Seine auf vielen Wanderungen zusammengetragene Mineraliensammlung überantworteten seine Töchter später dem Rothenfelder Heimatmuseum. Als Arzt und Geologe tätig, dürfte Otto Kanzler bei diesem Programm keine seiner Stunden vertan haben, und so heißt es denn auch in dem 1924 erschienen Nachruf in der Osnabrücker Zeitung über sein geologisches Werk, dass es „beredtes Zeugnis ablegt von dem unendlichen Fleiß, mit dem sich der Verfasser in die ihm vertraute Materie vertieft hat.“

Ottos Sohn, ebenfalls Otto, trat nicht in die Fußstapfen des Vaters, sondern versuchte sich gemeinsam mit seiner Frau Klara als Tabakfarmer in Brasilien, wo ein Sohn zur Welt kam. Doch das Unternehmen florierte nicht, und so kehrte er ohne Anhang nach

Deutschland zurück. Niemand fragte nach dem Sohn. Ein lukrativer Neustart fand nicht statt, so dass sich Onkel Otto, nunmehr wohnhaft in Köln und nach Aussage seiner Neffen meistens klamm bei Kasse, an allen Festtagen zu Besuch in Osnabrück einfand.

Torbole, 1905

Großvater Ottos Töchter – Gertrud und Irmgard – durften schon vor der Jahrhundertwende das Lehrerinnenseminar in Osnabrück besuchen. Während die jüngere Irmgard einen Diplom-Ingenieur heiratete, der nach der Eheschließung die väterliche Fabrik für

Schuls, 1906

landwirtschaftliche Maschinen in Groß-Strehlitz in Schlesien übernahm, hat die vier Jahre ältere Gertrud bis zu ihrer Verheiratung sogar unterrichtet, damals eine Seltenheit.

Gertruds erster Mann Friedrich Struck, ein wohlhabender Großkaufmann und Inhaber der Firma Rudolph Richter in Osnabrück, verstarb nach nur vier Ehejahren 1909 an Leberkrebs. Aus den wenigen Jahren haben sich Ansichtskarten von der Hochzeitsreise im April und Mai 1905 an den Garda-See erhalten. Sie führen den Betrachter in eine vergangene Welt. In Torbole im Hotel Lago di Garda wurde Quartier genommen. Dort, in Ufernähe, dokumentiert eine Gedenktafel, dass im September 1786 auch Goethe hier Urlaub machte: „Heute habe ich an der Iphigenie gearbeitet, es ist im Angesicht des Sees gut von statten gegangen.“ Handgemalte Postkarten geben den Charme des alten Castells von Toblino und die Ausblicke vom Belvedere wieder. Mit dem Dampfschiff unternahmen Gertrud und Friedrich Ausflüge nach Riva, dessen pitoreske Schönheit auf den alten Karten bezeugt ist. Mit der Pferdekutsche ging es hinauf zum Wasserfall von Ponale.

Eine weitere Reise führte das Paar im Juni und Juli 1906 in die Schweiz. Die Ansichten aus Schuls und Vulpera, wo die beiden drei Wochen verbrachten, offenbaren Gertruds Interesse am täglichen Leben. Sie zeigen den Brunnen auf dem Dorfplatz, wo vier Frauen mit Kopftuch ihre Wäsche waschen, oder präsentieren einen hochbeladenen Heuwagen, der von einem Bauernpaar begleitet und von einem Ochsen gezogen wird.

Morteratgletscher, 1906

Weiter geht es für zehn Tage ins Oberengadin nach Pontresina, von wo sie zu Ausflügen in die Gebirgswelt aufbrechen. Ein Foto von der „Traversierung des Persgletschers", die am 5. Juli stattfand, vermittelt, wie man sich eine solche Wanderung vorzustellen hat. Eine Gruppe von drei Männern im Anzug, gefolgt von sieben Damen mit Hut und langen Röcken und kleinen Stiefelletten bahnen sich mit langen Staken den Weg durch den Schnee. Ist die schwungvoll an der Spitze laufende junge Frau Heinzens spätere Mutter Gertrud?

Am 7. Juli schließlich erklettern sie den Sassal Massone. Vor einer Rundhütte aus Bruchsteinen stehen ein Bergführer und ein Wanderer, eine Fotografie, die den jungen Ehemann zeigt. Übernachtet wird im Bernina Hospiz. Die nächsten beiden Ehejahre erlauben dem erkrankten Friedrich nur noch kürzere Reisen in den Harz und an die Mosel. Im Juni 1908 endet nach einem Besuch am Feldberg das Leben von Gertruds Ehemann in einer Lungenklinik in Halberstadt.

Ein zweites Glück

Im folgenden Jahr macht sich Gertrud noch einmal auf zu den alpinen Seen und unternimmt Ausflüge nach Venedig und Mailand. Sicherlich wird sie nicht allein gereist sein, sondern sich der Begleitung ihrer Schwester oder einer Freundin versichert haben. Derweil hat Franz wie auch andere Verehrer ein Auge auf die ihm flüchtig bekannte und aus der Ferne bewunderte junge Witwe geworfen und sie schließlich zu einer zweiten Eheschließung überreden können. Als Trauzeugen treten am 16. September 1910 Franzens Kollege Bödecker und an Stelle der bereits verstorbenen Hermine deren Schwester Minna an. Die Hochzeitsreise führt Gertrud und Franz nach London und auf die Isle of Wight, kein sehr gängiges Urlaubsziel zu jener Zeit. Auch von diesen beiden Reisen zeugen eine Menge handgemalter Postkarten, die Gertrud zur Erinnerung in ein ledergebundenes Album einsteckte.

Es wurde eine glückliche Ehe, einzig Gertruds immer wieder enttäuschte Hoffnung auf Nachwuchs trübte das junge Glück. Da halfen auch die Reisen in die Sanatorien für Frauenleiden von Bad Elster und Franzensbad im Jahr 1911 nicht. Auf einem Foto sind am Rande vieler anderer Kurgäste Gertrud und Franz zu erkennen, die offensichtlich einem Vortrag im Kurpark eines der Heilbäder lauschen.

1913, ein Jahr vor Kriegsausbruch, treten die beiden noch eine letzte große Reise an, die zunächst nach Tirol führt, wo im Alpenhotel Ammerwald Quartier genommen und die Umgebung erkundet wird. Anschließend geht es in die Dolomiten, wo das Hotel Canazei in Fazza als Unterkunft dient. Zahlreiche Aufnahmen zeugen von Gertruds Begeisterung für die hohe Bergwelt. Auf mehreren Karten ist ein kleiner Postautobus abgebildet, mit dem die Reisenden die Serpentinen der menschenleeren Dolomitenstraße bezwingen.

Den Abschluss der Reise bildet ein Aufenthalt in Bayern. Bewundernd werden Gobelinzimmer und Spiegelsäle der bayrischen Märchenschlösser durchschritten, anschließend im Schlosspark Kaskaden, Venustempel, und Königslinden bestaunt. Vielleicht kann man sich ja einige Anregungen holen für die Gestaltung des heimatlichen Gartens

Isle of Wight, 1911

an der Lürmannstraße, wo 1911 das Erbe aus der väterlichen Zigarrenfabrik in Bremen-Burg und aus der Firma von Gertruds verstorbenem Ehemann in die Errichtung einer Villa im Jugendstil eingeflossen ist. Vier kleine, von niedrigen Hainbuchen eingefasste Lauben rechts und links der Treppe, die vom Haus in den Garten hinab führt, zeugen von Gertruds romantischem Gestaltungswillen. Mehr noch, das zum Nachbarhaus hin gelegene ausgetiefte Gartenstück, das auf drei Seiten von Bruchsteinmauern umgeben ist, bekommt den passenden Namen Burggarten. Das mittige Rasenstück wird von schmalen Kieswegen unterteilt, die zum Promenieren einladen. Ein weiterer Blickfang im Garten ist das an die alte Stadtmauer angelehnte dreistöckige Gartenhäuschen, zu Beginn des 19. Jahrhunderts auf den Fundamenten eines Wehrturms des 12. Jahrhunderts errichtet und später das Spielfeld von Generationen von Kindern.

Und auch im Inneren des Hauses zeigt sich bald Gertruds Vorliebe für jede Art von Kunst. Zahleiche Nachbildungen antiker Bronzefiguren und eine Edelsteinsammlung zieren die Kaminsimse und Fensterbänke. Lampen und Tapeten im Jugendstil, Ölbilder, Aquarelle und Radierungen, davon nicht weniger als zwölf Stücke des Osnabrücker Malers Fritz Hecker, ziehen die Blicke auf sich. Ein für die Versicherung zusammengestelltes Inventar listet auf 14 Seiten das Hab und Gut der Familie auf und gibt einen Einblick in ein erlesenes Ambiente, das mit Schränken und Kommoden aus Mahagoni und Worpsweder Sitzmöbeln ausgestattet ist. Im Esszimmer beeindrucken ein gewaltiges Eichenbüfett und eine ebensolche Kredenz im flämischen Stil, reichlich bestückt mit diversen Zinngegenständen.

Isle of Wight, 1911

Für viele Jahre bleibt die Reise nach Tirol die letzte, sieht man von ein paar Tagen im verschneiten Harz im Januar 1914 ab. Dann bricht der Weltkrieg aus. Gleichzeitig begräbt das Ehepaar endgültig seine Hoffnung auf Familiennachwuchs. Ein kleines Mädchen, Leonore, wird adoptiert und nach Henry, jetzt Heinz, noch ein weiterer Knabe in die Familienrunde aufgenommen: Rudolf, ein kleiner Junge, den es aus der Schweiz ins Niedersächsische verschlagen hat. Den modernen Gepflogenheiten entsprechend setzen sich für die Kinder an Stelle ihrer gewichtigen Vornamen kurze Formen durch. Sie heißen nun Lore, Heinz und Rolf. Drei Kinder aufzunehmen, die außerhalb ehelicher Beziehungen entstanden sind, das zeugt angesichts der Moral des wilhelminischen Kaiserreichs von bemerkenswerter Aufgeschlossenheit. Kinder, deren Herkunft und Anlagen weithin im Dunklen liegen, aufzuziehen setzte Vorurteilslosigkeit und Einsatzbereitschaft beider Elternteile voraus. Zudem sind es Kriegsjahre, in denen sich auch in den besser situierten Kreisen Mangel an Nahrungsmitteln und Brennstoffen bemerkbar machte. Im weitläufigen Garten hinter dem Haus werden daher Ziegen gehalten, um die Kinder mit frischer Milch zu versorgen, und in einem Gehege werden Kaninchen ihrem Ende entgegen gefüttert.

Nach dem Krieg werden die Matrosenkleider mit einem bayrischen Dirndl und einer mit Edelweiß verzierten Lederhose vertauscht. Nachbarskinder, mit denen die Kinder gemeinsam die Schulen besuchen, bevölkern den Garten. Dazu kommt häufig Besuch von den schlesischen Cousinen Ilse und Gerda aus Breslau, den Töchtern von Gertruds Schwester Irmgard. Mehrfache Gäste sind auch Franzens Tanten und Vettern aus Bremen und die Verwandtschaft von Gertrud aus Bad Rothenfelde. Tante Hedwig Kanzler, die

Das Teehäuschen, 1930

Das Gartenhäuschen, 1930

Damenzimmer, 1930

Esszimmer, 1930

älteste unverheiratete Schwester von Großvater Otto, zeitlebens als Oberin berufstätig, verbringt ihre letzten Lebensjahre dauerhaft im Balkonzimmer des Hauses. Anlässlich des 70. Geburtstags von Großvater Otto, 1921, stellen die fünf Enkelkinder die vier Jahreszeiten dar. Solche Darstellungen lebender Bilder, die von den Zuschauern erraten werden mussten, waren äußerst beliebt bei den Kindern. Bei Heinz zeigte sich schon früh ein schauspielerisches Talent, besonders wenn es darum ging, andere Personen nachzuahmen.

Nun also sind sie zu fünft. An Hilfskräften mangelt es Gertrud nicht. Zwei Mädchen, Luise und Lina, bewohnen Zimmer in der Mansarde und sorgen für geregelte Mahlzeiten und sauberes Parkett, eine Kinderfrau überwacht das regelmäßige Zähneputzen der Kinder und liest vor, wenn die Eltern abends aushäusig sind. Der große Garten, diesseits und jenseits der alten Stadtmauer, wird von dem Gärtner Kieselbach betreut, der dort auch ein Wohnhäuschen hat. Den Haushalt am Laufen zu halten, ist dennoch mit viel Arbeit für Gertrud verbunden, immer geht es über drei Treppen. Das Haus liegt am Hang und hat nach vorne zwei und nach hinten drei Geschosse. Die Küche im Untergeschoss ist mit einem Aufzug verbunden, der in einem Gang neben dem Esszimmer endet.

Im Untergeschoss befindet sich auch das große Gartenzimmer, das, mit Korbstühlen bestückt, bei weit geöffneten Flügeltüren auch bei schlechterem Wetter die frische Luft genießen lässt. Bei wärmeren Temperaturen kann die Familie ihren Tee entweder auf dem Balkon vor dem Wintergarten oder im Teehäuschen im Garten einnehmen.

Frühe Erkenntnisse

1920 beginnt für Heinz der viel beschworene Ernst des Lebens. Zum Schulanfang wird er von seiner Tante Irmgard mit einer Lesefibel beglückt, in der diese sich mit dem Eintrag: „Meinem lieben Heinzelmann zum 2. Juni 1920“ verewigte. Karl Fröhlichs ABC-Buch ist bereits 1859 verlegt worden. Vielleicht stammt es noch aus der Kinderstube der Großmutter Hermine.

Die Lesefibel führt den jungen Leser das ABC entlang, wobei jedem Buchstaben ein mit einem Scherenschnitt illustrierter kurzer Merkvers zugewiesen ist. Thema der Schattenrisse ist der afrikanische Kontinent, über den mit Ansichten eines Urwalds und einer Oase, von Zebra, Krokodil und Affen erste Kenntnisse vermittelt werden. Und nicht nur das, auch die Kräfteverhältnisse werden überzeugend abgebildet. Unter dem Buchstaben T stehen sich ein Tiger und zwei Ureinwohner gegenüber. Darunter der Reim: „Tiger dort und Neger hier, wer wird siegen, Mensch oder Tier?“ Beim Buchstaben L, der dem Löwen gewidmet ist, ist der Sieger bereits klar. Auf der Abbildung legen zwei Kolonialherren das Gewehr auf den erschreckten Löwen an. Darunter der Reim: „Geht der Löwe stark einher, Stärker noch ist das Gewehr!“

Auch das beliebte Quartettspiel bereitet schon den Weg vom heimischen Spieltisch in die koloniale Welt vor. Gefragt wird nach den längsten Flüssen, höchsten Bergen, größten Städten Europas oder der Welt. Ein vollständiges Quartett bilden Karten, deren Fragestellungen mit den jeweiligen Vertretern der vier wichtigsten „Menschenrassen“

Europäer, Chinesen, Afrikanern und Indianern versehen sind. Einprägsam sind deren Vertreter mit den gängigen Klischees gezeichnet. Der clevere weißhäutige Matrose hält mit dem Fernrohr nach fernen Gestaden Ausschau. Die Linke ruht auf dem gewaltigen Globus und im Hintergrund wartet ein Segelschiff auf seinen Einsatz. Der Afrikaner bietet freundlicherweise bereits gepackte Kisten mit Exportgut an, während seine Landsleute im Hintergrund auf dem Feld schuften. Der Indianer mit Federkopfschmuck, Pfeil und Bogen sucht den Horizont nach dem heran nahenden Feind ab. Er kocht noch auf einem Kochtopf über offenem Feuer und lebt in einem im Hintergrund zu erkennenden Wigwam. Bleibt noch der Chinese mit Zopf, dünnem herabhängenden Schnurrbart und Sonnenschirm, der eine Schüssel bemalt während im Hintergrund sanft ein Nachen schaukelt. Jede Woche einmal gespielt prägt sich den Kindern ganz von selbst ein, dass die weiße „Rasse" mit 560 Millionen die vorherrschende ist, gefolgt von der gelben mit 548 Millionen, der schwarzen mit 160 und zuletzt der braunen „Rasse" mit 145 Millionen. Der Verleger bemerkt dazu, dass sich der unter den Bildern stehende Text dem kindlichen Spieler einpräge und sein Wissen auf allen Gebieten bereichere.

Später gesellen sich Waldemar Bonsels „Biene Maja" und „das Himmelsvolk" als kindgerechte Lesestoffe dazu. Gertrud indessen erlaubt sich mit dessen „Indienfahrt" einen Ausflug in den Subkontinent, der ihre exotischen Sehnsüchte bedient. Dreizehn Jahre später wird selbiger Bonsels „den Juden" als „einen tödlichen Feind", der „die Kultur vergifte", bezeichnen.[1]

Bruder Rolfs späteren Aufzeichnungen ist zu entnehmen, dass die schulischen Leistungen der drei Kinder den Eltern nicht immer zur Freude gereichten. Im auf und ab der Bewertungen glänzt Heinz durchgehend mit einem „sehr gut" in Betragen. Für spätere Lebensabschnitte gewiss von Nutzen. Während Rolf sich für technische Probleme interessiert und Lore ihre pragmatische Lebensart später in den Dienst der Krankenpflege stellt, sucht Heinz sein Glück in der Welt der Literatur.

Auch Gertrud tut viel für ihre Bildung, liest, oft bis spät in die Nacht, und einige Bücher, in die sie mit ihrer zierlichen, aber scharf akzentuierten Handschrift ihren Namen eintrug, haben sich erhalten. So der Weimarische Musenhof von Wilhelm Bode, dem „Goethe-Bode" in einer in dunkelrotem Leder gebundenen, mit goldenem Titeldruck versehenen Ausgabe aus dem Jahr 1918, verlegt in der königlichen Hofbuchhandlung Mittler & Sohn in Berlin. Das seidene Lesebändchen liegt im zehnten Kapitel über Lenz und Klinger, als ob die Leserin es eben aus der Hand gelegt hätte. Vermutlich ist auch Wilhelm Scherers Geschichte der Deutschen Literatur von 1883 der eifrigen Leserin zuzurechnen. Zwei Ausgaben der Jugendbühne mit Schauspielen für Mädchen, 1884 und 1892 von Ottobald Bischoff, einem Rektor aus Stettin, herausgegeben, sind noch mit ihrem Mädchennamen signiert. Hans Löschhorns „Museumsgänge" von 1922 zeugen von Gertruds Interesse an Kunst und Altertümern. Vom Diskuswerfer des Myron bis zu den Gänserupferinnen von Max Liebermann findet hier alles Erwähnung, was man

[1] Waldemar Bonsels: NSDAP und Judentum, hier zit. nach: Siegener Zeitung, 23. Mai 1933.

kennen muss. Auch Heinz studiert den Band eifrig, erarbeitet ein Glossar der wichtigsten kunsthistorischen Begrifflichkeiten und gibt die verschiedenen Formen der griechischen Kapitelle mit handgemalten Bleistiftzeichnungen wieder.

Von Großmutter Hermine stammt das Klavier mit einem Rahmen aus Birken-Wurzelholz, das Gertrud von Zeit zu Zeit in ihrem Damenzimmer anschlägt und auf dem auch ihre Kinder das Spiel erlernen. Zu Weihnachten wird die Tür zum angrenzenden großen Wohnzimmer geöffnet, so dass die vertrauten Klänge der Weihnachtsrunde zu Gehör gebracht werden können. Auch Franz spielt einmal im Jahr ein Klavierstück, das er in seiner Jugend gelernt hat.

Ab 1922 nimmt das Elternpaar seine Reisen wieder auf, die zunächst in den Harz, ins Allgäu und nach Thüringen führen, immer verbunden mit einem Besuch von kulturträchtigen Städten wie Frankfurt, Bamberg oder Weimar. Zu Hause übernimmt dann die Kinderfrau, Tante Schramme, das Regiment. Ein gemeinsamer Familienurlaub im Nordseebad Baltrum 1923 wird nicht wiederholt, da Gertrud unter dem „infamen" Wind zu sehr litt. Eine Quittung aus Franzens Nachlass weist aus, dass für zwölf Tage Nachtlogis, Frühstück und Abendbrot die in Folge der Inflation unglaubliche Summe von 396.000 (Papier)Mark zu zahlen war. Als Extraleistung hatte man sich ein halbes Pfund Marmelade und vier Scheiben Schwarzbrot sowie etwas Milch gegönnt. Zu Franzens 50. Geburtstag im April 1926, den das Ehepaar im Schwarzwald verbringt, verfassen die Kinder ein Glückwunschschreiben, in dem Heinz seinem Vater von einer Omnibusfahrt zum Kanal berichtet und seine Schwester Lore beklagt, dass ihr bei dem schönen Wetter nicht erlaubt sei, Socken anzuziehen.

In den folgenden Sommern werden die Kinder nach Westerland in ein Kinderheim geschickt. Von dort berichtet Schwester Gundula, dass die drei Kinderchen vorbildlich seien und sie alle sehr gern habe. Heinz – so gibt sie zum besten – sei der Liebling aller kleinen Mädchen, was ihn zum Teil ärgere, zum Teil aber auch stolz mache. Dieser Brief wird immer wieder verlesen, und Gertruds Freundinnen amüsieren sich köstlich darüber. Im Sommer 1927 ist auch Enno Geelvink, Heinz' bester Freund und Nachbarssohn, dabei. Beide sind die besten Läufer und Spieler beim Ballspiel. Wie in jedem Jahr wird ein Burgenwettbewerb veranstaltet. Schon im Vorjahr haben Heinz und seine Freunde den ersten Preis gewonnen und wurden dafür zwölfmal fotografiert – wie sie begeistert berichteten. In diesem Sommer bauen die Jungen ein Kriegsschiff aus Sand. In den Bug wird eine Fahne gesteckt mit der Aufschrift: „Wir sind Deutschlands Zukunft." Ein Foto zeigt die lachenden Jungen, die noch nicht ahnen, dass sie nur eine kurze Zeitspanne später in die Schützengräben gejagt werden.

Währenddessen erkunden Gertrud und Franz Ostpreußen, besichtigen Königsberg und die Marienburg und verbringen einige Erholungstage im Ostseebad Rauschen. Wie immer werden viele Postkarten gekauft: Ein Blick auf die Mole zeigt promenierende Kurgäste, die Damen in langen Röcken und leichten Mänteln, Schnallenschuhen und selbstverständlich mit Hut, die Herren vorschriftsmäßig im Anzug. Zur Bewältigung des steilen Aufstiegs steht der Hautevolee jener Zwischenkriegszeit eine kleine Seilbahn zur Verfügung.

Als Gertrud im selben Jahr zu ihrer Schwester nach Breslau reist, besucht der dreizehnjährige Heinz an ihrer Stelle einen Vortrag des Sprachvereins, während Lore ihren Vater ins Theater begleitet. Heinz liebt es, sich gewählt auszudrücken, er schreibt, „dass Lore ihren Vater ins Theater zu begleiten sich befleißigt habe." Wenig später berichtet er von einem vierhändigen Klavierwettbewerb der Geschwister. Immer ist es Heinz, der die Korrespondenz führt, wenn Gertrud und Franz auf Reisen sind. Rolf dagegen ist schreibfaul, krakelt nur einen Gruß ans Ende.

Die Konfirmation in der St. Marien-Kirche in Osnabrück, im April 1928, wird mit einem Holzschnitt Albrecht Dürers dokumentiert, der mit der Darstellung eines mittelalterlichen Ritters, der hoch zu Ross gegen Ungeheuer jeglicher Art ankämpft, an martialischer Aussage nicht zu überbieten ist. Zuvor musste der Taufschein aus der Himmelfahrtskirche in Berlin pfarramtlich bescheinigt werden. Mit diesem war nun eine seltsame Wandlung eingetreten. Wurde der Taufschein vom September 1916 noch auf Henry Alexander, Sohn der Anna Concordia Lindemann, ausgestellt, so heißt der Knabe nun Heinz Alexander und wird als Sohn des Dr. Franz und seiner Ehefrau Gertrud bezeichnet. Auch die Taufzeugen, Mutter und Schwester Lindemann, sind verschwunden.

Im Zusammenhang mit den Vorbereitungen für die Konfirmation, vielleicht der Vorlage des Taufscheins beim Pfarrer, dringt eine Nachricht zu Heinz, die ihn zutiefst erschüttert. Nachbarssohn Enno plaudert aus, was die Eltern noch vor ihm geheim gehalten haben. Heinz ist kein leiblicher Sohn, er ist ein Adoptivkind. Unvorstellbar ist das zunächst. Ungläubigkeit, dann tiefste Verzweiflung ergreifen Heinz. Nicht die Mutter, nicht der Vater? Viel Zeit und viel Liebe sind notwendig, um das gestörte Vertrauen wieder herzustellen. Der innerlich drohende Verlust prägt ihn für sein Leben. Die Erinnerungen an die Güte von Mutter und Vater und an das Haus und die Rituale der Kindheit sind wie ein Fels, auf dem das weitere Leben gründet. Die tiefe Verbundenheit mit den Eltern ist in den späteren Briefen ein ständig mitschwingender Ton.

An die Konfirmation schließt sich die Tanzstunde an, die allerdings nicht wie üblich im „Großen Klub" stattfindet, sondern zu Hause im großen Wohnzimmer. Für die Musik wird ein Grammophon angeschafft, und ein Tanzlehrer namens Otto Fink unterrichtet zehn teilnehmende junge Paare, darunter auch die wieder einmal anwesenden Breslauer Cousinen.

Erste Anzeichen

Zu Pfingsten 1930 darf Heinz mit den Nachbarssöhnen Enno und Dieter eine Ausflugsfahrt den Rhein entlang ins Elsass unternehmen. Dieter Schoeller, Sohn eines solventen Papierfabrikanten, ist zum 18. Geburtstag mit einem Automobil beschenkt worden. Eine Fahrprüfung war nicht notwendig. Neben der Vorlage seiner Geburtsurkunde und eines Gesundheitszeugnisses musste Dieter lediglich ein paar Mal hin und herfahren, um seine Kenntnisse des mobilen Fahrens unter Beweis zu stellen. Bei einer Höchstgeschwindigkeit von 45 km/h war nicht allzu Schlimmes zu befürchten. Heinz ist begeistert von

Straßburg und den elsässischen Dörfern. Die Jungen besichtigen und fotografieren ausführlich das Münster und die Kirche in Sesenheim.

Aber nicht nur die Kulturgüter, auch die Zeugnisse der jüngsten Geschichte erregen ihr Interesse. Umfassend wird der Kriegsschauplatz bei Hohrodberg, wo im Sommer 1915 schwere Kämpfe stattfanden, mit zerschossenem Wald, Unterständen und dem deutschen Soldatenfriedhof fotografisch dokumentiert. Heinz ist noch keine sechzehn Jahre alt, aber über den Weltkrieg und um die Konsequenzen des so bezeichneten „Schandfriedens" weiß er Bescheid. Das so genannte Diktat von Versailles und die alleinige Zuweisung der Kriegsschuld an Deutschland werden die häuslichen Gespräche bestimmt haben und besonders für den mit militärischen Ehren ausgeschiedenen Offiziers-Vater schwer zu verkraften gewesen sein.

Eine genaue Abrechnung der Ausgaben über 63,50 Francs wird Vater Franz nach der Rückkehr vorgelegt. Man mag es kaum glauben, aber außer Ausgaben für Essen, Postkarten und Briefmarken genehmigte sich Heinz lediglich einmal Schokolade für 1,25 und drei Makronen für einen Franc. Eine weitere Fahrt der drei Freunde an den Rhein, nach Worms und Koblenz, findet zu Pfingsten 1933 statt. Niemand ahnt, dass dieses Unternehmen das letzte mit den Freunden bleiben wird.

Allen Vorschlägen seiner Söhne, selbst ein Automobil anzuschaffen, widerstand Franz standhaft. Er hätte es lächerlich gefunden, die 20 Minuten hin zur Kanzlei und zurück, die er zweimal am Tage zurücklegte, mit einem Automobil zu bewältigen. Auf dem Weg durch die Altstadt werden ihm Neuigkeiten zugetragen, er wird freundlich gegrüßt und grüßt zurück, er nimmt am Leben teil. Als Sohn Rolf Jahre später die Eltern mit dem

Am Rhein, 1930

ersten eigenen Wagen zu einer Spazierfahrt abholt, heißt es: „Junge fahr nicht so schnell, wir sehen ja gar nichts von der Landschaft.“

Weitere Strecken zu seinen Mandanten im Osnabrücker Umland bewältigt Franz mit der Bahn. Selbstverständlich fährt er auf den harten Holzbänken der dritten Klasse. Einmal, beim Ausstieg auf dem Bahnhof in Lingen, wird er von dem wartenden Kollegen mit den Worten begrüßt: „Herr Doktor fahren dritter Klasse?“ „Ja“, erhält der zur Antwort, „eine vierte gibt es ja nicht.“

Im Punkto wandern ist sich Franz mit Gertrud einig, die nichts lieber tut, als auf Schusters Rappen die Welt zu erkunden. Sie gehört einer Wandergruppe von sechs Damen an, der die Kinder den Namen „Raketebund“ gegeben haben, mit der sie das Wiehengebirge und den Teutoburger Wald von West nach Ost und zurück mit Leidenschaft durchmisst. Mit den Jahren reicht das nicht mehr, so dass der Bund sich auch ins Weserbergland, ins Lippische und in die Ahlhorner Heide aufmacht. Dort besuchen die Damen Burgen, Schlösser und Klöster und bewundern die alten Fachwerkstädte. Bevorzugt wandert die Runde auf den Spuren der alten Germanen, bestaunt ehrfurchtsvoll die Externsteine, freigelegte Grabkammern und vorchristliche Opfertische. Hier kann man anknüpfen an die rassisch-völkischen Ursprünge, über die neuerdings so viel zu lesen ist. Hier sind die Ursprünge der arischen Herrenmenschen mit den Händen zu greifen. Buchstäblich.

Im Herbst 1930 darf Lore – sie ist jetzt 18 Jahre alt – mit den Eltern zum Wagnerfest nach Bayreuth reisen und trifft dort auf die Breslauer Cousinen. Heinz und Rolf befreien derweil die Birnbäume im Garten von ihrer süßen Last. Für die Eltern geht es weiter nach Meran und Bozen, wo sie – wie Heinz anzüglich bemerkt – „Mussolini-Brot“ essen

Kriegsgräberstätte Hohrodberg, 1930

müssen. Mussolini stand bereits seit 1925 als Diktator an der Spitze der faschistischen Republik Italien. Wenige Jahre später wird er sich Nazi-Deutschland annähern, im Mai 1939 ein Militärbündnis mit Berlin schließen und im Juni 1940 als Verbündeter auf deutscher Seite in den Krieg eintreten. Noch – im Jahr 1930 – scheint man die Figur des Duce nicht ernst zu nehmen.

Zu Hause gehen Einladungen ein von Franzens Vereinigung ehemaliger Offiziere und für Gertrud vom Lehrerinnenverein und von der DVP. Die Deutsche Volkspartei, eine nationalliberale Partei der Mitte, deren Parteiführer der Außenminister Gustav Stresemann ist, ist die politische Heimat der Familie. Franz betätigt sich aus Gründen der beruflich gebotenen Neutralität nicht öffentlich. Das übernimmt Gertrud, die nun ihr angeborenes Redetalent nicht mehr nur in der von ihr gegründeten Laienspielschar und im Frauenbildungsverein unter Beweis stellt, sondern bei politischen Versammlungen das Wort zugunsten der DVP ergreift. Um ihrer Stimme als Rednerin mehr Ausdruck zu verleihen, fährt sie einmal pro Woche nach Münster und lässt sich an der Universität in Rhetorik schulen. Auch der damals noch neuen Frauenbewegung war sie zugetan. Ein Bild der bekannten Frauenrechtlerin Helene Lange schmückte das Damenzimmer.

Während Gertrud und Franz noch in den Dolomiten weilen, vergnügen sich Heinz und Enno mit zwei jungen Damen, Fräulein Eva und Fräulein Ulla, beim sonntäglichen Kapellenfest. Um ½ 9 Uhr abends führte eine Fackelpolonaise um den ganzen Klushügel, was die vier ganz prima finden.

Fackelpolonaise ist hübsch formuliert, erinnert an Abtanzbälle und Gratulationscour, später werden daraus Fackelzüge, Aufmärsche, die ein ganzes Volk in den Gleichschritt zwingen. Nur gut zwei Jahre später werden die Nationalsozialisten mit einem pompösen Fackelzug durch das Brandenburger Tor marschieren, um die Ernennung des selbst ernannten „Führers“ zum Reichskanzler zu feiern.

Zum Abschluss des Kapellenfestes spricht Alfred Hugenberg, Rüstungs- und Medienunternehmer und Politiker der DNVP und einer der führenden Wegbereiter des Nationalsozialismus. Noch ist deren Einflussnahme im Werden, aber die Anzeichen sind bereits unverkennbar. Denn mittlerweile tobt der Wahlkampf. Heinz hat die ehrenvolle Aufgabe, im September 1930 die Listen im Wahllokal zu führen und verkündet seiner Mutter: „Die Nationalsozialisten haben einen beängstigenden Aufstieg genommen, ebenso die Kommunisten! Die Aufregung war wahnsinnig! Die DVP ist leider zurückgegangen und zwar ganz erheblich. Drei große Lautsprecher von der Osnabrücker Zeitung verkündeten die Wahlergebnisse.“ Der Abstieg der DVP ist von da an nicht mehr aufzuhalten. Nach der „Machtergreifung“, der Ernennung des „Führers“ zum Reichskanzler am 30. Januar 1933, erringt die DVP im März 1933 nur noch zwei Sitze im Reichstag. Wenig später im Juli erfolgt die Selbstauflösung, und damit endet auch Gertruds Karriere als Politikerin.

Für Heinz gilt es neben so gewichtigen staatsbürgerlichen Aufgaben weiterhin, die Schule zu besuchen. Am Ratsgymnasium wird mit Latein und Griechisch humanistische Bildung vermittelt, daneben ein wenig Englisch und – von Heinz bevorzugt – das Fach Deutsch. „Heute bekamen wir unseren Weekend-Aufsatz zurück!“ – lässt Heinz seine

Mutter wissen. „Bei meinem Aufsatz zeigte [ein Lehrer mit dem Spitznamen] Fregatte ein dermaßen mürrisches Gesicht, dass mein Herz unter die Bank rollte vor Angst. Dann erhellte es sich und dem obskuren Dunkel seiner Zähne entrollten die Worte: ‚Sehr hübsch, musste es 1 nennen.‘ Diese 6 Worte werde ich nicht vergessen!“ Leider stehen auch Mathematik und Physik auf dem Lehrplan, was Heinz gegenüber seiner Mutter mit den Worten kommentiert: „Was nicht reingeht muss schon draußen bleiben.“ Zur Benotung in Physik gesteht er: „Das weiß ich ganz und gar nicht.“ Da der interessierte Schüler die Prima wiederholt, kommentiert der Religionslehrer die Meldungen von Heinz mit den Worten: „Na, Oldermann wissen Sie’s noch vom vorigen Jahr?“ Während der Herr Rechtsanwalt zur Unterrichtung über die Ergebnisse der schriftlichen Arbeiten seines Sohnes „ergebenst“ vor den Anstaltsleiter zitiert wird, geht Gertrud der Humor nicht aus. Zum Weihnachtsfest reimt sie:

„Wenn aus der Schule grauen Mauern
Nach Hause kommt der älteste Sohn,
dann tönet, als sein Ankunftszeichen
gar lieblich gleich das Grammophon.
Damit erheitert sein Gemüte
er gern und oft, mit viel Plaisir.“

Und 1933 reimt sie ein „Klagelied der Brüder Oldermann“:

„Oh! Wie sind wir abgebrannt,
und die Kassen alle leer!
Weil wir zu dem Radio
Unsere Gelder gaben her!
Die Familie hat’s Plaisir,
zahlen mussten alles wir!
Selbst dem Vater Freud’ es macht,
wenn er im Gewand der Nacht
spät noch dreht am Radio,
stillvergnügt und seelenfroh.“

Ein unbeschwerter Sommer mit zahlreichen Freunden wird im Juli 1933 auf Langeoog verbracht. Dann, im März 1934, ist es endlich geschafft. Mit dankbarem Gemüt nimmt der Primaner sein Zeugnis der Reife entgegen, in dem ordnungsgemäß vermerkt ist, dass er sich in der Prima drei Jahre aufgehalten hat. Leider sind die Noten dennoch nicht ausreichend, um das gewünschte Medizinstudium beginnen zu können. Der neue Reichskanzler will nur 1er Abiturienten.

Mit dem „Gesetz gegen die Überfüllung deutscher Schulen und Hochschulen“ vom 25. April 1933 war zudem das Abitur als selbstverständliche Berechtigung zum Hochschulstudium ab dem Jahrgang 1934 entwertet worden. Nur maximal 15.000 Abiturienten des Jahrgangs 1934 wurde die Aufnahme eines Hochschulstudiums gestattet. Diese rigorose Kapazitätsbegrenzung war mit eindeutig antijüdischer Stoßrichtung verbunden. Nun war es möglich, neben schulischen Leistungen auch noch charakterliche und politische Merkmale zu bewerten, bevor die Hochschulreife zugesprochen wurde. Jüdische Abiturienten aus einem fremden kulturellen Milieu konnten auf diese Weise ausgeschlossen werden.

Heinz wäre gern Schauspieler geworden, aber diesen Wunsch in seinem Elternhaus durchzusetzen, war undenkbar. Also wird als zweite Wahl die Ausbildung zum Buchhändler angestrebt. Leipzig soll es sein, das Mekka der Bücherwelt, in dem alle großen Verlage jener Zeit heimisch sind. Doch auch hier ist es schwierig, eine Lehrstelle zu finden. Die Nachbarin aus der Gutenbergstraße Helene Philipson, Ehefrau des Textilgroßhändlers Carl Adolf Philipson, mit deren jüngsten Töchtern, Marianne und Renate, Heinz befreundet ist, lässt ihre Verbindungen zu einem Leipziger Buchhändler spielen, um für Heinz einen Ausbildungsplatz zu beschaffen. Dieser will dem jungen Mann zunächst abraten, da die Berufsaussichten nach seiner Meinung in diesem Beruf denkbar ungünstig sind, es sei denn, der Herr Notar könne seinem Sohn eine eigene Buchhandlung kaufen. Auch der Nachbar Gerhard Schoeller, Inhaber der Papierfabrik auf Burg Gretesch, vermittelt einen Kontakt zu einem befreundeten Ministerialrat in Potsdam sowie zu Leipziger Verlagen, mit denen er als Papierlieferant in Verbindung steht. Leider ohne Erfolg. Schließlich gelingt es Vater Franz mit seinen guten Beziehungen zur Deutschen Bank, für die er viele Jahre tätig gewesen ist und die ihm – wie es im Antwortschreiben heißt – zu großem Dank verpflichtet ist, eine Anstellung bei der bekannten Sortiments-, Antiquariats- und Verlagsbuchhandlung Alfred Lorentz in der Kurprinzenstraße 10 in Leipzig zu erreichen.

Der Weg in die „Volksgemeinschaft"

Zuvor allerdings gilt es den sechsmonatigen Freiwilligen Arbeitsdienst (FAD) zu absolvieren. Mit Schreiben des Arbeitsgaus 19 an alle „reichsdeutschen und arischen Abiturienten" wird dazu aufgefordert, sich umgehend zu melden, um den vorgeschriebenen Arbeitspass zu erwerben. Die Freiwilligkeit steht also nur auf dem Papier und wird schon ein halbes Jahr später abgeschafft. Der Dienst, nun Reichsarbeitsdienst (RAD), wird verpflichtend und auf ein Jahr erweitert. Im dazu neu geschaffenen Gesetz heißt es 1935:

„Der Reichsarbeitsdienst ist Ehrendienst am deutschen Volke. Alle jungen Deutschen beiderlei Geschlechtes sind verpflichtet, ihrem Volke im Reichsarbeitsdienst zu dienen. Der Reichsarbeitsdienst soll die deutsche Jugend im Geiste des Nationalsozialismus zur Volksgemeinschaft und zur wahren Arbeitsauffassung, vor allem zur gebührenden Achtung der Handarbeit erziehen. Der Reichsarbeitsdienst ist zur Durchführung gemeinnütziger Arbeiten bestimmt."[2]

---

[2] Reichsarbeitsdienstgesetz vom 26. Juni 1935.

Hinter den hehren Worten vom „Ehrendienst“ verbirgt sich als wahres Ziel eine militärische Grundausbildung, während der die später so notwendigen soldatischen Fähigkeiten – Zähigkeit und Durchhaltevermögen – trainiert werden.

Heinz bemüht sich um einen Platz beim FAD in Rostock, wo Freund Albert Heinig gerade mit dem Medizinstudium beginnt. Als Grund für seinen Wunsch gibt Heinz an, dass er bereits viele Gaue seines Vaterlandes kenne, nur noch nicht die Ostsee. Am 26. April geht die notwendige gelbe Meldekarte der Hauptmeldestelle Rostock bei der Meldestelle in Osnabrück ein, unterzeichnet mit „Heil Hitler!“

Keine zwei Wochen später findet sich Heinz in Bad Sülze wieder, „liegend an der pommerschen Grenze, Moorbad, nach Urteil des Obers ein mieses Nest.“ Zuvor allerdings wird noch Warnemünde aufgesucht, wovon Heinz und Albert begeistert sind: „Etwas so wunderschönes wie dieses Bad habe ich noch nie gesehen. Der Strand ist weiß wie Schnee, und die hohen vornehmen Hotels machen einen großen Eindruck“, verkündet er nach Hause. „Der Flugverkehr ist gewaltig. Neun Flugzeuge sind beständig in der Luft und üben sich im Geschwaderflug.“

In Bad Sülze beginnt der Tag bereits um ½ 5 mit Frühsport. Zum Frühstück um ½ 6 gibt es zwei Scheiben Vollkornbrot und „plörigen“ Kaffee ohne Milch. Um ½ 7 geht es zur Arbeit ins Moor: Gräben entwässern, verbreitern und befestigen. Wasser gibt es im Lager nicht, das muss erst in drei tragbaren Tonnen von einer Pumpe aus der Stadt herbeigeschleppt werden. So fehlt es oft an Trinkwasser. Kein Wunder, dass den jungen Mann ein seltsames Gefühl beschleicht, das er als Heimweh identifiziert. Auch die Stubenkameraden hätten sich zu Hause wohler gefühlt, bemerkt er.

Doch schon wenige Wochen später, im Juni, hat sich Heinz an seiner neuen Wirkungsstätte eingelebt und fühlt sich, was er zu Beginn kaum für möglich gehalten hat, sehr wohl. Das hängt vor allem mit seiner veränderten Einstellung zusammen. Er will das halbe Jahr nicht nur durchstehen, sondern auch positiv nutzen. Sein neues Bewusstsein beschreibt er seinen Eltern so: „Denn das Gefühl, mit 200 Kameraden zusammen mit der Schaufel über der Schulter zu marschieren, ist irgendwie schön und man fühlt sich mit der Gemeinschaft, wo man sie kennt, langsam ganz verbunden. Darum ist meiner Meinung nach der FAD so nötig, gerade für die jungen Menschen aus unseren Kreisen, dass sie auch lernen, dass sie nicht eine höhere Schicht darstellen, sondern dass sie mit zu der ganzen Volksgemeinschaft gehören, die nirgends besser als im Arbeitsdienst gepflegt wird. Dass sie die führende Schicht bilden wollen, ist ja klar, aber sie müssen die, die sie führen wollen, auch kennen.“ Da werden Gertrud und Franz aufgemerkt haben, wie zügig die neue Ideologie von der „Volksgemeinschaft“ und der Aufhebung von Standes- und Klassenunterschieden von ihrem Sohn Besitz ergriffen hat. Auch das Urteil über die neue Umgebung fällt nun positiv aus: „Die Mecklenburger sind fabelhaft freundliche Menschen, was mir gleich in Rostock aufgefallen ist.“

Freundschaften schließt Heinz allerdings weiterhin mit Abiturienten aus „seinen Kreisen“: mit Martin Stiller, dem Erben einer Tuchfabrik im östlich der Oder gelegenen Schwiebus und mit Walter Petersen aus Güstrow, dessen Vater ebenfalls Jurist und wie

Franz auch „Leoneser“[3] ist. Zum Wochenende lädt Walter ihn in sein gediegenes Elternhaus ein. Heinz erwandert mit dem neuen Freund die herrliche Umgebung und bewundert das Schloss der mecklenburgischen Fürsten. Walter bringt sein Grammophon von zu Hause mit nach Bad Sülze und Martin spielt die Ziehharmonika. So wird es langsam ganz gemütlich. Der Arbeitsgemeinschaft Theater tritt Heinz als Regisseur bei. Und auch der Arbeitseinsatz führt weg vom Schaufeln hin zu qualifizierterer Tätigkeit. Gemeinsam mit den beiden neuen Freunden wird Heinz ausgewählt, den Techniker bei Vermessungsarbeiten zu unterstützen.

Immer wieder gibt es Neuigkeiten. „Arbeitsmann“ Heinz soll zum 1. August für sechs Wochen in eine SA-Sportschule kommen. Das FAD-Lager muss frei geräumt werden für die Neuankömmlinge, die am 1. Oktober das jetzt auf ein Jahr ausgeweitete Dienstjahr beginnen. Heinz wäre dann bereits am 15. September frei und sinniert etwas voreilig darüber, was er mit den gewonnenen zwei Monaten anfangen soll, da er eine vernünftige Beschäftigung jetzt nicht mehr entbehren mag.

Mit dem vermeintlichen Ende des FAD in Sichtweite wird die Angelegenheit in Leipzig beschleunigt. Zunächst ist eine persönliche Vorstellung von Nöten. Dazu muss der junge Arbeitsmann Urlaub beantragen, den jedoch nicht nur der Lagerleiter, sondern auch die Gauleitung genehmigen muss. Am 7. Juli ist es endlich so weit. Vater Franz fährt persönlich mit seinem Sohn nach Leipzig, um den Vertrag zu unterschreiben. Heinz berichtet Gertrud begeistert: „Ich kann es noch gar nicht fassen, dass ich heute Morgen so reibungslos bei Lorentz angenommen bin.“ Seinem Vater schreibt der dankbare Sohn: „Und da möchte ich Dir, lieber Vater, recht von Herzen danken für Deine Mühen, die Du für mich um die Stelle gehabt hast und dass es Dir gelungen ist, mich in dieser ausgezeichneten Stellung unterzubringen.“

Die Berichte aus dem jetzt als traulich bezeichnetem Bad Sülze sind nun voller Hoffnung. Gelobt werden der Zusammenhalt der Kameraden und die Freundschaft zu zwei weiteren „intelligenten“ jungen Männern, die beide Jura studieren wollen, Wolfgang Kaupisch aus Güstrow und Wilhelm Hauck aus Chemnitz. Die Gedanken des Briefschreibers wandern zur abendlichen Lesestunde der Eltern im großen Wohnzimmer und zu Freund Enno, der sich jetzt nach „merry old England“ einschifft, um dort seinen Urlaub zu verbringen.

Doch auf die Zuversicht folgt rasch die Ernüchterung. Heinz mag kaum zur Feder greifen, um seinem Vater die bittere Enttäuschung, die er am Morgen erleben musste, mitzuteilen. Die Abordnung an die SA-Sportschule zum 1. August wird rückgängig gemacht. Nach dem neusten Gesetz kommen nur diejenigen Abiturienten zur Sportschule, die auch studieren wollen und können. Daraus folgt, dass der FAD für Heinz erst am 12. November endet. Heinz’ Gesuch, unter Hinweis auf den Abschluss des Lehrvertrages

---

[3] Als Reaktion auf die sozialen Probleme, die der Ersten Weltkrieg und die rasante Industrialisierung mit sich brachten, hatte sich 1917 in den USA die Vereinigung der Lions Clubs gegründet. Mitglied im deutschen Club der Leoneser war offensichtlich auch Franz.

in Leipzig zum 1. Oktober freigestellt zu werden, wird – obwohl vom Lagerleiter befürwortet – von der Gauleitung abgeschlagen. Heinz ist verzweifelt: „Erst nehmen sie einem den Hochschulschein und dann auch noch die Lehrstelle.“ Die nach und nach alle Lebensbereiche durchdringende nationalsozialistische Bürokratisierung und Politisierung wirft einen weiteren Schatten auf Heinz’ Werdegang.

Nun bemühen sich die Inhaber der Firma Lorentz Alfred Lorentz und Dr. Ernst Wiegandt persönlich bei der Gauleitung des FAD in Rostock um die Freistellung des neuen Lehrlings. Doch der Reichskommissar bleibt unerbittlich, das halbe Jahr muss abgeleistet werden, sonst gibt es keinen Arbeitspass. Franzens Zähigkeit ist es zu verdanken, dass die Herren Lorentz und Wiegandt freundlicherweise eine Ausnahme machen, so dass der Beginn von Heinz Lehrzeit auf den 12. November früh um 8 Uhr verschoben wird.

Anfang August 1934 bewegt der Tod Paul von Hindenburgs die jungen Kameraden. Für die Generation von Franz und Gertrud ist der Generalfeldmarschall, „der Sieger von Tannenberg“, der Held des Ersten Weltkriegs. Dem Volk der Besiegten hatte der zweite Reichspräsident der Republik mit der von ihm verbreiteten Dolchstoßlegende allerdings einen schlechten Dienst erwiesen. Seine Verlautbarungen, nach der das deutsche Heer „im Felde unbesiegt“ geblieben und von den Novemberrevolutionären durch einen Waffenstillstand „von hinten erdolcht“ worden sei, bereiteten den Boden zu neuer Kriegsbereitschaft. Dass Hindenburg selbst im September 1918 die militärische Lage als verheerend bezeichnet und das Aushandeln eines Waffenstillstands befürwortet hatte, wurde der Öffentlichkeit verschwiegen. Eine neu gewählte Regierung sollte dann „die Suppe jetzt essen, die sie uns eingebrockt haben.“[4]

„Die Übertragung der Trauerfeier aus Tannenberg [am 7. August] haben wir alle zusammen angehört, auch alle folgenden Reden von Göbbels und die letzte von Hitler“, lässt sich Heinz vernehmen. „Ich habe oft an Euch gedacht, wie Ihr die Nachricht vom Tode unseres Hindenburgs wohl aufnehmen würdet, da ich wusste, wie sehr auch Ihr ihn verehrtet und dass mit seinem Hinscheiden für Euch eine lange Vergangenheit ihren Abschluss gefunden hat. Ich fand es in Hitlers Rede sehr fein, dass er sagte, Hindenburg habe seine Mission als Reichspräsident erfüllt und zwar so einzigartig und einmalig, dass nach ihm keiner mehr diesen Namen tragen soll.“

Auf seine „feine Art“ hatte der „Führer“ mit der Vereinigung beider höchster Staatsämter in seiner Person soeben die NS-Diktatur endgültig installiert. Heinz braucht sich seiner Arglosigkeit nicht zu schämen. Mit ihm stimmten am 19. August 90 Prozent der Wahlberechtigten für die Annahme des „Gesetzes über das Staatsoberhaupt des Deutschen Reiches“, also über die Zusammenlegung der Ämter des Reichskanzlers und des Reichspräsidenten in einer Person.

Auch der neue Zugführer Oberfeldmeister Groth sei ein fabelhafter Führer und Kamerad, berichtet Heinz. Sein Dienstunterricht gleiche einem Vortrag. „Gestern sprach er ganz

---

[4] Erklärung Erich Ludendorffs vor seinen Stabsoffizieren am 1. Oktober 1918. Volker Ullrich: Die Revolution von 1918/19, München 2009, S. 24f.

großartig über den Krieg, seine inneren Zusammenhänge, die nachfolgende Revolution, die Erhebung von 1933 und die Hoffnung der Feinde auf eine Gegenrevolution mit dem Tode des Reichspräsidenten. Er schloss mit den Worten: Es ist nicht nötig, noch einmal ein Treuebekenntnis zum Führer abzulegen. Wenn er ruft, dann gehen wir hin und stellen uns hinter ihn." Der Glaube an die Weisheit des „Führers" ist nun bereits so verankert, dass auch die täglich gesteigerte Arbeitsleistung, die auf sechs Stunden verkürzte Nachtruhe und das täglich schlechter werdende vitaminarme Essen klaglos ertragen werden. Heinz und seine Freunde verlieren bis zu dreizehn Pfund. Und es sind noch knapp drei Monate durchzuhalten, falls der Gauleitung nicht noch eine weitere Verlängerung einfällt.

Stattdessen eine weitere Überraschung: zum 1. September wird Arbeitsmann Oldermann für einen Monat nach Schwerin abkommandiert, um dort die Gauwache zu bilden. Das bedeutet besseres Essen und mehr Freizeit, mithin eine Auszeichnung, die gern angenommen wird. Jedoch zu früh gefreut, es werden nur sechs statt acht Mann für Schwerin ausgewählt und zwar die Ältesten. Der junge Heinz bleibt in Bad Sülze. Zum Trost schickt Gertrud ein „fabelhaftes" Obstpaket, dazu Süßigkeiten und Zigaretten. Heinz möchte ihr dafür am liebsten um den Hals fallen.

Wieder froh gestimmt berichtet er von einem riesig netten Nachmittag, den er gemeinsam mit drei Arbeitskameraden und vier Mädels aus dem hiesigen Kinderheim verlebt hat. Nach ausgiebigem Kaffeetrinken im Nachbardorf vergnügte sich das Oktett bis zwölf Uhr auf der Tanzfläche. Mittlerweile wurde Heinz die Leitung für die „Freizeitgestaltung der Abiturienten" übertragen. Dazu benötigt er einiges an Lektüre, die er Gertrud zu schicken bittet. Gut zum Vortragen würden sich die Galgenlieder von Wilhelm Busch und ähnliches eignen. Hintergrund dieser Aktion sei es – so Heinz –, dass der Chef unangenehmer Weise immer von „unserer geistigen Elite" spräche. Da müssen die Abiturienten nun zeigen, „dass sie tatsächlich mehr los haben". Zu vorgerückter Stunde imitiert Heinz den Lagerführer so, dass alle Kameraden unter dem Tisch liegen vor Lachen.

Am 4. Oktober soll es zum Aufmarsch nach Hamburg gehen, und dieser Termin findet dann auch tatsächlich statt. „Dieser Tag war einfach unerhört schön" – schwärmt er. „Noch nie sind die Kameraden derart begeistert ins Lager zurückgekehrt. Ausgerüstet mit nagelneuen Mänteln, steifen Mützen und weißen Spaten ging es in aller Herrgottsfrühe los. Am Bahnhof Dammtor standen dichte Menschenmassen und winkten zum Zug hinauf. Mit Gesang ging es zum Sammelplatz Moorweide. Anschließend wurden 10.000 Arbeitsmänner auf Privatquartiere verteilt." Heinz' Gasteltern waren „einfach", aber riesig nett. Man aß in der Küche und saß am Abend noch lange zusammen.

Am nächsten Morgen geht es im Marsch vom Stadtpark zum Rathaus, um dem Reichsstatthalter Karl Kaufmann und dem Reichsarbeitsführer Konstantin Hierl zu lauschen, der den bezeichnenden Begriff „Soldat der Arbeit" für die Arbeitsdienstleistenden geprägt hat und die Demagogie von der „Volksgemeinschaft" überzeugend vorträgt:

„Es gibt kein besseres Mittel, die soziale Zerklüftung, den Klassenhass und den Klassenhochmut zu überwinden, als wenn der Sohn des Fabrikdirektors und der junge Fabrikarbeiter,

der junge Akademiker und der Bauernknecht im gleichen Rock, bei gleicher Kost den gleichen Dienst tun als Ehrendienst für das ihnen allen gemeinsame Volk und Vaterland."[5]

Für den Vorbeimarsch der Gleichgesinnten bekommt Heinz' Lagerleiter das Lob für die beste Abteilung. Abends wird getanzt, und Heinz schwärmt von einem fabelhaften Mädchen, das er kennengelernt hat.

Zurück im Lager ist die Euphorie noch so groß, dass Heinz ein poetisches Hohelied auf die Herbststürme in Mecklenburg anstimmt: „Die Herbststürme sind wild und nass hier oben in Mecklenburg. In Strömen rauscht der Regen vom Himmel herunter, der Wind braust durch die teilweise schon entlaubten Kastanien, peitscht uns von allen Seiten den Regen ins Gesicht, durchnässt unser dünnes Zeug und schert sich den Teufel um Wärme und Behaglichkeit. Unergründlich und voller tiefer Löcher ist der weite Platz zwischen den Baracken, denen der Regen alle Farbe abgewaschen hat, dass sie jetzt in ihrer alten Holzfarbe dastehen und frieren. Drinnen jagt der unermüdliche Wind durch alle Fugen, fängt sich im Schornstein und heult und brüllt darin Tag und Nacht wie ein eingesperrtes Tier, dass man meint, er müsse uns das Dach vom Kopfe reißen. Schön ist es nicht im weiten Moor, wenn der Sturm über die weiten Wiesen jagt, in den Graben fährt und uns am liebsten die Erde von der Schaufel reißt. Ja die Herbststürme sind wild und nass hier oben in Mecklenburg!"

Das Wetter gibt Anlass, Gertrud um Zusendung des Wintermantels zu bitten, dazu werden ein Paar warme Glaceehandschuhe, der rosa-rote Wollschal, Halbschuhe und ein Paar Gamaschen benötigt. „Die dezenten Gamaschen sind ja fabelhaft" kommt prompt die Rückmeldung.

Neue Komplikationen tun sich auf, als es um die Abreise geht. Ausgestellt wird nur eine Fahrkarte zur neuen Wirkungsstätte nach Leipzig, so dass die zuvor geplante Heimreise nach Osnabrück ausfällt. Dabei hätte Heinz seiner Mutter so gern ausführlich von seinen neuen Erkenntnissen berichtet. Gertrud hat nun gut zu tun, alle Siebensachen ihres dankbaren Sohnes bahnlagernd nach Leipzig zu schicken – nicht zu vergessen das Grammophon!

Ein letztes Loblied auf die Natur geht an die Mutter: „Augenblicklich haben wir wieder das prächtigste Oktoberwetter, es ist warm tagsüber, und die Bäume sehen wunderbar aus in ihrer braunroten Färbung. Besonders schön sieht es morgens im Moor aus, wenn die ersten Sonnenstrahlen die Landschaft vergolden. Ganz wunderschön sah es gestern Morgen aus, als ich während der Frühstückspause in den Wald ging und vor einer rotgoldenen Birkenwand drei Rehe standen. Es ist ein sehr hübscher Abschluss."

Auch in ideologischer Hinsicht hat Heinz mit dem Dienst seinen Frieden gemacht. Voller Vorfreude auf den beruflichen Start in Leipzig verspricht er seinen Eltern: „Und ich habe mir vorgenommen, mich bei Lorentz in jeder Beziehung so zu führen, dass ich mich jederzeit vor Euch verantworten kann. Das aber werde ich Euch erst durch die Tat bewei-

---

[5] Konstantin Hierl: Der Arbeitsdienst, die Erziehungsschule zum deutschen Sozialismus, in: Ders./ Herbert Frhr. von Stetten-Erb (Hg.): Ausgewählte Schriften und Reden, Bd. 2, München 1943, S. 96.

sen können. Auch ich habe nun doch eingesehen, dass die harte Schule im Arbeitsdienst gut gewesen ist. Ganz still hat die Zeit an mir gearbeitet, unauffällig, man merkt es selbst wenig. Aber ab und zu, besonders in der letzten Zeit, frage ich mich oft, was hättest du früher in diesem Falle getan. Dann merkt man es, dass es anders geworden ist. Das aber könnt Ihr, meine lieben Eltern, selbst am besten beurteilen, wenn wir uns Weihnachten wiedersehen.“ Die Strategie des nationalsozialistischen Erziehungssystems ist aufgegangen. Ein empfängliches Gemüt wie das von Heinz lässt sich nicht nur vom rotgoldenen Birkenwald beeindrucken, sondern auch von den hehren Phrasen der Chefideologen – von der „Volksgemeinschaft“ und vom „Ehrendienst der Arbeitssoldaten“ für das Vaterland.

Allerdings – und auch das muss berücksichtigt werden und zeigt, wie leicht man sich verirren kann in der Biographie eines Menschen – alle bisherigen Äußerungen des Einverständnisses galten den Eltern. Dass diese nicht die ganze Wahrheit zum Ausdruck bringen, ist leicht nachzuvollziehen. Aus Briefen des Freundes Wolfgang geht hervor, dass die beiden „Arbeitskameraden“ diese Zeit als einen „bösen schweren Traum“ empfunden haben.

2. Literatur – Liebe – Leipzig

Eine „erste" Adresse 1934

Am 2. November 1934 trifft der erste Brief aus Leipzig in Osnabrück ein. Von nun an wird jeden Sonntag ein Brief verfasst, der die Eltern über alles für sie Wichtige auf dem Laufenden hält. Das Zimmer mit Morgenkaffee für 35 RM erscheint Heinz zu teuer, da die Zutaten zum Frühstück selbst zu liefern und auch die Kohlen separat zu bezahlen sind. Dafür gibt es im „Speisehaus zur Neuen Welt" ein „fabelhaft nahrhaftes und reichhaltiges Mittagessen" mit Suppe für 0,50 RM. Zum Jahresbeginn wechselt Heinz in ein neues Zimmer mit Familienanschluss in der Südvorstadt.

Die Firma Alfred Lorentz – befindet Heinz voller Stolz – ist nicht irgendeine Buchhandlung, sondern die erste Adresse in Leipzig, diejenige, die auch die Bibliothek des Völkerbundes in Genf beliefert. Häufig ist der Chef Dr. Ernst Wiegandt auf Reisen in die Schweiz. Begeistert berichtet Heinz von der Unmenge an Literatur, mit der er es nun Tag für Tag zu tun hat. Die Ausgaben der Sammlungen Göschen und Reclam und vor allem die Insel-Bücherei, die „ganz reizende Sachen" herausgebracht hat, erregen seine Bewunderung. In größter Ausführlichkeit vermittelt er seinen Eltern einen Einblick in seine neuen Betätigungsfelder. Zunächst lernt er das Rechnungswesen kennen, das hier „Fakturen" heißt, dann das Antiquariat und die Versandabteilung. Alles schildert er so detailliert, als ob Gertrud und Franz übermorgen selbst in das Geschäft einsteigen sollten. Abends versinkt er im Studium der Antiquariatskataloge. Nach einigen Wochen wird er Famulus in der Medizinabteilung. An den freien Sonntagen liest der angehende Buchhändler, was nicht überrascht. Mit Gertrud tauscht er Einschätzungen und Empfehlungen aus, gibt oft seitenlange Inhaltsangaben und Kommentare.

Viele Titel sind mittlerweile dem Vergessen anheim gefallen, so der deutsch-nationale Frontroman „Sperrfeuer in Deutschland" (1929) von dem damaligen Bestsellerautor Werner Beumelburg, nach dem sich Gertrud erkundigt. Heinz verneint die Lektüre. Die Bücher des in Radikalopposition zur Weimarer Republik stehenden Autors stehen für einen zutiefst nationalistischen und antidemokratischen Inhalt. Mit seiner Darstellung über Bismarcks Reichsgründung (1932) und der Biographie „Friedrich II. von Hohenstaufen" (1934) versuchte Beumelburg, den „Führer" zu deren Erben zu stilisieren.

Dem Literaturverständnis des Nationalsozialismus entspricht auch Hans Friedrich Blunck, der sich insbesondere für nordische Themen interessiert, die er unter Betonung rechtsnationaler Aspekte und völkischen Gedankenguts bearbeitet. Sein Buch „Die große Fahrt. Ein Roman von Seefahrern, Entdeckern, Bauern und Gottesmännern" (1935) beschreibt Heinz als „ein Buch voll Kraft, sehr geeignet für jeden jungen Menschen". Blunck wird zum ersten Präsidenten der „Reichsschrifttumskammer"bestellt, die die

Heinz, 1935

Kontrolle und Gleichschaltung der literarischen Produktion und Verbreitung vorantreibt. Für Heinz bedeutsam wird es, dass Blunck im April 1935 eine „Reichsschule des deutschen Buchhandels" als überregionale Berufsschule gründet.

Andere zu Heinz' Lektüre zählende Autoren stehen dem Nationalsozialismus kritisch bis ablehnend gegenüber, so der Schweizer Kulturphilosoph Max Picard mit seinem Werk „Die Flucht vor Gott" (1934) und Albert Schweitzer mit seinem Buch „Die Weltanschauung der indischen Denker: Mystik und Ethik" (1934). Hans Carossas Gedenkbuch „Führung und Geleit" (1933) sei deshalb so interessant – kommentiert Heinz –, weil dieser von seinem persönlichen Verkehr mit Künstlern und Schriftstellern schreibt. Sprachlich und inhaltlich berührend erlebt er Ernst Wiecherts Roman „Die Majorin" (1934), in dem ein tot geglaubter, seelisch völlig zerstörter Soldat nach dem Ersten Weltkrieg wieder auf den Weg ins Leben geführt wird. Ebenso begeistert ihn Wiecherts „Hirtennovelle" (1935), eine „wunderbar feine Geschichte" von tiefer Naturverbundenheit.

Persönlich am nächsten stehen Heinz die Werke der Gebrüder Mann und Stefan Zweigs. Deren Bücher waren neben denen zahlloser anderer Literaten im Mai 1933 Opfer der studentischen Bücherverbrennung, der „Aktion wider den undeutschen Geist", geworden, galten als „Zersetzungsliteratur" und waren seitdem verboten.

Seiner belesenen Mutter empfiehlt Heinz wärmstens die Werke Hermann Hesses „Demian" (1919) und den Gedichtband „Wege nach Innen" (1918). Hesse entwickelte vor dem Hintergrund der nationalsozialistischen Herrschaft eine Utopie der Humanität und des Geistes und wandte sich mit seiner neoromantischen Haltung inhaltlich gegen die wachsende Industrialisierung und Verstädterung.

Eine weitere Empfehlung – Josef Conrads Biografie „Der Verdammte der Inseln" (1934) – sei „von einer Zartheit ohnegleichen und gleichsam von einer Wucht und Schicksalsschwere, die fesselnd und ergreifend sei", so sein Urteil. Der polnisch-britische Schriftsteller Josef Conrad gilt als früher Vertreter der Auseinandersetzung mit den brutalen Folgen des europäischen Kolonialismus, die er während seiner Tätigkeit bei der französischen und britischen Handelsmarine erlebt hatte.

In der Vorweihnachtszeit wird Heinz im „Sortiment", also in der Kundenbetreuung, eingesetzt. Der Teufel ist los bei Lorentz. Alle fünfzehn Mitarbeiter sind in den Verkauf berufen und bedienen drei Kunden gleichzeitig. Der Kollege verdient in einem zweistündigen Verkaufsgespräch mit zwei Damen 160 RM. Heinz, der Anfänger, bringt es immerhin auf 80 RM am Tag. Sogar die Kronprinzessin Cäcilie erscheint zum Einkauf und wird vom Chef persönlich bedient. Bis spät in die Nacht wird gearbeitet, werden die Regale nachgefüllt und die Auslagentische neu bestückt. Erst um elf Uhr kommt Heinz nach Hause. Das meist verkaufte Buch zu Weihnachten 1934 ist „Das Herz ist wach“ von der unter dem Pseudonym M. B. Kennicot schreibenden Gertrud von Sanden. Ein wundervolles Buch, das man sehr ruhig und langsam lesen sollte – so seine Empfehlung –, damit nicht zu viel von der Schönheit der Sprache verloren geht.

Die Adventssonntage verbringt er in Gedanken an zu Hause. Ein Besuch in der Thomaskirche, „ein ganz wunderbares Gotteshaus“, – der erste Gottesdienst nach einem halben Jahr beim FAD – versetzt ihn in eine feierliche Stimmung, die er sich bei einem anschließenden Besuch der Gemäldegalerie zu bewahren sucht. Gegen Abend werden zwei rote Kerzen im Tannengrüngesteck angezündet und gelesen, so wie es zu Hause in der Lürmannstraße die Eltern jetzt auch tun. Auf dem Wunschzettel zu Weihnachten stehen neben einem gerahmten Bild der „Uta“ aus dem Merseburger Dom eine Gesamtausgabe der Werke von Rainer Maria Rilke in sechs Bänden und Friedrich Nietzsches „Zarathustra“. Aber auch zwei oder drei Grammophonplatten würden ihn erfreuen, so „der alte Cowboy“. Von der Firma Lorentz gibt es als Weihnachtsgabe Arthur Schopenhauer in fünf Bänden, antiquarisch.

Seine freie Zeit am Abend verbringt der junge Buchhändler nicht nur mit Lesen, er lernt außerdem an zwei Abenden französisch und italienisch. Die Eltern allerdings machen sich Sorgen, dass ihr Sohn nicht genug gesellschaftliche Kontakte pflegt. Besonders Gertrud fürchtet, dass er sich depressiven Empfindungen hingibt, zu denen er offensichtlich eine Veranlagung habe. Dieser „Hang zu trüben Stimmungen“ würde unterstützt durch Literatur, die etwas Müdes und Dekadentes habe. Sie hält es daher für nicht geboten, sich zu viel mit psychologischer Literatur wie Dostojewski, den Manns und Stefan Zweig abzugeben. Sie empfiehlt Ludwig Ganghofer, Rudolf Herzog, Hans Grimm und Hans Carossa. Gertruds Empfehlungen erscheinen recht willkürlich zusammengestellt, spiegeln aber den zunehmenden Einzug nationalsozialistischen Gedankengutes in das bildungsbürgerliche Milieu. Ganghofer gilt als Chronist der Sorgen und Schicksale einfacher Leute und ihrer Konflikte mit der ständisch geprägten Gesellschaft. Während Ganghofer für ein einfaches Gottvertrauen plädiert, zählen Herzog und Grimm zu dezidierten Vertretern der völkischen und antisemitischen Ideologie. Hans Grimm prägte mit seinem Roman „Volk ohne Raum“ (1926) den griffigen Slogan für die Expansionspläne des „Führers“. Rudolf Herzog stellte ihn mit seinem Buch über „Die Geschichte des deutschen Volkes und seiner Führer“ (1934) in die Reihe der „großen Männer“ der preußisch-deutschen Geschichte. Der Arzt und Literat Hans Carossa wiederum, der sich in einem Vortrag über Goethe (1938) öffentlich gegen die Gewalttätigkeit und die Eroberungspolitik des NS-Regimes aussprach, zählte trotz seiner Distanz zum Regime zu den meist gelesenen Autoren seiner Zeit.

Mit den Vorschlägen Gertruds konfrontiert stellt Heinz klar: „Gewiss achte auch ich die wirklich guten Schriftsteller der ‚Bewegung‘ hoch, aber nicht die massenhaften kleinen Begleiterscheinungen wie Alfred Karrasch' ‚Parteigenosse Schmiedecke' o.ä." Dieser Roman zählte zu den meist verkauften Schriften im Jahre 1934, die genaue Übertragung des nationalsozialistischen Gedankenguts ins Literarische stößt jedoch bei Heinz auf Ablehnung.

Gertruds Sorge, er gehe etwas „neben der Zeit her", hält Heinz dennoch für bedenkenswert. Vielleicht stimme das, er anerkenne zwar die Leistungen, die die NSDAP hervorgebracht habe, müsse aber über die sozialistische Idee der Volksgemeinschaft lächeln. Wohl könnten sich die Intellektuellen aus „unseren Kreisen" in das Arbeitermilieu hinab begeben, nicht aber umgekehrt, diese Menschen könnten nicht hinauf. Er sage das ohne Überheblichkeit, denn er verstehe sich auch mit einfachen Leuten sehr gut. Diese Auffassung von bestehenden sozialen Barrieren scheint immer wieder durch, beispielsweise wenn er das Publikum beim Theaterbesuch beschreibt, das „sehr mäßig" und „so wenig elegant in seinem Auftreten" gewesen sei. Heinz dagegen läuft immer „comme il faut" und vergisst auch niemals seinen Siegelring anzulegen.

Deutlich wird Heinz' Zweifel an der nationalsozialistischen Ideologie aus der Korrespondenz mit dem Freund vom FAD Wolfgang Kaupisch, dem er seine innere Zerrissenheit offenbart. Wie Heinz gesteht auch dieser seine „innerste Abneigung vor der öden Gleichmacherei neuerer Prägung". Ihm hatte Heinz literarische Versuche zu lesen gegeben, die Wolfgang eigenartig berühren und die er „beinahe als Symptom einer manisch-depressiven Verstimmung werten" möchte.

Um der ähnlich geäußerten Sorge der Eltern vor Vereinsamung vorzubeugen, berichtet Heinz von dem Familienanschluss an seine neuen Vermieter, die Jungbluths, mit denen er viele Abende am Tisch sitzt. Sonntags besucht er brav die Familie Hachmeister in Borsdorf, ein Kontakt, den offensichtlich Gertrud vermittelt hat. Um sich – wie von zu Hause gewünscht – sportlich zu betätigen, nimmt er das Hockey-Spiel wieder auf und tritt in den Schwimmclub Neptun ein. Das harmoniert mit der nationalsozialistischen Vorstellung eines neuen Menschentypus, der durch sportliche Betätigung nicht nur Kraft und Gesundheit stählt, sondern auch psychische Komponenten wie Durchsetzungsfähigkeit, Zusammenhalt und Kameradschaft trainiert, was schließlich einer allgemeinen Wehrertüchtigung dient.

Ein Gefühl des Unbehagens 1935

Langsam, fast unmerklich unterwandern das Gedankengut und die Darbietungen der „Bewegung" Heinz' Einstellungen und seinen Arbeitsalltag. Das offizielle literarische Angebot rückt die altnordische Dichtung in den Fokus. Animiert von einem Vortrag zu diesem Thema richten Heinz und sein Kollege Rudolf Kuntze bei einem Schaufensterwettbewerb die Lorentz'schen Auslagen nach dem Motto „Die alten Germanen" ein. Groß prangen die Goethe entlehnten Worte über allem: „Was du ererbt von deinen Vätern hast, erwirb es, um es zu besitzen."

Die Rezeption der altnordischen Dichtung fördert die Vorstellung vom „arischen Herrenmenschen", dem qua „Rasse" völkischen Elitemenschen. Dagegen abzusetzen sind die slawischen und jüdischen „Untermenschen" und das „unwerte" Leben. Bevor noch ein erstes KZ gebaut, ein erstes Nachbarland überfallen und besetzt ist, ist die menschenverachtende Herrschaftsideologie bereits in die Gemüter eingesickert. Wer Augen hat zu sehen, Ohren hat zu hören und einen sechsten oder siebten Sinn, um zu fühlen, wird aufgeschreckt, wird wachsam werden. Doch diesen Sinn haben nur wenige.

Heinz verdient kein Geld während seiner Lehrzeit, Vater schickt monatlich 150 RM. Damit sind keine großen Sprünge zu machen und jede Ausgabe will wohl überlegt sein. Da trifft es sich gut, dass kulturelle Veranstaltungen jetzt vom nationalsozialistischen Kulturwerk „Kraft durch Freude"unterstützt werden. Ein Kinobesuch („Das Fähnlein der sieben Aufrechten") für nur 0, 50 RM macht es sogar möglich, die Haustochter einzuladen. Lieber noch verabredet er sich mit seiner Kollegin, dem aus Ostpreußen stammenden „Fräulein" Kudella, die einen „sehr reinen und klaren" Charakter hat. Mit ihr geht er ins Theater (Macbeth, Die lustige Witwe, Der zerbrochene Krug) und zum Tanz. Auch über literarische Interessen lässt es sich mit der Kollegin gut reden.

Dass „Die Buddenbrocks" und Hermann Hesse nach Weihnachten verramscht werden, sei eine Schande. „Das tut mir immer weh – lässt er Gertrud wissen – wenn die Werke von Dichtern, die einst begeistert verehrt wurden wie die Manns, sich nun auf dem billigen Ramschtisch herumtreiben müssen, wie Bettler, die einst Könige waren." Thomas Mann scheine sich jetzt wissenschaftlichen Dingen zuzuwenden. Gemeint sind „Leiden und Größe der Meister" (1935) (über Goethe, Wagner, Cervantes, von Platen und Storm), dessen Lektüre Heinz sich als nächstes vornimmt.

Thomas Mann, der 1929 den Nobelpreis für Literatur erhalten hat, ist zu einem der prominentesten Gegner des Nationalsozialismus geworden. Seit 1933 lebt er im Exil in der Schweiz und wurde „wegen feindseliger Propaganda gegen das Reich im Ausland" ausgebürgert. Seine Werke landeten im Mai 1933 auf dem vom NS-Studentenbund inszenierten Scheiterhaufen der Literatur auf dem Berliner Opernplatz und in zahlreichen Universitätsstädten. Im Dezember 1936 wird Thomas Mann die Ehrendoktorwürde der Universität Bonn aberkannt. Heinz macht sich die Mühe, die vollständige umfangreiche Antwort Thomas Manns auf seine Ausbürgerung und die Aberkennung seiner Ehrendoktorwürde für seine Mutter abzutippen. Mit rotem Farbband verweist er auf die besonders prägnanten Stellen.

„An den Herrn Dekan der Philosophischen Fakultät der Universität Bonn.

Ich habe die trübselige Mitteilung erhalten, die Sie unterm 19. Dezember an mich gerichtet haben. Erlauben Sie mir, Ihnen folgendes darauf zu erwidern:

Die schwere Mitschuld an allem gegenwärtigen Unglück, welche die deutschen Universitäten auf sich geladen haben, indem sie aus schrecklichem Missverstehen der historischen Stunde sich zum Nährboden der verworfenen Mächte machten, die Deutschland moralisch, kulturell und wirtschaftlich verwüsten, – diese Mitschuld hatte mir die Freude an der mir einst verliehenen akademischen Würde längst verleidet und mich gehindert noch irgendwelchen Gebrauch davon zu machen.

[…] *In diesen 4 Jahren eines Exils, das freiwillig zu nennen, wohl eine Beschönigung wäre, da ich, in Deutschland verblieben oder dorthin zurückgekehrt, wahrscheinlich nicht mehr am Leben wäre, hat die sonderbare Schicksalsirrtümlichkeit meiner Lage nicht aufgehört, mir Gedanken zu machen.* […]

Gewiss, ich habe die Wut dieser Machthaber herausgefordert nicht erst in den letzten 4 Jahren, durch mein Außenbleiben, durch die ununterdrückbaren Kundgebungen meines Abscheus. Lange vorher schon hatte ich es getan und musste es tun, weil ich früher als das heute verzweifelte deutsche Bürgertum sah, wer und was da heraufkam […] *Ich hätte nicht leben, nicht arbeiten können, ich wäre erstickt, ohne* […] *von Zeit zu Zeit meinem unergründlichem Abscheu vor dem, was zu Hause in elenden Worten und elenderen Taten geschah, unverhohlenen Ausdruck zu geben.* […]

Das Reich, Deutschland soll ich beschimpft haben, indem ich mich gegen sie [die Machthaber] *bekannte. Sie haben die unglaubliche Kühnheit, sich mit Deutschland zu verwechseln, wo doch vielleicht der Augenblick nicht fern ist, da dem deutschen Volke das Letzte daran gelegen sein wird, nicht mit ihnen verwechselt zu werden.*“[6]

Welch eine Hellsichtigkeit.

Über diese Weitsicht verfügt Heinz nicht. Aber ein Gefühl des Unbehagens macht sich breit und verstärkt sich in den folgenden Monaten. So wie er fragen sich auch seine Eltern und andere aus dem bildungsbürgerlichen Milieu, welchen Literaten es noch und wann treffen wird. Ob der „Führer“ nicht doch ein bisschen primitiv sei und wenig Ahnung von Kunst und Literatur habe, mutmaßen Heinz und die ihm Gleichgesinnten im Stillen. Dem steht nicht entgegen, dass Heinz ein junger Buchhändler-Lehrling ist, der die Literatur und die Dichter liebt und dessen Zweifel an der nationalsozialistischen Kulturpolitik eingebettet sind in das tägliche Leben. Und das heißt, dass er vor allem seine Ausbildung erfolgreich abschließen will, um anschließend die interessierten Zeitgenossen mit der reinen und echten Literatur zu versorgen. Der Weg dahin führt über die Anpassung an die gegebenen Verhältnisse und nicht über das von Thomas Mann vorgelebte „Außenbleiben“. Den Weg weisen die NS-Ideologen, die u.a. den „Großen Tag der Arbeit“ in den Dienst des NS-Regimes stellen, um das neue völkische Gemeinschaftsgefühl zu festigen. Die Lorentz'sche Belegschaft feiert diesen Tag ausgiebig mit einem Ganztagesprogramm, zu dem das gemeinsame Anhören einer Rede des „Führers“ genauso gehört wie die Parodie eines „Kundengesprächs“, die Heinz und sein Kollege Rudolf in Szene setzen („ein voller Erfolg“). Den Abschluss bildet ein ausgiebiger Tanzabend.

Im Nachgang wird berichtet, dass ein junger Klavierspieler am nächsten Tag Heinz bei Lorentz aufsucht, weil er es nicht glauben kann, dass dieser wirklich Buchhändler und nicht Schauspieler sei.

---

[6] Antwort auf die Aberkennung der Ehrendoktorwürde durch die Philosophische Fakultät der Rheinischen Friedrich-Wilhelms Universität. J. Nr. 58, Bonn, den 19. Dezember 1936.

Die Belegschaft der Firma Lorentz, 1935

Immer wieder treten diese Talente bei Heinz hervor und geben Gertrud und Franz Anlass zu Überlegungen um die Herkunft von Heinz. Sie sind auch ein Quell der Sorgen um den so empfindsamen und für alles Schöne empfänglichen Sohn mit dem Hang zu trüben Stimmungen. Heinz seinerseits kann sich nicht genug über seine glückliche Kindheit, sein eindrucksvolles Elternhaus und den idyllischen Garten sowie die unendlich liebevolle Fürsorge seiner Eltern auslassen. Immer wieder taucht die Frage auf: Sitzt Ihr bei diesem schönen Wetter im Gartenzimmer? Oder trinkt Ihr den Kaffee am heutigen Sonntag in der Laube? Wie geht es Enno, Marianne und Renate? Niemand wird vergessen aus der Schar der mit ihm Aufgewachsenen. Voller Vorfreude ist Heinz auf einen Sommerausflug mit Dieter Schoeller, der nun auch beim RAD dienen muss, in dessen Auto mit Zelt und Paddelboot.

Doch zunächst verlebt Heinz ein überwältigend schönes Pfingstfest, dessen Beschreibung erneut seine große Empfänglichkeit für Naturschönheiten zeigt. Wolfgang, der Freund vom FAD, inzwischen ein „enorm begabter" Student der Nationalökonomie, der nebenbei Artikel für den „Völkischen Beobachter" über Außenhandelspolitik schreibt, hat nach Berlin eingeladen. Eine Paddeltour führt die beiden zunächst an den Tegeler See und am nächsten Tag mit dem Motorboot von Wolfgangs Korpsbruder von Kammeke von Potsdam aus an den Wannsee. „Das Bild war einfach überwältigend. Der blaue See, die strahlende Sonne, die wunderhübschen grünen Ufer, das Leben der unzähligen Segelboote, Dampfer, Paddel- und Motorboote, das alles bot ein Bild von seltener Schönheit." Beglückt fährt Heinz zurück nach Leipzig.

Eine Frage der Rassenreinheit

Dort erreicht ihn wieder einmal der lange Arm der Partei und droht, seine gerade begonnene Ausbildung bei Lorentz zu unterbrechen und die den Eltern so wichtigen gesellschaftlichen Kontakte zu gefährden. Mitte Juli 1935 wird die allgemeine Wehrpflicht eingeführt und Heinz zur Musterung gerufen. Heinz bringt Verständnis dafür auf, dass dies von der „Frontgeneration [der Eltern] wie eine Erlösung angesehen wird". Über den Bruch der diesbezüglichen Bestimmungen des Versailler Vertrages wird kein Wort verloren. Sein Unbehagen geht in eine andere Richtung: Zuerst will er die Lehrzeit beenden, vom Wehrdienst sich daher für ein Jahr dispensieren lassen. Das allerdings ist nicht so einfach. Zunächst einmal muss Heinz nachweisen, dass er überhaupt zur Ableistung des Wehrdienstes berechtigt ist, was heißen will, dass er den strengen Vorschriften zur „Rassenreinheit" entspricht und eine „deutschblütige Abstammung" nachweisen kann.

So kommen mit der Aufforderung zur Musterung neue Aufgaben auf Vater Franz zu. Die Beauftragten der „Reichsstelle für Sippenforschung" in Berlin lassen es nicht dabei bewenden, dass Franz und Gertrud ihre rein arische Abkunft von Eltern in Bad Rothenfelde und Bremen-Burg nachweisen, nein, den Dingen wird akribisch auf den Grund gegangen. Auch die leiblichen Eltern müssen in einem Fragebogen der „Reichsstelle" minutiös bis in die Reihe der Ururgroßeltern dargestellt werden. Welch ein Aufwand es für Franz bedeutete, die Vorfahren des mittlerweile seit zehn Jahren verstorbenen Ernst Maximilian Hake und seiner ehemaligen Hausdame ausfindig zu machen, lässt sich nur erahnen. Aber als Anwalt weiß er, was für seinen Sohn davon abhängt, dass dessen arische Herkunft nicht angezweifelt wird. Die Zuspitzung der „Rassengesetze" hat er mit Sorge zur Kenntnis genommen. Welch ein Glücksfall, dass der angebliche Erzeuger aus gut zu dokumentierender ostpreußischer Familie stammt und sogar einen Bürgermeister in Treuburg zum Vorfahren hat. Doch das Misstrauen der Behörden ist groß. Ein Termin in Berlin wird anberaumt.

Heinz weiß von alledem nichts. Am 1. Juni reist Franz nach Leipzig, um am 2. Juni den 21. Geburtstag seines Sohnes gebührend zu begehen. Das sieht in hanseatischer Sparsamkeit so aus, dass die beiden, am Ufer des Flüsschens Pleiße sitzend, einen aus Osnabrück mitgebrachten Kuchen verzehren. Am folgenden Tag bespricht Franz mit Dr. Wiegandt die weitere berufliche Ausbildung seines Sohnes, wenn dieser sich vom Wehrdienst dispensieren lässt. Heinz schreibt seiner Mutter, wie rührend er es findet, dass der Vater „die lange und beschwerliche Reise" nach Leipzig auf sich genommen hat, um in seinem Interesse mit Dr. Wiegandt zu sprechen. Von Leipzig aus fährt Franz nach Berlin, um – wie er vorgibt – eine „kirchliche Angelegenheit" zu ordnen.

Vor dem Kammergericht Berlin, Unter den Linden 57/58, wird am 5. Juni 1935 erneut über Heinzens Geburt verhandelt. Die zum Glück noch lebende und jetzt in Berlin-Charlottenburg in der Dernburgstraße wohnhafte Anna Concordia Lindemann gibt noch einmal zu Protokoll, dass sie die Mutter ist und der „wirkliche geheime Oberbaurat" Ernst Hake der Erzeuger war, mit dem sie – so genau will man es wissen – „in der gesetzlichen Empfängnisfrist, das heißt in der Zeit vom 4. August bis 3. Dezember 1913, ausschließlich geschlechtlich verkehrt habe". Nun erst passieren die zahlreichen Geburts- und Sterbeurkunden der leiblichen Eltern ohne Widerspruch.

Bei diesem Termin kommt es noch einmal zu einer Begegnung von Franz mit der leiblichen Mutter seines Adoptivsohnes. Ob sie ihn befragt, ob er ihr Bericht erstattet hat vom Werdegang des jungen Mannes, darüber schweigen die Aufzeichnungen.

Heinz ahnt nicht um welche „kirchliche Angelegenheit" es sich in Berlin gehandelt hat. Ein wenig merkwürdig mutet es doch an, wie lange dieser Sohn von der elterlichen Hand geführt, behütet und protegiert wird. Offensichtlich aber ist es, dass Franz seinen Sohn schützen will. Heinz' Verehrung der Literatur, seine schauspielerische Begabung und seine stets mit leichter Ironie vorgebrachte Sicht auf die Dinge scheinen ihm nicht das Erbe des seinerzeit mit Zirkel und Winkelmesser operierenden Vormunds zu sein. Charme und Witz, eine gewisse Bissigkeit und dazu eine latente Traurigkeit – da ist sich Franz mit Gertrud einig – gehören vermutlich zu einem anderen kulturellen Erbe.

Mit der von höchster Stelle bestätigten arischen Abkunft kann sich Heinz nun für ein Jahr von der allgemeinen Wehrpflicht zurückstellen lassen. Die Einführung der Wehrpflicht wird durch die politische Propaganda unterstützt, die aus dem Volksempfänger schallt. Die Eröffnungen Hermann Görings zum Aufbau einer deutschen Luftwaffe seien schon überraschend – bemerkt Heinz – und würden sich auf die deutsch-englischen Verhandlungen auswirken. Im Mai hört er gemeinsam mit Kollegen eine „unerhörte" Rede des „Führers". „Es ist wohl die unglaublichste Rede, die er jemals gehalten hat." Er fragt sich, welch einen Eindruck diese wohl auf die Franzosen gemacht hat. Im Juni bekommt Heinz auf dem Platz vor dem Gewandhaus den „Führer" persönlich zu Gesicht. Der Platz sei schwarz vor Menschen gewesen – berichtet er nach Osnabrück –, die Menschen „eher ergriffen als froh und erwartungsvoll". Nachdem der „Führer" dem Auto entsprungen und verschwunden sei, habe das rasende Publikum „Heil" gerufen.

Die Vergiftung der Volksseele ist bereits weit fortgeschritten. An den Marschtritt, an das Auftreten und den Furor des selbsternannten „Führers" hat man sich bereits gewöhnt, die Schärfe der Ausführungen sich weitgehend zu Eigen gemacht.

In der Buchhandlung erregt ein anderer Besucher Staunen bei den Kollegen. Der niedersächsische Landesbischof August Marahrens, ein „sehr feiner Mann", schaut vorbei, eigens um Heinz zu begrüßen. Marahrens, bis 1936 Vorsitzender der Bekennenden Kirche, ist ein enger Freund von Vater Franz, der die Landeskirche seit langem in juristischen Fragen berät. Bei seinen häufigen Besuchen zu Hause in Osnabrück mussten die Kinder ihn mit „Hochwürden" begrüßen, wovor sie sich stets zu drücken suchten. Tagelang blüht nun im Geschäft die Diskussion um den Kirchenstreit. Für Heinz bringt der Besuch einen Zuwachs an Ansehen ein.

Heinz ist ein unermüdlicher und kritischer Kulturkonsument. Vorträge, Lesungen, Festakte – trotz bewegten Arbeitsalltags im Sortiment wird nichts ausgelassen. Mit Freund Wolfgang, der für vier Monate beruflich nach Leipzig zieht, erörtert er die Thesen des nationalsozialistischen Chef-Ideologen Alfred Rosenberg zum Homer-Epos, der in den Protagonisten einen semitisch-nordischen Gegensatz herausarbeitet und das arische Herrenmenschentum zum neuen verbindlichen Dogma erhebt. Auch Dietrich Mülders Prosa-Übersetzung des Homer-Epos und dessen Darstellung des Epos als Preislied des Gemeinschaftsgeistes wird kritisch hinterfragt und sogar mit dem ehemaligen Griechisch-Lehrer des Ratsgymnasiums diskutiert. Dieser antwortet seinem ehemaligen Schüler „Odysseus als Vertreter des Gemeinschaftsgeistes des Dritten Reiches ist immerhin eine amüsante Erscheinung. Was wird Alfred Rosenberg dazu sagen, für den er der Vertreter semitischen Einflusses im Ariertum des hellenistischen Heldenepos ist? Dass die Herren doch immer den Geist der Zeiten, d.h. den eigenen unterschieben müssen und den Dichter nicht als Dichter schaffen lassen können." Das genau ist es, was auch Heinz mit Unbehagen verfolgt: Der zunehmende Einfluss der Partei auf Kultur und Wissenschaften und der Umgang mit nicht-linientreuen Schriftstellern.

Ein Antiquariatsabend über klassische Philologie wird Gertrud gegenüber als „hoffnungslos mäßig" bezeichnet. Da sei doch der entsprechende Unterricht am Ratsgymnasium sehr viel ertragreicher gewesen. Der große Vortrag Sven Hedins dagegen, der vor gänzlich ausverkauftem Haus stattfand, wurde mit großem Beifall belohnt. Die Ausführungen des Dichters und Theosophen Johannes Verweyen über den „geheimnisvollen Menschen" bringen Heinz dagegen „mit einem riesigen Aufwand an Worten nichts Neues". Dessen Vorträge – v.a. gegen die „Rassentheorie" der Nazis – und seine gesamten Schriften werden 1936 verboten. Kurz vor dem Ende des Krieges, im März 1945, wird Verweyen im KZ Bergen-Belsen versterben.

Dafür ist die Lesung von Ernst Wiechert, der aus seinen Jugenderinnerungen in Ostpreußen liest, für Heinz überwältigend: „Eine wunderbar ruhige Stimme hat er, und wenn man ihn so sitzen sieht, hat man das Gefühl, als sei er ganz in sich versunken und schöpfe die Worte aus seinem Inneren heraus, als stünden sie gar nicht da. Er ist das Bild des ganz echten und ganz reinen Dichters. So etwa wie Rilke es gewesen sein muss. Mich hat es sehr ergriffen." Auch die Erzählungen, die der Dichter Karl Heinrich Waggerl vorgetragen habe, seien amüsant und schön im einfachen Sinne des Wortes gewesen. Sogar der flämische Dichter Felix Timmermans sei anwesend gewesen.

Doch es bleibt nicht beim konsumieren. Heinz Pläne gehen nun über das Zuhören und Lesen hinaus. Dienstagabends findet neuerdings ein Literarischer Club in der Buchhandlung statt. Heinz, der die Leitung der Abteilung Literatur, Geschichte und Geographie übernommen hat, ist in seinem Element, wenn er den Kollegen seine Lesefrüchte vorstellt. Vor dem Verein Leipziger Jungbuchhändler hält er einen Vortrag zur deutschen Literaturgeschichte. Wenig später arbeitet er an einem Aufsatz über die „Deutsche Volksseele, ihre Zweiheit und deren Vereinigung". Ich traue mir zu – verkündet er Gertrud – ihn veröffentlichen lassen zu können. Daneben wird ein Desiderat in Angriff genommen. Den Defiziten in modernen Fremdsprachen des altsprachlich geschulten Gymnasiasten wird durch den Besuch von Englisch-Kursen an der Leipziger Universität abgeholfen.

Ergreifend empfindet Heinz den Festakt zur „Woche des deutschen Buches 1935" am 29. Oktober im Gewandhaus. Lassen wir Heinz sprechen: „Das Podium des wunderschönen Raums war mit Lorbeer und Tannengrün geschmückt und über allem ragte die Orgel hervor, auf der Prof. Hoyer den Abend mit einer Fantasie von Bach eröffnete. Die Orgelmusik ist in ihrer Großartigkeit und ihrer überwältigenden Fülle von Tönen wohl das Schönste, was es gibt. [...] Der Vortrag von Börries Freiherr von Münchhausen war ganz ausgezeichnet. Mit einer großen Feinheit sprach er vom Wesen des Buches, das nie etwas nimmt und immer gibt. Man kann es 10 Jahre nicht anrühren, immer aber ist es bereit, den zu beschenken, der seine Zuflucht bei ihm sucht. Es kennt keinen Hass und kein Alter. Er wandte sich gegen die Schundliteratur auf künstlerischem, politischem und sittlichem Gebiet. Den Kitsch ließ er ruhig bestehen. Denn, sagt er, das Volk braucht süßliche und verträumte Dinge, wobei er vor allem Courths-Mahlers gedachte, und es ist das größte Verbrechen, einfache Menschen in Sphären zu führen, die ihnen unheimlich sind und die sie nicht begreifen. Seine Rede löste großen Applaus aus. [...] Goerdeler sprach nicht, dafür aber jemand von der Partei, ein gar dürftig Männlein, das auch nicht den geringsten Schimmer besaß und z.B. die Deutsche Nationalbibliothek lobte, gemeint war die ‚deutsche Nationalbibliographie' in Leipzig!"

Solche Schilderungen rufen Gertrud auf den Plan, die anmerkt, dass Heinz sich vielleicht noch nicht genügend mit dem Kern des Nationalsozialismus beschäftigt habe und lediglich etwas schadenfroh die kleinen Fehler der Protagonisten verspotte. Er gibt zu „Mein Kampf" nicht gelesen zu haben, will es aber tun, um überhaupt eine Stellung beziehen zu können.

Die Sonntage sind weiterhin der Kultur gewidmet. Eine Sonderausstellung im Grassi-Museum für Völkerkunde widmet sich Abessinien, der „schwarzen Gefahr", wozu es auch einen Vortrag des deutschen Berichterstatters aus Abessinien gibt. Auch das faschistische Italien hatte seine Feindbilder in Szene gesetzt und die Menschen im seit 1936 besetzten abessinischen Kaiserreich einer brutalen Ausrottung preisgegeben.

Zu Mittag genehmigt Heinz sich für 95 Pf. ein Essen im Thüringer Hof. „Man sitzt gern in einem anständigen Raum, die anderen genügen den Ansprüchen auf die Dauer doch nicht." Der Abend wird mit einem Kinobesuch gekrönt. Geboten wird Pygmalion mit Gustaf Gründgens, dessen geradezu unerhörte Schauspielkunst Heinz überwältigt. Dies sei übrigens der Mann, von dem schon mehrere Freunde behauptet hätten, er habe Ähnlichkeit mit Heinz, schreibt er nach Hause. Es stimme sogar etwas. Freund Wolfgang unterstützt Heinz in diesen Gedanken. Er weiß von Heinz' restloser Begeisterung für den Künstler und dass er „verwandte Züge" in ihm sieht.

Immer wieder bewegen Heinz Zweifel am eingeschlagenen Weg. Seiner Cousine Gerda, mit der er in regelmäßigem Briefwechsel steht, schüttet er sein Herz aus. Ganz anders als mit der pragmatischen Schwester Lore und dem technikaffinen nüchternen Bruder Rolf verbindet beide ein tiefes Mitempfinden mit den Seelenzuständen des Anderen. Gerda musste 1935 eine geplatzte Verlobung verkraften, Heinz seine eigentlichen Berufswünsche begraben. Seine Cousine weiß um Heinz' Enttäuschung über das nicht genehmigte Studium und seinen im Stillen noch immer gehegten Wunsch, Schauspieler zu werden. Sie legt ihm nahe, Anschluss zu suchen, sich mit Gleichgesinnten auszutauschen, und den

Versuch, sich doch noch auf der Bühne zu bewähren, auf das Ende seiner Ausbildung zu verschieben. Anders als die Eltern hat sie Verständnis für sein Suchen.

Das kulturelle Jahr wird abgeschlossen mit einem Abend bei dem Schauspieler Ludwig Wüllner, der Szenen aus dem Repertoire Goethes und Shakespeares vorträgt. Das war ein Erlebnis, „wie man es wohl ganz ganz selten hat." Die Eindringlichkeit und die Macht des Vortrages erschüttern den jungen Mann derart, dass er keine weiteren Veranstaltungen besucht, um das Erlebnis nicht gleich wieder zu zerstören.

Ein schleichender Prozess 1936

Nachdem das erste Lehrjahr vergangen ist, setzt Mutter Gertrud einen Wohnungswechsel für ihren Sohn durch. Das gedeihliche Zusammenleben mit der Familie Jungbluth in der Härtelstraße, v.a. mit der Tochter Irmgard, ist Gertrud schon seit langem ein Dorn im Auge. Der Umgang mit der „filia hospitalis" berge doch mancherlei Gefahren und die möchte sie ihrem Sohn ersparen. Also nimmt Heinz Abschied von der Familie, was ihm äußerst unangenehm ist, weil er sich in diesem Kreis doch sehr wohl gefühlt hat. Frau Jungbluth ahnt jedoch zu Recht, dass seine Mutter dahinter steckt. Heinz findet ein neues Domizil in der Privatpension der verwitweten Frau Professor Lipsius in der Braustraße, die zwar auch eine junge Tochter namens Wendula hat, die aber, wie Heinz vorsorglich berichtet, „nicht sehr ansehnlich, geistig jedoch nicht unrege sei". In der Villa Lipsius findet sich eine neue Runde einander zugetaner Mieter, eine ungarische Buchillustratorin, ein Lehrer des Carola-Gymnasiums, ein Regierungsbaumeister „von unverwüstlichem Humor" sowie eine amerikanische Buchbinderin, die sich alle nach dem Abendessen gepflegt unterhalten – mit der Mistress spricht Heinz nur Englisch – oder miteinander musizieren. Besonders beliebt ist es, das schauspielerische Talent unter Beweis zu stellen und mit verteilten Rollen zu deklamieren und zu rezitieren.

Noch eine weitere Mutter macht sich Sorgen um den Umgang ihres Kindes. Heinzens Kollegin aus dem Geschäft, das „Fräulein" Kudella, ist mittlerweile zur ständigen Begleiterin geworden, wenn Heinz ins Theater, ins Gewandhaus, ins Kino oder zu einer Literaturlesung geht. Die beiden verstehen sich ausgezeichnet, was deren Mutter zu der berechtigten Sorge veranlasst, dass, sollte es zwischen den beiden zu einem Verehelichungswunsch kommen, die Familie von Heinz doch sicherlich dazu ihre Zustimmung nicht geben würde. Also müssen die beiden ihre Beziehung beenden, was Heinz zu der Bemerkung veranlasst, dass diese „einfache Art von Leuten" immer gleich ans Heiraten denkt.

Um angemessenere Kontakte aufzubauen, finanzieren die Eltern ihrem Sohn die Aufnahmegebühr in den Leipziger Sport Club, die mit 200 RM den Monatswechsel über 150 RM, den Franz für die Lebenshaltungskosten seines Sohnes überweist, bei weitem übersteigt. Aber das Geld ist gut angelegt, können sich die Eltern doch nun sicher sein, dass beim sonntäglichen Hockey-Spiel oder der frühmorgendlichen Reitstunde keine unpassenden Bekanntschaften gemacht werden. Als doppelte Sicherheit müssen vor dem Eintritt in den exklusiven Club sogar zwei Bürgen gestellt werden.

Dazu passt die entsprechende korrekte Ausstattung, um die sich wie gewohnt Gertrud kümmert. Anzüge werden selbstverständlich von Hand genäht – „diesmal mit graden Ecken, nicht abgerundet“. „Der Anzug sitzt ganz wundervoll und der Stoff ist phantastisch“, schwärmt Heinz. Nun wird über die Anfertigung eines Smokings nachgedacht, aus dem er ja jetzt nicht mehr herauswachsen wird.

Zum Glück ist Osnabrück weit und trotz der Argusaugen, mit denen Gertrud den Lebenswandel ihres Sohnes brieflich überwacht, gelingt es Heinz, einen passenden Freundeskreis aufzubauen. Einige Kollegen aus dem Geschäft, Kameraden aus der „Buchhändler Lehranstalt“, die er nun für ein Jahr besucht, Freunde aus Dresden und Berlin, die zu Besuch kommen oder besucht werden, sie alle sorgen dafür, dass der lange Arbeitsalltag im Sortiment am Abend in fröhlicher Runde einen Ausgleich findet. So kommt auch das Vergnügen nicht zu kurz. Auf dem Fest der Kunstgewerbeschule wird bis spät in die Nacht getanzt.

Die Darbietungen beim Kameradschaftsabend der „Deutschen Arbeitsfront“ (DAF) dagegen „seien für Marktfrauen geeigneter“ gewesen, so Heinz. Mittlerweile hatten die nationalsozialistischen Strategen das Leben ihrer Untertanen von der Wiege bis zur Bahre durchorganisiert. Nach der Zerschlagung aller Gewerkschaften 1933 war die DAF gegründet worden, die alle Arbeiter und Angestellten in einem Arbeitsverband zusammenfasste. Zweck der Organisation war die Bildung einer „wirklichen Volks- und Leistungsgemeinschaft“ und die Integration aller gesellschaftlichen Gruppen in das Ordnungsgefüge der NS-Diktatur. Ihr untergeordnet war das Gemeinschaftsprojekt „Kraft durch Freude“. Für jede Berufsgruppe gab es zudem eine spezifische Sektion, der sich alle Berufstätigen zwangsweise anzugliedern hatten. Für alle mit der Erstellung und Vermarktung von Büchern befassten Berufe war es die „Reichsschrifttumskammer“ (RSK), für die Lehrer der „Nationalsozialistische Lehrerbund“, für die Juristen der „Bund Nationalsozialistischer Deutscher Juristen“. Weitere Berufsverbände ließen sich aufzählen. Gemeinsam zahlten alle in die „Sterbekasse“ der NSDAP.

Ein großes Ärgernis war eine Anordnung der RSK, die jeden Lehrling im 2. Lehrjahr zur Überweisung von monatlich drei RM verpflichtete. Außerdem wird plötzlich in einem als unverschämt empfundenen Brief eine Nachzahlung von 30 RM für das erste Jahr verlangt, eine Summe, die andere Lehrlinge, die „aus finanziell ungünstigen Verhältnissen“ stammen, gar nicht aufbringen können, empört sich Heinz.

Als mit dem Verkauf von Büchern befasstes Mitglied der RSK widmet sich Heinz der Lektüre der neu erschienenen Literatur und schreibt Kritiken für das Börsenblatt des Deutschen Buchhandels. Mit der Besprechung des Romans „Schloss Dampard“ der französischen Autorin Claude Silve, die 1935 den „Prix Femina“[7] erhielt, eröffnet sich auch ein Blick in die seelische Verfassung des Rezensenten: „Es gibt Träume, von denen wir nur traurig Abschied nahmen, die aber in uns nachklingen als ein Echo in unserer Seele,

[7] Ein französischer Literaturpreis, der seit 1904 jährlich von einer exklusiv weiblichen Jury vergeben wird.

dem wir in stillen Stunden lauschen. Das Lesen des Buches ist eine ganz seltene und ganz reine Freude für die, die ihre Seele pflegen.“

Bei Lorentz hält er Vorträge über die wichtigsten Neuerscheinungen und über griechische Kulturgeschichte. Dazu empfiehlt er seiner Mutter Wilhelm Eschmanns „Griechisches Tagebuch“ (1936), das in erzählerischer Form bei einer Reise durch Griechenland von den früheren Bewohnern und Sagen berichtet. In der „Buchhändlerlehranstalt“ (BLA) spricht Heinz über Kriegsliteratur und über die „Anfänge der deutschen Literatur bis Goethe“. Privat versucht er sich an einem philosophischen Essay mit dem Titel „Die Kunst des Kritisierens“, das er einer Literaturzeitschrift anbietet. Sein Grundgedanke: „Stellen Sie sich vor das Bild (Buch) und warten Sie bis es Ihnen etwas sagt.“

Kein Brief an Gertrud ohne Hinweise auf Neuerscheinungen, die „ganz großartig“ oder gar nicht lesenswert sind. Die neuzeitliche Skakespeare-Übersetzung von Hans Rothe wird genauso diskutiert und gegenüber der anerkannteren Gundolfschen Ausgabe (die er in Blau-Leinen mit Goldschnitt sein Eigen nennt) abgewogen wie die Auslassungen des Leiters der „Reichsmusikkammer“ Peter Rabe zur musikalischen Erziehung des Volkes. Dieser habe von einer Vorführung der Matthäus-Passion vor Arbeitern berichtet, die gelangweilt und ratlos nach dem 1. Teil ihre Butterbrote ausgepackt hätten. Was Rabe zur Aufwertung der Pflege der deutschen Hausmusik aufrufen ließ.

Im April 1936 hat für Heinz der einjährige Lehrgang bei der BLA begonnen. Neben sechs Abiturienten sitzen fünfzehn, die das Einjährige gemacht haben. „Das Niveau ist mäßig“, und die sechs werden vom Lehrer gebeten, sich mit Äußerungen zurückzuhalten. Dennoch kommt Heinz nicht umhin mit seiner schulischen Bildung zu glänzen und vom nachhaltigen Literaturunterricht des alten Originals Raabe zu profitieren, indem er den Inhalt des Hildebrandsliedes einwandfrei vorträgt. Kritisch äußert er sich über die Arbeitsgruppe Barock, deren Referent unerträglich viele Namen und ein viel zu großes Stoffgebiet umrissen habe, so dass keine Aussprache mehr möglich gewesen wäre. Mit zwei promovierten Mitschülern, die auf „einer höheren Stufe“ stehen, freundet er sich an.

Dem Buchhändler – so wird es in der BLA gelehrt – komme eine besonders wichtige Mittlerrolle auf dem Gebiet des Schrifttums zu. Dem kann Heinz nur zustimmen, kritisiert aber die zunehmende Politisierung von Literatur und Wissenschaft. Ganz und gar nicht überzeugend sei der Vortrag des „Reichskulturverwalters“ Hinkel gewesen, den er besucht habe. Vorsicht sei geboten gegenüber einigen Vielschreibern, die nur an das Geldverdienen dächten. Vor allem die vielen Auslassungen zur Rassen- und Frühgeschichte seien bedenklich, das gelte auch für Hans Günthers „Rassenkunde“[8], der die nordische „Rasse“ viel zu sehr propagiere, was mit Wissenschaft nichts mehr zu tun habe. Jammerschade sei es, dass der Wissenschaft und der Kunst immer engere Grenzen gesetzt würden. Diese Engstirnigkeit gelte es zu überwinden, da diese schließlich über den Din-

---

[8] Mit seiner Unzahl von rassenideologischen Büchern handelte der Philologe und Schriftsteller sich den Spitznamen „Rassengünther“ ein.

gen stünden. In einem anderen Brief betont er, dass es nötig sei, „die Wissenschaft wieder in die Hände zu legen, in die sie gehört, und die Politik in die der anderen."

Heinz erkennt durchaus „Wer und was da heraufkam" – wie Thomas Mann es in seiner Antwort an den Bonner Dekan formulierte – und beklagt die schleichende Vereinnahmung allen kulturellen Lebens durch politische Weisungen. Sprachlos ist er, als ihm die „ganz traurige" Nachricht zugetragen wird, dass Ernst Wiechert im Februar 1936 ins Konzentrationslager gebracht worden sei. „Er soll Vorträge gehalten haben, worin er vielleicht etwas zu sehr moniert hat. Sie haben ihn dann gleich abgeholt." Noch wird diese Nachricht unter vorgehaltener Hand weitergegeben, aber Gertrud Känffert, die verehrte Kollegin, weiß es aus absolut sicherer Quelle. Das ist nun doch ein erheblicher Einschnitt in die bisherige Normalität und so klagt er gegenüber seiner Mutter: „So nehmen sie in ihrer Kurzsichtigkeit unsere Besten fort. Wie haben die Menschen seine Bücher gekauft, besonders die entzückende kleine Hirtennovelle. Es ist eine Schande! Es tut mir ja so leid um diesen feinen und zarten Menschen."

In Heinz' Nachlass findet sich die Abschrift eines Textes von Wiechert, abgedruckt in der Frankfurter Zeitung vom 19. Mai 1937, in der der Dichter auf seine Erfahrungen während der mehrmonatigen Haft im KZ Buchenwald anspielt. Wiechert verwendet dabei eine Zeile aus der flehentlichen Bitte einer Frau, die Gott um Beistand vor mordlustigen Soldaten während des Dreißigjährigen Krieges bittet. Diese Gedichtzeile: „Eine Mauer um uns baue …" wird zur Metapher für Wiecherts Erleben der Anteilnahme seiner Mitmenschen und der Leser seiner Bücher:

„*Und wie ich ohne jeden Zweifel gewiss war, dass Gott auch zu meiner Zeit Mauern um unser Haus bauen würde, wenn es Menschen oder Wölfen einfallen sollte, in unseren frommen Frieden blutig einzubrechen.* […]

Ich sehe alle diejenigen, für die ich diese Worte schreibe. Tausende und Tausende stehen sie um mein Haus und um mein Leben, eine dunkle, gläubige, unerschütterliche Mauer. Sie verlangen nichts, sie bitten nichts. Sie sind nur da, damit ich wisse, sie seien da.

Ich weiß, „*dass ich nur wie ein Mensch bin, dem ein Licht anvertraut wurde und der es im Winde zu tragen hat.* […] *Und als ein kalter Wind über dieses Licht zu gehen begann, da wurde die Mauer immer fester, und dieses hat mein Herz so bewegt, dass ich es sagen musste. Denn die Treue soll gerühmt werden, die der Mensch dem Menschen* hält."[9]

Das sind fürwahr Worte, die wie Fremdkörper geklungen haben müssen in einer Welt, in der die Verrohung der Sprache und die Hetze gegen anders denkende und anders glaubende zur bitteren Realität geworden waren. In denen Menschen dem Menschen zu Wölfen geworden waren.

---

[9] Ernst Wiechert: Eine Mauer um uns baue, Denkaufsatz, Mainz 1937. Enthalten in: Ernst Wiechert, Der Totenwald, München 1979.

Die aus vielerlei Beobachtungen und Begebenheiten erwachsende kritische Sicht auf das vom nationalsozialistischen Regime überwachte und reglementierte kulturelle Leben macht allerdings vor der Person des „Führers" halt. Nur einen Monat nach Wiecherts Verhaftung heißt es in einem Brief von Heinz an Gertrud: „Die Rede von Hitler [anlässlich der Rheinlandbesetzung am 7. März 1936], die ich leider nicht selbst gehört habe, habe ich mit ganz besonders großem Interesse gelesen. Sie war wirklich ganz einzigartig in ihrem großen Aufbau und der gewaltigen Steigerung bis zum Schluss. Meine Zeitung brachte 4 Seiten über die Aufnahme in der Welt, wo man Frankreich als negativ, England und Italien jedoch als positiv eingestellt erkennen konnte. Vor der Größe dieses Mannes fallen in der Tat alle kleinlichen Bedenken fort und ich glaube, dass sich niemand dem großen Eindruck dieser Rede hat entziehen können."

Es ist kaum zu glauben, dass sich selbst ein belesener und urteilsfähiger junger Mann wie Heinz dem Einfluss dieses Massenredners und seinem mit gutturaler Stimme vorgetragenen Hassgesang nicht entziehen kann. Wie schon bei der Wiedereinführung der allgemeinen Wehrpflicht 1935 fällt auch bei der Remilitarisierung des Rheinlandes kein Wort über die Vertragsbrüche, nein, im Gegenteil man ist geblendet vom der Ausstrahlung dieses Mannes, dem selbsternannten Erneuerer Deutschlands, der die schmerzhafte Niederlage von Versailles vergessen machen will.

Und so steht eines neben dem anderen: Auf die Beschreibung eines selten schönen Liederabends vor ausverkauftem Saal, dessen Höhepunkt Beethovens „Sehnsucht an die ferne Geliebte" in sechs Szenen war, folgt im selben Brief krass gegensätzlich die Beschreibung der Vorbereitung zur Reichstagswahl am 29. März 1936, bei der die NSDAP 98,8 Prozent der Stimmen erreichen wird: „Es ist kaum vorstellbar, mit welcher Intensität hier gearbeitet wird. Jedes Auto, ob Taxe, ob Lastauto, ob Privatwagen, jedes Fahrzeug trägt Plakate, jedes Schaufenster, ja selbst alle anderen Fenster sind beklebt mit Wahlplakaten. Selbst in meinem Zimmer habe ich zwei Schilder ans Fenster geklebt. Jedes Geschäft hat ein Schaufenster dekoriert: ‚Deine Stimme dem Führer'."

„Gestern war Hitler selbst hier. Alle Geschäfte schlossen um 4 Uhr, damit jeder Gelegenheit hatte, den Führer zu hören, zumindest aber zu sehen. Von ½ 5 bis ½ 8 stand ich vor dem Hotel in einer Menschenmenge, wie es überhaupt nicht zu beschreiben ist. Vom Bahnhof bis zum Hotel stand sie Kopf an Kopf, unermüdlich wartend, ohne sich von der Stelle zu bewegen. Es wurde dunkel, eine wunderbare Illumination setzte ein, teils mit Kerzen in den Fenstern teils mit Glühbirnenreihen an den Häusern. Um ½ 8 wurde laut verkündet: Der Führer kommt nicht! Und wirklich kam er nicht wie vorgesehen über Augustusplatz – Rossplatz, sondern hinten herum durch die Königstrasse. Ich verstehe es wohl, dass er sich hat sammeln wollen für seine großartige Rede, aber er hätte die Leute, die teils schon ab 3 Uhr auf ihn warteten, dafür entschädigen müssen. Seine heutige Rede in den Krupp-Werken haben wir im Geschäft mit angehört. So wunderbar deutlich hat er wohl noch nie gesprochen, besonders durch den herrlichen Vergleich mit dem Hause! Nun wollen wir hoffen, dass das Ergebnis am Sonntag so wird, wie wir es vor dem Ausland von Herzen wünschen."

Der Führerkult, den Heinz so anschaulich beschreibt, hat bereits Züge religiöser Verehrung angenommen. Unvorstellbar, dass die zuhörende Menge diesen Massenhypnotiseur ernst genommen und nicht als lächerlich empfunden hat. Zu groß war die Verehrung, die er sich durch seine Erfolge bei der Verringerung der Arbeitslosigkeit und der wirtschaftlichen Erholung des Landes erworben hatte. Und alle, die noch von dem Ende des letzten Weltkriegs traumatisiert waren, bewunderten seine Kaltschnäuzigkeit und seine Leistungen bei der Wiederbewaffnung und Aufrüstung. Immerhin war das deutsche 100.000-Mann-Heer innerhalb weniger Jahre zur stärksten Luft- und Militärmacht Europas geworden, womit entscheidende Teile des Versailler Friedensvertrages ausgesetzt worden waren. Da hielt man still, auch wenn einem manches an dem Mann nicht gefiel oder bedenklich vorkam. Ein Nationalsozialist musste man ja deshalb noch lange nicht sein. Und schließlich war den Zeitgenossen der Wissensvorsprung der Nachgeborenen um das grausame Ende des „Dritten Reichs“ verwehrt.

In diesem zweiten Sommer, 1936, gibt es endlich vierzehn Tage Urlaub. Mit allergrößter Akribie plant Heinz eine Studienreise ins Frankenland. Zugverbindungen werden genauestens eruiert und auf die günstigste Variante abgeklopft. Nach Würzburg, Bamberg und Bayreuth soll es gehen, teils mit dem neu erworbenen Fahrrad, teils zu Fuß. Auch ein Abstecher nach Nürnberg ist geplant, Zur Vorbereitung wird Wilhelm Pinder „Die Kunst der Deutschen Kaiserzeit“ studiert, um all die Herrlichkeiten, die zu sehen sein werden, schon einmal vor dem geistigen Auge erstehen zu lassen. Penibel errechnet werden die Kosten für Unterkunft und Verpflegung, für Eintritt und Postkarten. Zum Start wird für zwei Nächte ein Zimmer im „Goldenen Anker“ in Lichtenfels reserviert, was Gertrud zu der Frage veranlasst, ob nicht eine Unterkunft in einer Jugendherberge kostengünstiger sein würde. Erstmals – und das liest sich mit Erleichterung – gibt Heinz seiner Mutter contra: Er habe durchaus nichts gegen die Unterbringung in einer Jugendherberge, das habe er ja schon des Öfteren unter Beweis gestellt, aber diese zehn Tage sollten doch schön sein. Schön dreimal unterstrichen. Dazu gehört auch, dass der junge Herr in grauem Anzug reist, mit Hut und Gamaschen selbstredend, und einen Koffer vorausschickt, um in Nürnberg mit der zum Geburtstag erhaltenen weißen Leinenjacke angemessen gekleidet auftreten zu können. Trotz der Bedenken Gertruds, dass der Sohn allein reist, werden die Kosten für die Reise in Höhe von 160 RM vom Vater übernommen und von Heinz dankend quittiert.

Vater Franz und Schwester Lore genießen derweil eine Reise nach Norwegen und schicken eine begeisterte Ansichtskarte vom Nordkap mit der Nachricht, dass hier die Sonne zehn Wochen lang überhaupt nicht untergehe. Im August reisen Mutter und die sportbegeisterte Lore dann nach Berlin zur Olympiade, wo sie gespannt die Erfolge der deutschen Athleten verfolgen. Immerhin „liegen wir mit den Medaillen an der Spitze“, freut sich Heinz. Immer wenn aus dem Volksempfänger das Horst-Wessels-Lied ertönt, dann weiß Heinz, dass ein neuer Sieg errungen ist.

Zurück aus dem Frankenland weisen Verdunkelungsübungen in Leipzig in die Zukunft, die Heinz fast hellseherisch beschreibt: „Es war tatsächlich lebensgefährlich dunkel. Der Bahnhof lag wie tot da, sodass er von draußen wie ein Grabgewölbe aussah." In der Schule hat er ganz unvermittelt einen Vortrag über Wehrverfassungsgeschichte zu halten, dessen Ausarbeitung viel Zeit in Anspruch nahm, welchen Vortrag jedoch die Mitschüler „zu einem gesunden Schläfchen benutzten".

Ein böses Erwachen gibt es bei der ebenso überraschenden Anordnung einer nun zweijährigen Dienstzeit, die Heinz zufällig am Volksempfänger hört. Auch bei der diesjährigen Musterung ist er für ein Jahr zurückgestellt worden. „Die zweijährige Dienstzeit – empört er sich – ist wieder einer von den Schritten, die nach außen und für die Gesamtheit unumgänglich nötig und zu begrüßen sind, die aber für den Einzelnen schwerwiegend sind. Wir brauchen uns ja gegenseitig nichts vorzumachen: Ich bin für das Soldatenleben nicht sonderlich geschaffen und aufgezogen. Gleichwohl müssen diese zwei Jahre, so schwer es sein mag, gedient werden. Das bedeutet, dass ich im Alter von 25 Jahren anfange, mein in den drei Lehrjahren erlerntes Wissen praktisch zu verwenden." Dass der Berufseintritt sich noch viele weitere Jahre hinziehen wird, dieser Gedanke belastet zum Glück (oder leider) noch niemanden.

Noch deutlicher bringt Freund Wolfgang sein Unbehagen zum Ausdruck. Im Juli 1936 ist der spanische Bürgerkrieg ausgebrochen, in dessen Folge General Franco mit Hilfe italienischer und deutscher Söldnerheere eine faschistische Diktatur errichtete. Dazu Wolfgang: „Inzwischen haben sich aber außen- wie innenpolitisch Dinge entwickelt, die wohl des ernsten Gespräches wert sind. Ist es nicht grauenvoll, hören und lesen zu müssen, wie eine Horde vertierter Unmenschen über ein Land von alter, reicher Kultur herfällt, unersetzliche Schätze an Kunst und Wissen in den Flammen aufgehen und Männer von der Art eines Ortega[10] ermordet werden von Menschen, denen brutalste Erfüllung ihrer sadistischen Triebe das Höchste auf Erden ist. Frankreich, das ritterlichste Land der Erde, steht im Solde Moskaus dabei Schmiere und französische Politiker reden als Bundesgenossen dieser Leute von ‚der Wahrung der Freiheit und Kultur'. Ist die Welt denn wahnsinnig geworden, dass sie nicht sieht, was hier gespielt wird? [...] Wir wollen hoffen und wünschen, dass auch diese Zeit vorübergehen wird ohne uns alle in den irrsinnigen Strudel eines Krieges zu reißen."

Leider werden sich diese Hoffnungen nicht erfüllen. Auf der Seite der deutschen Wehrmacht beteiligte sich ein verdeckt operierender Luftwaffen-Verband, die Legion Condor, an brutalen Kriegsverbrechen gegenüber der spanischen Zivilbevölkerung, die 1937 in dem Luftangriff auf das Dorf Guernica kulminieren werden. Viele der dort gesammelten Erfahrungen bei der Erprobung neuer Waffensysteme und Einsatztaktiken wird das Militär wenige Jahre später bei seinem Überfall auf Polen einsetzen.

Auch im „Reich" sprechen die Zeichen der Zeit eine andere Sprache. Das nationalsozialistisch verordnete Gemeinschaftsgefühl bemächtigt sich nach und nach aller Lebensbereiche. Schwester Lore, inzwischen als Kinderkrankenschwester in Bremen tätig, be-

---

10 Der spanische Kulturphilosoph und Essayist José Ortega y Gasset (1883–1955), der 1936 gemeinsam mit anderen Intellektuellen den Militärputsch verurteilte, musste außer Landes gehen.

richtet vom „Tag der SA-Gruppe Nordsee“ im Juni 1936, den die SA ganz groß aufziehen will. Sie hofft frei zu bekommen, um bei dem Aufmarsch dabei sein zu können. Sogar eine Anstecknadel gibt es aus Anlass dieses Festes. Eine von Heinz’ Leipziger Freundinnen hofft, dass Heinz sie im August zum großen „Laternenfest“ in Halle[11] begleiten wird, „das ja so schön sein soll“. Auch hier nimmt die SA das an altes Brauchtum anknüpfende Fest zum Anlass, die Volksseele auf den nationalsozialistischen Geist und den „Führer“ einzustimmen.

Irmgard

Noch sind Ausflüge möglich nach Berlin, um mit Freund Wolfgang die Nofrêtete bewundernd in Augenschein zu nehmen oder mit den Buchhändlerkollegen in Leipzig durch die Dübener Heide zu wandern. Ein anderes Mal durchschreitet Heinz mit einer neu hinzugezogenen jungen Frau aus Osnabrück namens Irmgard Graber, die bei der Buchhandlung Hinrichs angefangen hat, einen bunten Herbstwald. Beide trinken in einem Forsthaus mitten im Wald Kaffee, „was ganz herrlich war.“ Die Beziehung zu Irmgard wird zu einer großen Liebe, beide verbindet das Interesse an der Literatur und der Natur. Sie wird fortan seine Begleiterin bei allen Unternehmungen.

Am Sonntag gehen die beiden in die „entzückende“ kleine Universitätskirche, um die Predigten der Leipziger Theologieprofessoren Alfred Dedo Müller und Martin Doerne anzuhören. Die des letzteren war zwar glänzend, aber für „einfache Gemüter etwas zu hoch“, befand Heinz. Doerne galt als anerkannter Theologe auf dem Gebiet des Neuluthertums und war Mitglied im „Nationalsozialistischen Deutschen Dozentenbund“, der 1935 von Rudolf Heß gegründet worden war. Zum Totensonntag wird die Totenmesse von Heinrich Schütz in eben dieser Kirche besucht, „eine wundervolle Musik“.

Im Weihnachtsgeschäft 1936 laufen besonders die Kinderbücher recht gut: „Der gute alte Herr Lederstrumpf“ und Waldemar Bonsels „Biene Maja“, „das Himmelsvolk“ und die „Indienfahrt“ gehören zu den Favoriten. Niemand stößt sich an der Judenfeindlichkeit des Autors, der nach der Bücherverbrennung im Mai 1933 propagierte, dass die Juden ein „penetrantes Element der Einwirkung“ darstellten. Sie verbreiteten „Gift“. Ihr Einfluss sei als tödlicher Feind unserer Bewegung wie der Volksgemeinschaft insgesamt zu werten. Gerade auch für Kunst und Kultur gelte, dass es Juden gewesen seien, die darüber entschieden hätten, welche Schriftsteller und Dichter erfolgreich gewesen seien.[12]

Der Austausch über mögliche Büchergeschenke zu Weihnachten zeigt weitere Brüche auf: Für Bruder Rolf empfiehlt Heinz das Jahrbuch für die gesamte Wehrmacht, 3 Bde., Heer, Luft und Marine zum Sonderpreis für nur 4,50 RM. Es geht allerdings auch kostengünstiger: mit der „Rassenfibel“, die nur eine RM kostet. Derart preiswerte und für alle

---

11 Seit 1928 wurde am letzten Augustwochenende das „Hallesche Laternenfest“ gefeiert. Die damit verbundene Pflege des Brauchtums wurde von der SA zu einer großen Kundgebung missbraucht.

12 Waldemar Bonsels: NSDAP und Judentum, hier zit. nach: Siegener Zeitung, 23. Mai 1933.

leicht zu erwerbende Fibeln gibt es jetzt zu verschiedenen Themen wie Heer und Luftwaffe, Luftschutz und Gas, Geschichte und eben „Rassentheorie". Man möchte deren Inhalte nicht genauer kennenlernen.

Andererseits sollen es für Vater die „Erinnerungen aus sieben Jahrzehnten" sein, verfasst vom ehemaligen Museumsdirektor Gustav Pauli mit vielen Bezügen zu Bremen und Hamburg. Gustav Pauli war drei Jahre zuvor wegen seines Engagements für die Malerei der Moderne von den Nationalsozialisten seiner Ämter enthoben worden. Für den einen gibt es Wehrmachts-, für den anderen Museumsgeschichte. Beides unter einem Tannenbaum.

Für Heinz sehen die Eltern zu Weihnachten ein Kleidergeld von 120 RM vor. Davon wird der gewünschte Smoking angefertigt, dazu noch ein Paar beigefarbene Gamaschen zum neuen Anzug, ein Paar gefütterte graue Glacée-Handschuhe und ein neuer Winterhut erstanden. Heinz freut sich auf das Weihnachtsfest zu Hause und auf „unsere vielen großen Räume".

Die schöne Beziehung zu Irmgard wird jäh unterbrochen, als ihr Chef, der Inhaber der Buchhandlung Hinrichs, ihr unter Androhung einer Kündigung den Umgang mit Heinz, einem Mitarbeiter der Konkurrenz, verbietet. Durch verschiedene Begebenheiten hatte sich das Verhältnis zwischen den beiden Buchhandlungen verschlechtert. Heinz bedauert das zutiefst, weil er Irmgard sehr gern hat, sie beide sich innerlich sehr nahe stehen – wie er selbst Gertrud zu wissen gibt; jedoch „die Stellung geht ja vor."

Das ist dezent formuliert. Freund Wolfgang gegenüber spricht er von seiner Verlobten. Dieser bestärkt Heinz darin, die Beziehung zu Irmgard nicht aufzugeben: „Wenn sich Deine Verlobte ihrem Arbeitgeber gegenüber ehrenwörtlich verpflichten musste, mit Dir zu brechen, so brauch und darf sie das nicht halten, da dieses Versprechen als unter wirtschaftlichem Druck erpresst und damit als unmoralisch und nichtig anzusehen ist. […] Wäre es nicht möglich, gegen diese empörende Schweinerei die Presse auf die Beine zu bringen?" Am besten, so rät er, wäre es doch, beide würden sich eine Stellung in Berlin suchen, sobald das möglich wäre.

Heinz kleidet seinen Kummer über das Geschehen in Verse:

„Wir lieben alles auf der Welt, was wahr,
was echt und rein und in der Seele klar.
Die Bäume in dem Wald, der Berge Wunderwelt,
den stillen See, das Meer, das weite Himmelszelt.
Doch wenn im Alltagskleid die große kalte Stadt
Das Herz bedrückt, wenn Mensch den Menschen hat
Ein Unrecht zugefügt, wenn man ermisst,
wie vieles Schein, wie vieles unecht ist –
dann flüchten wir uns heim, ins Wunderland Natur –
dort suchen wir uns Trost und finden Freude nur.
Das freie Tier im Wald, des Vogelfluges Glück
Führt uns zum Menschentum – zur Menschenlieb zurück."

Hochzeitsgesellschaft in Goslar (ohne das Brautpaar), Mai 1937

Die Arbeitsverhältnisse in der Firma Hinrichs werden alsbald so unerträglich, dass Irmgard ihrem Chef selbst kündigt. Dem war eine Auseinandersetzung mit dem Inhaber vorangegangen, die für diesen vernichtend war. Zum 1. April 1937 findet die junge Frau eine neue Stellung in einer angesehenen Buchhandlung in ihrer Geburtsstadt Breslau. Vorbei sind die langen Wanderungen mit Irmgard durch die langsam erblühende Natur. Die Trennung hinterlässt Spuren, die sich in einigen Gedichtzeilen wiederfinden:

„Abschied
Ein ander Mal ertappt' ich mich
Auf einem Bahnhof. Nachts halb drei.
„Rom" stand am Zug und als er sich
Hinauswand und an mir vorbei –
Da ging ich still davon.

Und noch im Parke, unter regennassen Bäumen
Glaubt' ich's bestimmt gehört zu haben,
doch dann zerrann's, gleich wesenlosen Träumen.
Da ging ich still davon."

Zwischen Heinz und Irmgard entwickelt sich ein emotionaler Briefwechsel. Die junge Frau schildert immer wieder ihre große Traurigkeit, deren Ursachen sie selbst nicht kennt. Sie sehnt sich nach der Verbundenheit mit ihrem Freund, nach seiner Geduld und seinem Verständnis. Heinz schickt lange Briefe und überrascht mit Lesestoff, stellt einen Besuch in Breslau in Aussicht. Irmgard hegt Zweifel, ob beide die lange Zeit, die noch vor ihnen liegt, gemeinsam bewältigen können. Wie ein Schatten liegt der drohende zweijährige Wehrdienst über ihnen. „Du hast noch soviel vor Dir und Du musst Dich entfalten, ich will kein Hemmnis sein." So schreibt sie. Heinz hält fest an der Beziehung.

Wehmütig fährt Heinz zur Hochzeit seiner Cousine Gerda mit dem angehenden jungen Arzt Kurt Feise in Goslar am 29. Mai 1937. Wie immer ist es Heinz, der auserkoren ist, ein paar launige Worte zu finden, die Hochzeitsrede zu halten und die Hochzeitszeitung mitzugestalten. In Goslar versammeln sich die beiden Schwestern Gertrud und Irmgard mit Ehemännern, Kindern und der neuen Verwandtschaft froh gestimmt in einer sommerlichen Laube. Nur zehn Ehejahre verbleiben Gerda mit ihrem Mann, der überwiegend als Sanitätsarzt an der Front im Einsatz sein wird. Durch die Geburt von vier Kindern geschwächt, bei einem Bombenangriff auf Cottbus im Februar 1945 verschüttet und von den dramatischen Umständen der Flucht erschöpft, stirbt sie nach dem Ende des Krieges an Tuberkulose.

Abschied 1937

Im März 1937 absolviert Heinz die Gehilfenprüfung vor der „Reichsschule des deutschen Buchhandels" in Leipzig. Während des einjährigen Lehrgangs sollten alle Lehrlinge als zukünftige Mitglieder der RSK auf die NS-Ideologie eingeschworen werden. Heinz hat eine umfangreiche geistes- und ideengeschichtliche Betrachtung über Mystik, Humanismus und Reformation anzufertigen, von der eine Ausfertigung nach Osnabrück geht. Die Literatur-Klausur über „Arten und Wesen des Romans" wird mit sehr gut bewertet. Die Rede zum Abschiedsabend der Schule hält Heinz ebenso wie eine Ansprache beim inoffiziellen Abschiedsabend seiner Klasse, in der er die Bilanz des Jahres aufstellt. „Ich hatte die Volksseele wohl gut getroffen mit dem Erfolg, dass die Rede vervielfältigt wird und ich sie nach einer Stunde noch einmal halten musste."

Nach Abschluss des Lehrgangs wird er vom Leipziger Literarischen Verein als Referent angefordert. Über ihn sei berichtet worden, dass er ein großes Licht in der Literatur sei, verstünde auch zu reden, sei aber wohl ein wenig eingebildet, berichtet er nach Hause. Der Vorsitzende des Vereins ehemaliger Nicolaischüler, Gerhard Koehler, Juniorchef eines Verlages, verpflichtet Heinz zur Teilnahme an einer Aufführung anlässlich des anstehenden Stiftungsfestes. Auch diese Ambition des jungen Buchhändlers hat sich in Leipzig bereits herum gesprochen.

Vor der deutschen philosophischen Gesellschaft besucht er die Vorträge des Naumburger Biologen Baron Uexküll und von Professor Wolfgang Schadewaldt über die Weltauffassung des homerischen Epos. Vertieft wird das Gehörte durch das Lesen der griechischen Kulturgeschichte und durch den Roman des französischen Pazifisten Jean Giono, „Die Geburt der Odyssee" (1936), dessen Einfühlsamkeit in die griechische Landschaft und Atmosphäre ihn besonders anspricht.

Einem Brief an Gertrud ist mit Erstaunen zu entnehmen, dass Alfred Hoche aus der RSK ausgeschlossen wurde und nicht mehr publizieren darf. Dieser Psychiater und Kritiker Sigmund Freuds war vor allem als Mitverfasser der Schrift über „Die Freigabe der Vernichtung lebensunwerten Lebens" (1920) bekannt geworden, durch die er als einer der Wegbereiter der organisierten Massenvernichtung von unheilbar Kranken und Behinderten durch die Nationalsozialisten gilt. Die Begründung der Kammer lautete, er sei „unzuverlässig und ungeeignet". „Wahrscheinlich hat er gemeckert", vermutet Heinz, der seinem Vater Hoches Memoiren „Jahresringe" zum Geburtstag geschenkt hatte.

Von einem anderen Nationalsozialisten und überzeugtem Antisemiten, Heinrich Zillich, der bei Lorentz liest, lässt sich Heinz dessen neuestes Buch signieren. Dieses, der Entwicklungsroman „Zwischen Grenzen und Zeiten" (1936), markiert Zillichs literarischen Durchbruch, für das er zahlreiche Ehrungen empfangen wird. Während der 7. Berliner Dichterwoche 1937 wird er vom „Führer" empfangen, den er 1939 zum Dank in einem Gedicht als „Retter des Reichs und des Volks" preist. Im krassen Gegensatz dazu empfiehlt Heinz seiner Mutter, wieder einmal Theodor Storm zu lesen, den Vertreter der deutschen Melancholie, dessen Gedichte er wunderschön findet.

Vater, den Kirchenmann, befragt er nach seiner Einschätzung des Verhältnisses der „Deutschen Christen" zur „Bekenntniskirche". „Schade, dass die ‚Deutschen Christen' vom Staat gestützt werden – schreibt er –, sodass sie wohl bei der Wahl die Macht bekommen. Die ‚Bekenntniskirche' bekämpft doch wohl hauptsächlich das Führerprinzip in Sachen der Religion? Für einige Klärungen wäre ich in diesem Punkte sehr dankbar, da es doch wohl eine Sache von ganz entscheidender Bedeutung ist." Auch bei Lorentz wird darüber heiß diskutiert. Heinz geht in die Thomaskirche, um sich den Vortrag eines Mitgliedes der „Deutschen Christen" anzuhören. Eine Antwort des Vaters ist leider nicht überliefert. Franz wird wie sein Freund Bischof Marahrens der „Bekennenden Kirche" angehört haben, einer Oppositionsbewegung evangelischer Christen, die sich gegen die Versuche einer Gleichschaltung von Lehre und Organisation mit dem Nationalsozialismus wandten und seit 1937 vom NS-Staat zunehmender Verfolgung ausgesetzt waren.[13]

Zu Hause im großen Wohnzimmer unter der Leselampe wird jetzt Jochen Kleppers „Der Vater" vorgelesen. Ein Exemplar mit dem Besitzeintrag von Franz hat sich erhalten. Der evangelische Theologe und Schriftsteller Klepper bearbeitet darin anhand des Konflikts zwischen dem Soldatenkönig Friedrich Wilhelm I. und Friedrich II. nicht nur einen Vater-Sohn-Konflikt, sondern gibt auch ein Beispiel des christlichen Herrschers, für den

[13] Schon im September 1933 hatten sich die Berliner Pfarrer Martin Niemöller und Dietrich Bonhoeffer gegen den „Arierparagraphen" gewandt, mit dem auch getaufte Juden als „Nichtarier" aus der Evangelischen Kirche ausgeschlossen werden sollten. Mit der im folgenden Jahr verabschiedeten „Barmer Theologischen Erklärung" wurden alle Versuche der Vereinnahmung des Evangeliums durch den NS-Staat abgewiesen.

die Befolgung des Willens Gottes an erster Stelle steht. Damit entwirft er ein Gegenbild zum nationalsozialistischen Führerkult, was ihm umgehend den Ausschluss aus der RSK einbringt. Trotz des opulenten Umfangs und entsprechenden Preises des Buches werden bereits in den ersten Jahren 65.000 Exemplare verkauft; für die Offiziere der deutschen Wehrmacht wird das Buch zur Pflichtlektüre. Der mit einer Jüdin verheiratete Klepper wird nach Berufsverbot und drohender Deportation von Frau und Tochter 1942 nur den Ausweg sehen, sich das Leben zu nehmen.

Ein überzeugter Antisemit und daher im Sinne der NS-Ideologie willkommener dramatischer Komponist ist Richard Wagner, dessen Tannhäuser-Aufführung gemeinsam mit den Freunden aus der Pension Lipsius besucht wird. Die Inszenierung sei zwar sehr gut gewesen – so Heinz –, doch Wagner sei ihm zu großartig, zu bombastisch, einfach zu viel.

Ähnlich kritisch äußert er sich anlässlich eines Besuches in Berlin über das neue „Reichssportfeld“. „Es ist wohl die typisch neue oder nationalsozialistische Bauweise: Das Monumentale und Wuchtige, was sich ja auch in dem neuen ‚Reichsluftfahrtministerium‘ an der Wilhelmstraße äußert, ein Gebäude von geradezu erdrückenden Dimensionen. Vergessen darf man dabei aber nicht eins: woher kommt das viele Geld und wer bezahlt es? Wir haben im Geschäft einen älteren Herrn, kriegsbeschädigt, der unsere Werbeabteilung leitet, und mit dem ich häufiger zusammen bin, der ein durchaus ernsthafter Nationalsozialist ist und hieran erheblichen Anstoß nahm. Und bei den unbemittelten Kreisen ist das wahrscheinlich noch schlimmer. – In der Friedrichstrasse ist eine neue große Ludendorff-Buchhandlung eröffnet mit roter Leuchtschrift und allen neuzeitlichen Schikanen.“

Langsam aber sicher überzieht der neue nationalsozialistische Geist alle Lebensbereiche und vernichtet altvertraute Gewohnheiten. So wird die bisherige, schöne und sogar kostenlose Zeitschrift „Der Buchhandlungsgehilfe“, die „sehr brauchbare literarische Besprechungen lieferte“, eingestellt. Stattdessen wird vom Zentralverlag der NSDAP in München „ein Blättlein“ mit dem Titel „Der Buchhändler im Dritten Reich“ herausgebracht, das – nach Heinz’ Ansicht – nicht mehr ist als ein billiges Skandalblatt. Die Abnahme dieses, nun auch noch kostenpflichtigen Produktes ist Pflicht. Abbestellen kann man es nur unter genauer Angabe der Gründe. Der bekannte Leipziger Verlag B.G. Teubner hat daraufhin geschlossen abbestellt, bei Lorentz sind es immerhin einige – so der Bericht von Heinz.

Auch die „Deutsche Arbeitsfront“ greift mit Verfügungen in die private Freizeitgestaltung ein. Heinz in seiner Funktion als Betriebssportwart hat für Sonntagmorgen um 8 Uhr seine Kollegen und Kolleginnen zum gemeinsamen Schwimmen zu animieren. Alle folgen seiner Aufforderung, und man habe sich „sehr nett amüsiert“, lässt er Gertrud wissen. Wolf-Dieter von Schütz, ein jüngerer Leipziger Freund, der noch seinen Schulabschluss machen muss, beklagt das Übergewicht der Sportstunden in seinem Stundenplan, das zu Lasten der wissenschaftlichen Fächer gehe. Fünf statt bisher drei Stunden wöchentlich „Sport mit Wehrbezug“, ein Kernthema der SA, hält jetzt auch in den Schulen Einzug.

Am 9. September 1937 besteht Heinz die Buchhändlergehilfenprüfung vor der RSK, ebenfalls mit gutem Erfolg. Auch die Zeugnisse der Verlagsbuchhandlung Dr. Ernst Wiegandt und der Universitätsbuchhandlung Alfred Lorentz können sich sehen lassen. Beide bescheinigen Heinz sein über das durchschnittliche Maß hinausgehendes Interesse für seinen Beruf. Ganz besonders wird seine takt- und verständnisvolle Art und Weise hervorgehoben, „die er bei der Bedienung unserer anspruchsvollen Sortimentskundschaft an den Tag legte." Sein lebhaftes literarisches Interesse, sein sicheres Urteil und seine literarischen Vorträge hätten ihm viele Freunde im Kundenkreis verschafft. Seine Führung sei stets ohne Makel gewesen. Irmgard schickt Glückwünsche aus Breslau.

Noch einmal beweist sich Heinz mit der Übersetzung einer zum 200-jährigen Bestehen der Göttinger Universität herausgegebenen griechischen Ode ins Deutsche. Diese nach dem Versmaß Pindars geschriebene schwer zu übertragende Ode stellt ihn vor eine große Herausforderung. Jedoch, er ist der einzige im Geschäft, der Griechisch kann.

Der Abschied von der Firma fällt Heinz schwer, mit den Kollegen im Sortiment verstand er sich gut, mit einigen ist und bleibt er befreundet. Nach einem großen Abschiedsabend in der Firma mit zwanzig Kollegen geht es am 20. Oktober zurück nach Osnabrück. Einzig die Tatsache, dass er die jetzt anstehenden zwei Jahre Militärdienst in Osnabrück absolvieren kann, tröstet Heinz über die Abreise hinweg.

Eine weitere Trennung wiegt noch schwerer. Vor seiner Rückkehr nach Osnabrück führt ihn ein Besuch nach Breslau, wo er sich mit Cousine Gerda und ihrem Ehemann Kurt trifft. Seiner Mutter berichtet Heinz von „köstlichen Tagen mit herbstlich-stillen Spaziergängen", die er wohl weniger mit der Verwandtschaft als mit seiner Freundin Irmgard gemacht haben wird. Seit Wochen fiebert Irmgard dem Zeitpunkt des Wiedersehens entgegen. Die Vorfreude wechselt mit der Angst davor, sie beide könnten sich fremd geworden sein. Einmal bittet sie ihn, nicht mehr zu kommen, um das Auseinandergehen nicht noch schwerer zu machen. Ein andermal gesteht sie, niemanden wieder jemals so lieb haben zu können wie Heinz.

Zu Weihnachten 1937 findet sich die familiäre „Sippe" vollständig in Osnabrück ein, Grund genug für Heinz, das Wirken der einzelnen Familienmitglieder in einem längeren Epos zu reimen:

„Wenn die Kinder auch im Leben
Mutig jetzt ins Weite streben
Weihnachten kommt man zurück
In das alte Osnabrück,
Um im heimatlichen Hafen
Sich mal gründlich auszuschlafen
Und um alles, was man tat erreichen,
Miteinander zu vergleichen."

„Während Vater mit bedachten
Worten lenket seine Schlachten
Hinter großen Aktentürmen
Um die Sippe zu beschirmen,"

heißt es über die Wanderlust der „Sippenkönigin“:

„Auf der Teutonen dunklen Spuren
Zieht man weiter durch die Fluren
Und hat, wo die Varusschlacht
Einst gewesen, Halt gemacht.
Doch den Gipfel im Vereine
Bilden stets die Externsteine.
Selbst wenn herbstlich kühle Winde
Oder Regen gar gelinde
Stören, eilt man pünktlich auf die Uhr
In die Arme der Natur.“

Hochgelobt wird die Gastfreundschaft:

„In dem wohlgepflegten Haus
Geh’n viele Gäste ein und aus.
Sei’s dass hohe Kirchenfürsten
Nach des Vaters Rate dürsten.
Auch der Familie treue Freunde
Zählen zur Besuchsgemeinde.
Wie zum Beispiel Freundin Lina
Aus Colonia Agrippina.
Oder dass die hochgelahrte
Charlotte für die Reise sparte.
Dankbar sind wir stets, wenn kamen
Geistig gut fundierte Damen
Um begierig dann aus ihren
Reden Was zu profitieren.“

Und zuletzt:

„Mit der Melone still geschmückt
Ist Onkel Otto eingerückt
Zum heimatlichen Weihnachtsfest.“

3. Für Volk und Vaterland

Dunkle Schatten über Naziland 1937

Der Dienst bei der Reichswehr, die nun Wehrmacht heißt, beginnt am 1. November 1937 in Osnabrück. Die Caprivikaserne, in der Heinz stationiert ist, liegt unweit seines Elternhauses auf dem Westerberg und so kann Heinz seinen Eltern mündlichen Bericht erstatten. Ihnen gegenüber wird er den militärischen Dienst nicht in Frage gestellt, sondern als gesellschaftliches Erfordernis angenommen haben. Seinem Vater, der vom ersten bis zum letzten Tag des Ersten Weltkriegs an der Front gestanden und den Militärdienst als Hauptmann verlassen hat, konnte er sein Unbehagen nicht mitteilen. Einblick in innere Zweifel wird Heinz ihm erst später offenbaren, als er bekennt, dass es während seiner zwei Wehrdienstjahre bereits der Gedanke an den kommenden Tag war, der ihn „unfroh" machte.

Anders dagegen der briefliche Austausch mit den Leipziger Freunden, denen gegenüber er sich über den Stumpfsinn der Ausbildung und das ungeistige Klima beklagt. Literatur und Einsamkeit, die er so liebt, sind nun vage Begriffe geworden.

Freundin Irmgard aus Breslau leidet mit, sie weiß, dass Heinz die Kasernierung furchtbar findet und rät ihm, sich den Dienst auf irgendeine Art erträglich zu machen. Viele Briefe voller liebevoller Gedanken, in denen sie versucht, ihm Mut zu machen, treffen in Osnabrück ein. Leider haben sich die Antwortbriefe nicht erhalten. Soviel aber lässt sich ablesen, dass Heinz die Beziehung zu ihr verfestigen möchte, Irmgard jedoch Angst hat, sich zu binden.

Rudolf Kuntze, der befreundete Kollege aus der Buchhandlung, dankt für die „plastisch-humorvollen Schilderungen des Soldatenlebens" und klagt seinerseits über die „düstere, mit Spannungen geladene, unheilschwangere und gedrückte Atmosphäre im Geschäft, die keine rechte Freude aufkommen lassen will". Er bewegt Pläne, sich gemeinsam mit Heinz und einem weiteren Kollegen selbständig zu machen. Die Rollenverteilung steht schon fest, Heinz mit seinem Charme soll in der Kundenbetreuung eingesetzt werden. Nur am notwendigen Startkapital mangelt es noch, ob man da wohl auf den alten Herrn in Osnabrück zählen könnte?

Die Stimmung der Bevölkerung gibt Cousine Gerda aus Cottbus wieder, die sich über die Erweiterung des Deutschen Reiches freut. Im März 1938 werden die Truppen der deutschen Wehrmacht bei ihrem Einzug in Österreich begeistert begrüßt. Den vom „Führer" am 15. März in Wien verkündeten Anschluss an das Deutsche Reich bejubeln hunderttausende Menschen. Wer wäre nicht gern dabei gewesen? „Ihr werdet wohl all die Soldaten aus dem Reich beneidet haben, die in Österreich Einzug hielten. Muss das ein Erlebnis gewesen sein!" Auch ihr Ehemann Kurt, der im Infanterie-Regiment in

Crossen an der Oder stationiert ist, wäre gern gen Wien gezogen, vertraut sie Heinz an. Stefan Zweig allerdings nimmt den „Anschluss“ zum Anlass, seine Heimat für immer zu verlassen.

Eine Freundin von Heinz berichtet aus Leipzig von der Ecke Brühl-Nikolaistraße, „wo sich die Semiten ja so breit machten“. Jetzt sei es totenstill in diesen Straßen. „Früher standen diese Herren ja laut redend vor ihren Häusern“, erinnert sich Heinz. „Rosenfelders, die ich ja gut kenne, gehören auch dazu. Er stand zwar nicht vor der Tür, hatte aber sein Geschäft am Brühl. Ob sie wohl fort sind?“

Gerade erst hatte Heinz den Rosenfelders Grüße zu Weihnachten gesandt, die Rosica Rosenfelder „aufs allerherzlichste“ erwidert und ihm für die Zukunft viel Schönes gewünscht hatte. In diesem Brief berichtet sie von einigen wenigen Urlaubstagen, in denen alle Sorgen vergessen werden konnten. Von einer nach Budapest geflüchteten gemeinsamen Bekannten gibt es keine Nachricht mehr. [...] „Sollte mich der Weg nach Bukarest über das schöne Budapest führen, werde ich sie besuchen und ihr auch von Ihnen erzählen. Es hat uns sehr gefreut, dass sie unser auch gedachten.“ Nun sind sie wohl fort. Flucht nach Rumänien. Bedauern erfüllt Heinz und Unverständnis. Man kannte sich doch gut.

Konnte man auch die fortlaufende Entrechtung und Vertreibung der jüdischen Mitbürger unter die unbestreitbare Sinnhaftigkeit des Großen und Ganzen, das Vaterlandswohl, unterordnen? Sicherlich nicht. Aber: Dürfen Fragen aus heutiger Sicht gestellt werden, die aus damaliger Sicht nicht mehr beantwortet werden können? Vergegenwärtigt man sich, wie lange sich das Vokabular jener Zeit in unserem Sprachschatz erhalten hat – „Bombenstimmung“, „in Angriff nehmen“, „im Eifer des Gefechts“, „auf Kriegsfuß stehen“, „Gewehr bei Fuß“ und – besonders unerträglich – „bis zur Vergasung“ –, dann lässt sich ein Eindruck von der Wirksamkeit und dem lang währenden Einfluss der damals allgegenwärtigen Propaganda gewinnen.

Bereits nach einem halben Jahr erkrankt Heinz sehr schwer an Scharlach und muss seine Dienstzeit unterbrechen. Inzwischen ist er auf dem Truppenübungsplatz Köln-Wahn stationiert und wird für sechs Wochen nach Köln auf die Quarantäne-Station des Augusta-Hospitals verlegt. Dort durchläuft er alle Phasen dieser damals lebensgefährlichen Krankheit: von Hals-, Kopf- und Gelenkschmerzen bei anhaltend hohem Fieber über Stimmverlust und Lähmungserscheinungen bleibt ihm nichts erspart. Der geplante Besuch zu Pfingsten in Leipzig kann nicht stattfinden. Stattdessen besucht ihn Mutter Gertrud und bringt Rosen aus dem Garten mit. Ein Gespräch mit ihr ist nur durch ein kleines Sprechfenster möglich, zu ansteckend ist diese Krankheit.

Viele Genesungswünsche und aufmunternde Briefe von Freunden und aus der Verwandtschaft helfen über die lange Liegezeit hinweg. Diese Briefe spiegeln die Präsenz des nationalsozialistischen Geistes im Alltag, in dem alle zur Festigung der „Volksgemeinschaft“ dienenden Sport- und Gedenkveranstaltungen einen hohen Stellenwert hatten. Immer gibt es etwas zu feiern – ein Stadtjubiläum, ein Sportfest –, immer finden bei gehissten Fahnen die unvermeidlichen Paraden und Aufmärsche statt, um das Volk auf den Zusammenhalt und die Treue zum „Führer“ einzuschwören. Begleitet von schneidiger

Marschmusik und Trommelwirbel marschieren im Gleichschritt HJ, BDM, RAD, DAF, SA, SS und als letztes die Wehrmacht.

Kollege Rudolf aus Leipzig berichtet von der SA, die im Februar 1938 unter dem Motto: „In Leipzig ist der Löwe los!" einen riesigen Fastnachtsrummel organisierte. Um den Leipzigern das Fest-Feiern beizubringen sollten Veranstaltungen und Umzüge stattfinden. Alles „von oben her gut organisiert, aber der Leipziger kann keine Feste feiern", so sein Fazit.

Schwester Lore beschreibt die Pflicht zum allmorgendlichen Frühsport an ihrem neuen Arbeitsplatz in einer Kinderheilstätte im Taunus. „Wir machen hier tüchtig in Volksgemeinschaft", schreibt sie. Der Chefarzt selbst setzt sich über alle Standesgrenzen hinweg und leitet die morgendlichen Pflichtübungen zur körperlichen Ertüchtigung.

Bruder Rolf, der mittlerweile in Dortmund eine Ingenieurschule besucht, berichtet vom „Gauparteitag" in Bochum und schildert begeistert den zurückliegenden „Tag des Sports" im Juni in Dortmund, wo der NS-Studentenbund Kämpfe um die beste Kameradschaft austragen ließ. Der Sieger wird nach Mannheim entsandt, um dort den „Reichssieger" zu ermitteln. Alle werden auf Sieg eingestimmt. Einzelwettkämpfe, Kundgebungen und ein Tanzabend rundeten den gelungenen Tag ab.

Tante Irmgard erzählt von der „Sudetendeutschen Woche", die im Mai in Breslau mit Paraden, vielen Konzerten und einer Lesung Erwin Guido Kolbenheyers stattfindet. Kolbenheyer, den sie „als Mann der Stunde" würdigt, ist überzeugter Nationalsozialist und wird von Stefan Zweig als einer der offiziellen Dichter Nazideutschlands bewertet. Die Eingliederung des Sudetenlandes wenige Monate später wird er euphorisch begrüßen und 1944 vom „Führer" in Anerkennung seiner Verdienste in die „Gottbegnadetenliste" aufgenommen werden.

Allein an dem jüngeren Freund Wolf-Dieter von Schütz aus Stettin geht der Ungeist der Zeit vollkommen vorbei. Er erfreut Heinz mit einer genauen Beschreibung seiner Bibliothek und mit Eindrücken von einer Reise nach Bamberg. Im Dom habe er „wahre Weihestunden" vor der Reiterskulptur des unbekannten Meisters und den Darstellungen Tilman Riemenschneiders am Kaisergrab verbracht. Das Ergriffensein von Natur und Kultur steht im krassen Gegensatz zu Wolf-Dieters notgedrungenem Aufenthalt in einem HJ-Lager. Dort kann er sich mit den gedanklich stets um „dieselben anzüglichen Themen kreisenden Kameraden" nicht anfreunden, die ihn ihrerseits als „vollkommen unreif fürs Leben" bezeichnen. Er bemüht sich um größtmögliche Distanz zu seinen Begleitern und sucht seine Zuflucht wann immer es möglich ist bei seinen Büchern. Mit Heinz ist er sich einig in der Kritik an der Herabsetzung von moderner Malerei als „entartet", und genau wie er lehnt er den photographischen Realismus in der Kunst des „Dritten Reiches" ab.

Und auch Freundin Irmgard kann den Aufmärschen der braunen Horden in den aufgeplusterten Uniformhosen und den pompösen Propagandaveranstaltungen der Nazis nichts abgewinnen. Wie Heinz sehnt sie sich danach, die Großstadt hinter sich zu lassen, träumt von Aufenthalten in der Natur, von Einsamkeit ohne störende menschliche Wesen. Ihre Gedanken kreisen um Heinz, dem sie ernsthaft ins Gewissen redet: „Du sollst und darfst nicht so an später denken, sonst wirst Du enttäuscht. Wir können uns doch nicht aneinander binden, denn nach den zwei Dienstjahren fängt für Dich das Leben doch erst an. [...] Und es wäre ein Wahnsinn, stünde ich dir dabei im Wege. Ich könnte nie froh dabei sein. Und Du musst mal denken, wie schlimm es wäre, wenn Du später mal zu der Erkenntnis kommst, dass Du noch mehr hättest leisten können. [...] Ich möchte Dich gerne mal sehen und nur so recht in Ruhe mit Dir zusammen sein können."

Dieser Wunsch erfüllt sich. Nach Heinz' Genesung vom Scharlach ermöglicht es ein Geldzuschuss seines Vaters, im Juli 1938 vierzehn Tage Urlaub in dem Flecken Juliusruh auf Rügen zu machen. Endlich, nach fast einem Jahr, gibt es ein Wiedersehen mit Irmgard, die dort mit ihrer Freundin Inge zwei Ferienwochen verbringt. Herrliche Tage werden am Meer verlebt, Heinz liest vor, bevor sich alle in die Fluten stürzen. Ausflüge führen über die Insel. Die Flotten- und Flugzeugmanöver, der Auftrieb von Torpedos und Kreuzern im Hafen von Breege treten in den Hintergrund. Heinz und Irmgard sind unendlich dankbar für die gemeinsame Zeit, von der sie so oft in ihren Briefen träumten.

Noch lange klingen diese Tage in Irmgard nach. „Ich würde so gern mal wieder zuhören, wenn Du erzählst. Stundenlang könnte ich dann so liegen und nur auf Dich horchen. Ich denke noch so oft an Rügen, und Inge ist auch ganz begeistert von Dir. Nein, ich muss doch immer feststellen, dass mir noch nie in meinem Dasein jemand immer von neuem so gefallen hat wie Du. Schade ist es, dass wir nicht an einem Ort wohnen. Ich habe oft Sehnsucht nach Dir."

Heinz macht im Anschluss an den Urlaub einen kurzen Abstecher nach Leipzig und führt dort ein Gespräch mit dem Juniorchef Arndt Wiegandt, der ihm sehr wohl gesonnen ist und ihm für die Zeit nach Beendigung der Wehrpflicht eine Stellung als erster Sortimenter im Geschäft und Nachfolger des dann ausscheidenden Prokuristen anbietet. Heinz wird dann freie Hand für alle möglichen Erneuerungen und Anregungen haben. Das Vertrauen des Chefs ehrt Heinz sehr, genauso wie ihn die Aussicht auf ein gutes Anfangsgehalt von 250 RM erfreut.

Zurück beim Bataillon geht es in ein Trainingslager in der Senne, von wo er bereits nach einer Woche die Nachricht sendet, bei einer Übung vom Pferd gefallen zu sein und nun mit einem gebrochenen Zeh im Lazarett in Paderborn zu liegen. Freundin Irmgard versorgt ihn mit Literatur und entschuldigt sich für ihr langes Schweigen. „Vergessen habe ich Dich nie – das werde ich auch überhaupt nie können, ich habe Dich sogar so herzlich herbeigesehnt – aber schreiben konnte ich Dir nicht."

Viele Briefe der Freunde sind im Sommer 1938 durchzogen von der Angst vor einem neuen europäischen Krieg. Heinz' Kollegin in Leipzig Gertrud Känffert berichtet im September von der Niedergeschlagenheit der Menschen und der Angst davor, dass „ganz Europa erneut in Brand gesteckt wird". An Heinz gerichtet hofft sie: „Sie und keiner soll darum sterben, wenn sie auch noch so bereit sind unter dem eisernen Muss. Die Armen müssten ja ertrinken in dem Meer der Tränen, die Frauen und Kinder vergießen."

Mit der Unterzeichnung des Münchner Abkommens am 29. September 1938 wird der Anschluss des Sudetenlandes an das Deutsche Reich festgeschrieben und die Tschechoslowakei zur Räumung der sudentendeutschen Gebiete gezwungen. Der Einmarsch der

Wehrmacht in die Tschechoslowakei beginnt am 1. Oktober 1938. Die Vision des „Führers“ vom „Großdeutschen Reich“ gewinnt an Konturen. Das Münchener Abkommen beendet die „Sudetenkrise“ und wird von den Nazis als ein großer außenpolitischer Erfolg gefeiert. Ein weiterer europäischer Krieg, den der „Führer“ provozieren wollte, wird zwar zunächst vermieden, doch die Menschen leben weiterhin – und zu Recht – unter „dem lähmenden Druck einer neuen Kriegsgefahr“. Die „Angst vor dem unabänderlichen und drohenden Schicksal, vor dem was die Zukunft bringen könnte“, peinigt die Menschen, so Kollege Rudolf.

Heinz ist froh, dass am 1. November das erste Dienstjahr vorbei ist. Noch wiegt er sich in dem Glauben, dass damit auch die Hälfte seiner Militärzeit vorüber ist. Im zweiten Dienstjahr wird er Gefreiter und ROA [Reserve-Offiziers-Anwärter]. Genau wie sein Berliner Freund Wolfgang sehnt er den Tag seiner Entlassung herbei.

Für die Juden im Reich wird es nun ernst. Mit der Reichspogromnachtvom 9./10. November 1938 beginnt ihre systematische Vernichtung. Hunderte kommen ums Leben, Zehntausende werden verhaftet und in Konzentrationslagern inhaftiert, Jahrhunderte alte kulturelle Zeugnisse des jüdischen Lebens zerstört.

Auch in Osnabrück. In der Nacht auf den 10. November 1938 wird die Synagoge an der Rolandstraße von SA-Trupps geschändet, geplündert und anschließend in Brand gesetzt. Die örtliche Feuerwehr rückt zwar an, wird jedoch von der SA an den Löscharbeiten gehindert und schützt nur die umstehenden Gebäude vor einem Übergreifen der Flammen. 90 Gemeindemitglieder werden am selben Tag zunächst in den Zellen des Gestapokellers im Westflügel des Osnabrücker Schlosses inhaftiert und wenige Tage später ins Konzentrationslager Buchenwald deportiert. Die Synagoge ist durch den Brand zwar beschädigt, nicht jedoch komplett zerstört worden. Oberbürgermeister Erich Gaertner findet aber „baupolizeiliche Gründe“, noch am Tag der Brandstiftung den Abriss des Gebäudes zu verfügen. Ein Jahr später wird die Sparkasse Osnabrück mithilfe einer Zwangsvollstreckung gegenüber der jüdischen Gemeinde das Gelände mit einem Wert von 65.000 RM für 850 RM erwerben.[14]

Die Rolandstraße, heute Alte-Synagogen-Straße, liegt am Fuße des Westerbergs nicht weit vom Heim der Familie Oldermann in der Lürmannstraße entfernt. Man wird die Rauchwolken gesehen, das Geschrei der entfesselten SA-Männer gehört haben. Man hätte es sehen und hören können. In den Briefen von Gertrud und Franz an Heinz kein Wort darüber.

Zwischen Nazis und Christen entbrennt indessen ein ideologischer Kampf um die richtige Interpretation des Weihnachtsfestes: Soll es nun als Fest der Geburt Christi oder altgermanisch als Wintersonnenwende gefeiert werden? Soll an Stelle des Weihnachtsbaumes jetzt ein Jul-Leuchter aus Keramik aufgestellt werden? Für Heinz und Wolf-

[14] Vgl. Arbeitsgruppe des Graf-Stauffenberg-Gymnasiums Osnabrück (Hg.): Ein anderer Stadtführer – Verfolger und Verfolgte zur Zeit des Nationalsozialismus in Osnabrück, Osnabrück 2001, S. 9–11; Wie Osnabrück die jüdische Gemeinde in den Ruin trieb, noz.de, 6.3.2015.

Vor der ausgebrannten Synagoge, 10. November 1938

Dieter stellt sich die Frage nicht. „Wie Du über Gott denkst, das hatte ich mir schon vorher gedacht“, schreibt Wolf-Dieter. „Ein Mensch wie Du muss ja an etwas Höheres, das wir Gott zu nennen pflegen, glauben, ohne sich an Dogmen zu knüpfen. Hölderlin wird mit seinem Wort, jeder Mensch hat einen Gottesbegriff, der seinen Lebensplänen entspricht, stets recht behalten.“

Ein gemeinsames Weihnachtsfest gibt es für Heinz und Irmgard nicht. Breslau–Osnabrück, die Entfernung ist unüberwindlich bei zwei freien Tagen. Für Irmgard hat Heinz ein Paket nach Breslau auf den Weg gebracht, „so liebevoll ausgedacht und eingepackt“, dass sie ihre Freude mit Worten nicht zum Ausdruck bringen kann. Heinz feiert das Weihnachtsfest mit der Familie im großen Wohnzimmer an der Lürmannstraße, wo wie immer die hölzerne Krippe einen großen Teil des Zimmers ausfüllt. Ein letztes Mal sind Eltern und Geschwister zusammen – aber das wissen die Beteiligten nicht.

Das neue Jahr 1939 beginnt mit schweren Schicksalsschlägen. Heinz erlebt im Februar erneut einen schweren Fieberanfall mit Nervenversagen und muss lange Zeit das Bett hüten. Tragischer noch ist es, dass Mutter Gertrud nach einer Augenoperation ein Augenlicht verliert und zur Hälfte erblindet. Ein schweres Schicksal für die so gerne lesende Frau und ein Schock für die gesamte Familie.

In großer Sorge ist Heinz um Irmgards Seelenzustand. Nach Weihnachten schreibt sie Heinz einen Dankesbrief, der durchzogen ist von tiefem Kummer, von Verdruss an der Arbeit, von antikapitalistischer Sehnsucht und dem Wunsch nach einem Ausbrechen in die Natur. Heinz vertraut sich Gertrud Känffert an, die ihm erwidert: „Irmgard in ihrer Einsamkeit kann ich gut verstehen. Breslau ist besonders im Winter eine düstere Stadt und da sie dort keine besonderen Freunde hat, ist es natürlich, dass sie sich verloren und einsam vorkommt. Schließlich sind wir alle in unseren Anlagen das Produkt unserer Vorfahren. Wenn Irmgards Mutter eine depressive Anlage hat, warum soll die Tochter sie nicht auch haben.“

Eine Woche im verschneiten Gebirge bleibt Irmgard noch, „wie im Märchen so schön“. Die Rückkehr in die Stadt ist trostlos. „Alles so trübe und grau und die versorgten Gesichter der Menschen, das alles deprimiert dann so schrecklich. Und ich möchte stehenden Fußes umkehren und noch ein wenig von Größerem träumen. [...] Man führt doch ein unwürdiges Dasein, jeden Tag das Geschäft mit den Dutzenden von kleinen Ärgernissen, und diese trostlose Stadt mit den verkümmerten Menschen. [...] Ach, nun klage ich Dir etwas vor, aber ich habe es auch manchmal so über und möchte die ganze Kultur und Zivilisation hinter mir lassen.“ „Du verstehst mich schon“, lautet der letzte Satz. Am 28. Februar 1939 setzt sie ihrem Leben ein Ende.

Heinz trauert unendlich um die geliebte Frau, den seelenverwandten Menschen. Jedes Jahr fällt ein Schatten auf seinen Geburtstag, der auch der Ihrige war, und den sie nicht mehr erleben darf. Es ist schwer mit der Trauer fertig zu werden auf einem Kasernenhof inmitten von lärmenden und ahnungslosen Kameraden.

Dafür erreichen ihn aus Leipzig viele anteilnehmende und fassungslose Briefe. Alle hatten Anteil genommen an der Beziehung der beiden und stehen nun ratlos diesem Freitod gegenüber. Zutiefst erschüttert ist Tante Irmgard, die ihre Namensschwester in Breslau mehrfach in der Buchhandlung getroffen und für sie und Heinz einen gemeinsamen Lebensweg erhofft hatte. Ihr tiefstes Mitgefühl drückt auch die ehemalige Zimmerwirtin Frau Lipsius aus, die sich daran erinnert, „wie reizend Irmgard in dem blauen Taftkleide aussah“. „Sie muss schrecklich gelitten haben. Warum musste hier in Leipzig auch alles so kommen, dass sie von hier fort musste.“ Gertrud Känffert schreibt: „Irmgard hat sich vollendet. Sie ist aus freiem Entschluss gegangen [...] weil sich ihre Seele hier nicht mehr zurecht fand und keine Heimat mehr hatte, trotz oder vielleicht gerade wegen ihrer Liebe zu Ihnen.“ Heinz hat viel zu verkraften, aber wie Freund Wolf-Dieter schreibt, „Du haderst nicht mit dem Schicksal, Du richtest dich wieder auf.“ Aus allen Briefen spricht ein geradezu überwältigendes Mitleiden. Das Bewusstsein, von vielen Vertrauten so sehr geschätzt zu werden, gibt Heinz Halt.

Aus den Briefen von Wolf-Dieter, der Heinz geistig am nächsten steht, spricht immer wieder die kritische Sicht auf den Einfluss des NS-Regimes auf Literatur und Künste. Seine Zeit nach dem Abitur verbringt Wolf-Dieter mit dem Versuch, „etwas tiefer in das Wesen Schillers einzudringen“, von dem Goebbels sagt: „Lebte Schiller heute, er wäre der größte National-Sozialist.“ Dabei sei es doch speziell die Gedankenfreiheit, „die gerade heute unterdrückt wird, so dass die Menschen zur Heuchelei und Kriecherei erzogen werden.“

Goethes Todestag, den 22. März, widmet Wolf-Dieter ganz dem großen Meister, dem er so viel zu verdanken hat. „Und doch wie wenig ist das, wenn ich bedenke, wie viele Schätze es noch gibt, die ich noch nicht gehoben habe! Ich habe ja am Pokal der Künste erst genippt!“ Mit Schrecken schaut er auf den näher rückenden 1. April, an dem er zum RAD einrücken muss, und an die folgenden Dienstjahre: „Weißt du, mal kommen mir die 2 ½ Jahre vor wie eine Strafe, dann auch wie eine Art Fegefeuer, durch das wir hindurch müssen. [...] Gottes Ratschluss ist unerforschlich. Vielleicht ist diese Zeit gut, dass wir ‚per aspera ad astra‘ gelangen.“ In einem weiteren Brief heißt es: „Diese 2 ½ Jahre werden uns gestohlen! Ein Jahr genügte vollauf! Alles, was mir am Herzen liegt muss nun für 2 ½ Jahre mehr oder weniger schweigen." Ein Satz, den auch Heinz hätte schreiben können.

Die Zeit beim RAD führte bei ihm zu einer von den Initiatoren wohl eher unerwünschten neuen Einsicht: „Als eine der Hauptaufgaben des RAD wurde die hingestellt – so Wolf-Dieter –, dass die Jungens aus allen Ständen sich kennen lernen sollten, um einander näher zu kommen. Ich habe die Jungen aus den niedrigsten Schichten kennen gelernt, aber statt ihnen näher gekommen zu sein, muss ich jetzt voll Verachtung, vielleicht auch etwas mit Bedauern auf sie blicken. So wie sich mir das ‚Volk' präsentiert hat, kennen sie nur eins: Grellste Sinnlichkeit. [...] Kann man bei solcher Entsittlichung an das ‚Ewige Deutschland' glauben, muss man nicht vielmehr an einen Untergang unseres Volkes denken?"

Im April schließt Heinz mit Arndt Wiegandt in Leipzig einen Anstellungsvertrag zum 1. November 1939. Alle Mitarbeiter setzten auf Heinz' Rückkehr. „Man rechnet schon stark mit Dir und Du bist die letzte Karte auf die nun alles gesetzt wird. Wenn Du kommst, glaubt man dann alle Schwierigkeiten überwunden", schreibt Kollege Rudolf. Heinz freut sich auf das Ende seiner Dienstzeit und auf diese Stellung, die „sehr verantwortungsvoll und hervorgehoben sein" wird. Leider wird es bei der Vorfreude bleiben.

Schicksalsjahr 1939

Bereits im Juni mehren sich die Zeichen für eine bevorstehende kriegerische Auseinandersetzung. Eine geschickte Propaganda schürt die Angst der Bevölkerung vor einem Einmarsch polnischen Militärs in das „Reich". Alle Wehrmachtsangehörigen sollen im Juli ihren Urlaub nehmen, um zum Ende des Monats einsatzbereit zu sein. Für Heinz bedeutet das, dass sein Entlassungstermin sich verschieben wird.

Vetter Fritz erhält seinen Einberufungsbefehl dagegen früher als gedacht. Fritz, der Sohn von Mutter Gertruds Vetter Richard Kanzler, wird im August 17 Jahre alt und soll am 1. Dezember in ein Fliegerausbildungsregiment kommen. Gertrud findet es „eigentlich zu früh für den Jungen, er ist noch ein richtiges Kind. Aber er hat das Reifezeugnis bereits erhalten und da blieb wohl nicht anderes übrig, da er Offizier werden will." Offizier will er werden wie sein Vater, der selbst Berufsoffizier ist und der seinem Neffen Heinz ein gutes Fortkommen in seiner Offizierslaufbahn wünscht. Seinen neunzehnten Geburtstag wird Fritz, der junge Held, nicht mehr erleben. Er wird gleich zu Beginn des Einmarsches in die Sowjetunion fallen.

Am 1. September erfolgt der Überfall der deutschen Wehrmacht auf die zweite polnische Republik. An diesem 1. September, „dem ersten geheimen Mobilmachungstag", rückt auch Heinz' Batterie, die bisher im Sennelager stationiert war, aus. Seit dem 12. August ist Heinz Unteroffizier. Der Unteroffiziers-Kegelabend, an dem er teilnimmt, wird am Vorabend des 1. September um ½ 9 Uhr abgebrochen. Koffer werden nach Hause gesandt. Nicht nur der von Heinz, sondern auch die von mehreren Kameraden. Elf Koffer und verschiedene Kisten nimmt Gertrud in Empfang und verstaut sie auf dem Dachboden. Telefongespräche sind verboten. Zwei Tage Marsch bei strömendem Regen folgen, bis das Etappenziel an der Westfront, der im Saarland gelegene Ort Britten, erreicht ist. Heinz erinnert sich daran, dass er bei einem Familienurlaub vor zehn Jahren hier mit seiner Schwester Lore in der Saar geschwommen und mit den Eltern gewandert ist.

Im neuen Quartier im Saarland ist Heinz mit den Geschäften eines Hauptwachtmeisters beauftragt, ein verantwortungsvoller Posten, auf dem er für hundert Mann verantwortlich ist, so jedenfalls erläutert Franz es seiner Frau gegenüber. Mit Freuden verfolgt Heinz „unsere Siege“, so wie es auch die Eltern am Radio tun. Unter dem Eindruck der Propaganda kann Heinz „jetzt erst recht begreifen, wozu er diese zwei Jahre gedient hat“.

Ein Freund von Bruder Rolf berichtet von seiner Teilnahme am Polen-Feldzug. Gemeinsam mit einem Kameraden sei er mit seinem Motorrad von der Truppe abgekommen, berichtet Gertrud: „Und es ist ein Glück, dass die beiden nicht den polnischen Marodeuren in die Hände fielen, wie es bei solchen Versprengten doch zu leicht passieren kann. Sein Regiment ist schon auf dem Wege zum Westen, er selbst noch in Warschau und er hofft, dass er nicht zu lange mehr dort bleiben muss, denn es würde schon schauderhaft kalt. [...] Was mögen diese jungen Menschen alles an Grausigem und Schrecklichem gesehen haben“, kommentiert Gertrud.

Dass die „polnischen Marodeure“ ihre Heimat verteidigten, nachdem der „Führer“ Zehntausende von Zivilisten hat vertreiben und erschießen lassen und in Arbeits- und Vernichtungslager verbracht hat, auf diese Idee verfällt niemand. Und auch die Ankündigung Heinrich Himmlers, die slawische Bevölkerung um dreißig Millionen dezimieren zu wollen, hat wohl niemand gehört.

Die erste nach Kriegsbeginn gehaltene Rede des „Führers“ vor dem Reichstag übersendet Gertrud in einem Abdruck von „Des Führers letztes Wort“:

„*Acht Tage nach Ausbruch dieses Kampfes aber waren die Würfel dieses Krieges gefallen.* [...] *Nach 14 Tagen waren die größten Teile des polnischen Heeres entweder zersprengt, gefangen oder umschlossen.* [...] *ich habe es verboten, mehr Menschen zu opfern als unbedingt notwendig war.* [...] und (fett gedruckt): *Das deutsche Soldatentum hat sich den Lorbeerkranz, der ihm 1918 hinterlistig geraubt worden war, nunmehr wieder fest um das Haupt gelegt. Wir alle stehen in tief ergriffener Dankbarkeit vor den vielen unbekannten, namenlosen tapferen Männern unseres deutschen Volkes. Sie sind zum ersten Mal angetreten aus allen Gauen Großdeutschlands. Das gemeinsam vergossene Blut aber wird sie noch stärker aneinander binden als jede staatsrechtliche Konstruktion.* (Der Reichstag feiert den Heroismus der deutschen Wehrmacht.)“ [15]

Gertrud findet die Rede des „Führers“ ergreifend „und dabei von einem genialen Weitblick. Er denkt in Kontinenten und Jahrhunderten, und es ist eine Tragik, dass es in Frankreich oder England nicht einen Staatsmann gleichen Formats gibt.“

[15] Osnabrücker Tageblatt, 7. Oktober 1939.

Am 3. September erklären England und Frankreich im Rahmen ihrer Beistandsverträge für Polen Deutschland den Krieg. Damit ist die Hoffnung, dass es an der Westfront ruhig bleiben würde, zu Nichte gemacht. „Die Lage ist nun umgehend ernst geworden", erläutert Heinz seinen Eltern. England drohe, auf dem Kontinent einzugreifen und sich durch Frankreich dem Westwall zu nähern. Aber: „Wir sind alle sehr ruhig und gefasst und stündlich bereit, unsere Pflicht zu erfüllen." Diese „schlichten, tapferen Worte" erfreuen Gertrud, die ihn wissen lässt, dass die Eltern in Gedanken immer bei ihm sind. „Es liegen schwere Zeiten vor uns, darüber ist sich jeder klar seit England in den Krieg eingetreten ist; eine Nervenprobe für Front und Heimat."

Die den Angehörigen der Wehrmacht und der Bevölkerung vermittelte Sichtweise auf den Kriegsbeginn 1939 lässt sich in der Rede des „Führers" anlässlich des Überfalls auf die Sowjetunion zwei Jahre später nachlesen:

„Als das Deutsche Reich am 3. September 1939 die englische Kriegserklärung erhielt, wiederholte sich aufs neue der britische Versuch, jeden Beginn einer Konsolidierung und damit eines Aufstiegs Europas durch den Kampf gegen die jeweils stärkste Macht des Kontinents zu vereiteln. So hat England einst in vielen Kriegen Spanien zugrunde gerichtet. So führte es seine Kriege gegen Holland. So bekämpfte es mit Hilfe von ganz Europa später Frankreich. Und so begann es um die Jahrhundertwende die Einkreisung des damaligen Deutschen Reiches und im Jahr 1914 den Weltkrieg."[16]

Wie seltsam mutet es an, dass nun plötzlich alle Kritik am NS-Regime, die zuvor deutlich wurde, verstummt. Die zweieinhalb verlorenen Jahre, von denen Wolf-Dieter sprach, die Reglementierung von Kunst und Literatur durch Parteiobere, die Ausweisung der Besten – wie Thomas Mann –, die Inhaftierung des verehrten Dichters Wiechert, der unsägliche Trommelwirbel der „Braunen Horden", alles vergessen? Oder untergeordnet unter den Stolz, an entscheidender Stelle eine verantwortungsvolle Position einzunehmen, dabei sein, „dienen" zu können?

Am 10. September fließt Heinz folgende Würdigung aus der Feder: „Die gestrige Göring-Rede war meisterhaft in der Herausarbeitung unserer Macht und Stärke und auch in der Anklage gegen England. Wer nach dieser Rede nun noch die Nerven verliert, der möge sie verlieren, denn auf diese wenigen können wir verzichten."

Gertrud, die die Rede ebenfalls gehört hat, befindet: „Neben allem, was er an Ernstem und Eindringlichem sagte, fand er auch so menschlich warme Töne, hatte soviel Verständnis für allerlei Nöte und Schwierigkeiten und vor allem für die Schwere des Wartens auf Nachricht von denen, die draußen sind."

Wenige Tage später heißt es bei Heinz: „Die Nachrichten aus dem Reich lauten fast durchweg recht optimistisch, und es scheint niemand so recht an einen ernstlichen Kon-

---

[16] Schlüsseltexte zum NS: Hitlerproklamation vom 22. Juni 1941, S. 1. Max Domarus: Das Jahr 1941, in: Nationalsozialismus, Holocaust, Widerstand und Exil 1933–1945, Online-Datenbank, 5.8.2008.

flikt mit Frankreich zu glauben. Die Verfügung des Führers von gestern Abend betr. Kriegskonterbande[17] habe ich sehr begrüßt. Wie anders zielbewusst arbeitet unsere Regierung als damals."

Noch geht man davon aus, dass der Feldzug im Osten schnell beendet sein wird. Daher auch im selben Brief die Frage: „Wieweit hat Friedel denn meinen schwarzen Anzug?" Heinz' Pläne gehen weiterhin vom Berufseintritt in Leipzig am 1. November 1939 aus.

Am 17. September 1939 berichtet Heinz: „Inzwischen ist der Russe einmarschiert in Polen, um sich nach wahrscheinlich vorbedachtem Plan seinen Anteil Polens zu sichern. Das bestärkt mich in der Annahme, dass auch hier im Ernstfalle etwas Ähnliches passieren wird." Mit herzlichen Grüßen und dem Kriegsruf „Gott strafe England" endet dieser Brief an seine Mutter.

Gertrud hört die „ergreifende Rede des Führers" und kommentiert „Immer wieder muss man die Genialität dieses Mannes anstaunen, der das großdeutsche Reich baut; anders kann man dieses Stück Weltgeschichte, das wir erleben, wohl nicht nennen. Und wie maßvoll ist er, um nutzloses Blutvergießen zu vermeiden."

Diese Verblendung jagt mir einen Schauer über den Rücken, aber immer wieder muss ich mir vor Augen führen, dass die erschreckende zukünftige Realität nicht vorauszusehen war. Oder doch? Gab es nicht inzwischen in fast jedem Haushalt eine Ausgabe von „Mein Kampf"?

„Die Erfolge in Polen, die so unvorstellbar sind, werdet Ihr auch mit Spannung verfolgen", so Gertrud weiter. „Möchten alle die Opfer, die gebracht werden müssen, einst nicht umsonst gewesen sein. Erich Marahrens [der Sohn des Bischofs] ist schon am 3. September gefallen."

Auch Arndt Wiegandt aus Leipzig teilt am selben Tag mit, dass der Bruder eines Kollegen in Polen als Flieger gefallen ist und die jüngeren Mitarbeiter jetzt alle eingezogen worden sind. Ansonsten sei „alles in Ordnung". Heinz wünscht er, „dass auch der Kanonendonner, der Sie ab und zu in Ihren Träumen stört, ganz aufhören möchte und dass Sie bald die unwirtlichen Gegenden unseres Westwalles verlassen und wieder zum Bücherstaub und dem dazu gehörigen Beruf zurückkehren. Hoffen wir, dass sich die allgemeine Lustlosigkeit unserer Gegner und die Vernunft der Frontkämpfer des Weltkrieges durchsetzen und wir bald wieder friedlich arbeiten können."

Mit dem 1. September scheint ein Schalter umgelegt worden zu sein. Alle Freude über die alsbaldige Entlassung aus dem Wehrdienst und über den Start in das geplante Berufsleben scheint zurückzutreten vor der Begeisterung des Eintritts in diesen der „Wiederherstellung der Größe und der Ehre Deutschlands" gewidmeten Krieg.

Selbst der so belesene und tiefgläubige Wolf-Dieter, der sich zuvor über die verlorenen Jahre beklagt hat, beschwert sich darüber, nicht sinnvoll genug eingesetzt zu werden: Zu

---

[17] Mit Kriegskonterbande wurden Gegenstände und Materialien, die unmittelbar militärischen Zwecken dienen und für die gegnerische Streitmacht oder das gegnerische Gebiet bestimmt sind, bezeichnet. In Kriegszeiten können sie auch an Bord neutraler Schiffe beschlagnahmt und eingezogen werden.

Beginn „da hatten wir noch Vorstellungen von kämpfendem und siegendem Heldentum, da waren wir stolz darauf, uns schon Soldaten nennen zu können. Aber es waren alles nur Illusionen. Erst Mitte September rückten wir in Polen ein. [...] Hier bauen wir nun an einer Straße, die schon von den Polen angefangen wurde. Es ist also alles beim Alten geblieben, wir sind im Arbeitsdienst, wenn wir auch eine große Armbinde mit der Aufschrift ‚deutsche Wehrmacht' tragen. [...] Vielleicht kommen wir noch zur vordersten Front als richtige Soldaten, wenn es erst im Westen richtig anfängt. Dann können wir unserem Vaterland dienen, aber nicht indem wir den Polen ihre Straße fertig bauen." Sein Gottvertrauen hat Wolf-Dieter nicht verloren, er weiß sich stets „in Gottes gütiger Hand geborgen". Seine Bewunderung gilt Heinz: „Wie fein, dass gerade Du als ein Mensch, dem das Kriegshandwerk nicht Beruf ist, es in so kurzer Zeit so weit gebracht hast." Wolf-Dieters Zeit in Polen ist alsbald beendet. Da er erst 17 Jahre alt ist, kann er im Januar in das erste Trimester eines Jura-Studiums einsteigen. „So können wir unserem Vaterland einen besseren Dienst erweisen, als wenn wir in zermürbender Untätigkeit in den Bunkern des Westwalls sitzen", kommentiert er.

Dieser Ansicht ist auch Jugendfreund Dieter Schoeller, der sich aus München meldet. Noch im August träumten Heinz und er bei einem Treffen auf dem Landsitz von Dieters Eltern, dem Drihof, vom baldigen Ausscheiden aus dem Heer. Jetzt schreibt Dieter: „Ich war damals schon etwas pessimistisch, Du aber warst so hoffnungsfroh, dass ich Dir dieses auch nicht nehmen wollte. Es ist ganz merkwürdig, ich hatte damals schon das ganz feste Gefühl, dass uns noch viel Schweres bevorstehen würde. Als es dann wirklich losging, hatte ich den Wunsch, mit hinauszuziehen. [...] Ich wartete ständig auf einen Einberufungsbefehl, der aber nicht kam, und hatte ein ausgesprochen schlechtes Gewissen und Minderwertigkeitsgefühle, weil ich mir immer vorstellte, dass nun viele ältere Leute und Familienväter im Felde waren und ich junger Kerl, der ich gerade eine zweijährige militärische Ausbildung hinter mir hatte, nicht mithelfen konnte." Zwangsläufig setzt Dieter nun sein Studium fort und rechnet damit, im März sein Staatsexamen machen zu können. „Den grauen Rock werde ich noch früh genug anziehen können." Dieser Satz liest sich mit besonderem Bedauern, wenn man weiß, dass Dieter wenig später dem sinnlosen Blutvergießen im Osten zum Opfer fallen wird.

Freund Rolf Trömel aus Leipzig ist mit der militärischen Terminologie schon bestens vertraut, wenn er Heinz schreibt, er stehe seit Kriegsbeginn in der „Südostflanke Mitteleuropas" und warte ungeduldig auf einen „Stellungswechsel". Bis dahin bleibe nichts anderes übrig als sich am Genuss alkoholischer Getränke und am Verzehr von Gänsebraten zu erfreuen. Leider werde es wohl bis 1940 dauern, bis es wieder Gelegenheit zu einem Heimaturlaub gäbe, so seine Befürchtung. Von diesem Freund gibt es nie wieder ein Lebenszeichen.

Noch einmal Gertrud, die die vorherrschende Stimmung in den ersten Kriegsmonaten beschreibt: „Wenn man hier das Leben seinen gewohnten Gang gehen sieht, will es einem nicht glaubhaft erscheinen, dass Krieg ist, und doch kann man an nichts anderes denken, es ist am Morgen das Erste und am Abend das Letzte. Zu irgendeinem Buche fehlt jede innere Ruhe.“ Dafür sind die Körner- und Kartoffelernte gut ausgefallen, und Obst gibt es in Hülle und Fülle.

Statt ein Buch zu lesen blättert Gertrud in den Heften „Kunst im Dritten Reich.“ Sie findet Bilder aus der neuen Reichskanzlei. „Die Maße und Verhältnisse sind gewaltig, das Arbeitszimmer des Führers muss ungefähr so groß sein [es maß 400 qm] wie der große Saal im Großen Klub und darin ein Schreibtisch von ebenfalls gewaltigen Dimensionen. Der Hang für Größe muss eine ganz besondere Anlage bei Hitler sein und passt wohl zu seinem sonstigen Wollen und Streben, das in Jahrhunderten und großen Zeiträumen denkt.“ Gertrud hält ihn für einen Visionär.

Heinz – noch immer im Saarland – stoßen dagegen das Monströse und das Monumentale der „Kunst im Dritten Reich“ ab. Er bleibt sich treu, wenn er notiert: „Das Fenster meines Zimmers schaut auf große dunkle Wälder und oft hänge ich nachts darinnen und fühle mit der schweigenden und einsamen Landschaft, dass es wohl nicht gut ist für uns, lange in die Dunkelheit zu schauen. [...] Heute war Sonntag und es war kein Sonntag, wie es überhaupt einen Sonntag nicht mehr gibt.“

Ganz anders äußert er sich gegenüber seinem Vater, dem er am 25. September die ungeheure Treffsicherheit der neuen Waffen schildert: „Der Gedanke, die englische Flotte mit einem Einsatz von 500 Sturzkampfbombern zu vernichten, ist herrlich. Ich zweifle nicht an der Möglichkeit der Durchführung.“ Und im gleichen Brief: „Täglich mache ich wundervolle Ritte von zwei Stunden durch die herrliche Umgebung. Das Schönste am Tag jedoch ist die Post aus der Heimat.“ Und wie selbstverständlich: „Von unserer anderen Batterie sollen 20 Mann gefallen sein.“

Kollege Rudolf bedauert Heinz’ derzeitige Position im Saarland: „Tag für Tag wartet man auf einen entscheidenden Einsatz im Westen. Dieses zermürbende Warten ist unheimlich und geht mit der Zeit auf die Nerven. [...] Aber für Euch in den Bunkern und Batteriestellungen muss dieses Warten, das Euren ganzen Tag ausfüllt, noch viel lähmender und unerträglicher sein.“ Er verkündet, dass er „am liebsten an der Front wäre und Not und Seefahren, Kälte, Nässe und Dreck mit Kameraden teilen möchte, als hier zu vertrotteln und zu verspießern.“ Abenteuer bestehen und Kameradschaft erleben, auch das ist ein Aspekt, der schon immer junge Männer für das „Kriegsspiel“ begeistern konnte.

Jugendfreund Enno, der seit Oktober an vorderster Front am Westwall eingesetzt ist, beschreibt Heinz das aufregende „Kriegsspiel“: „Unsere damalige Stellung haben wir, als der Franzmann das Vorfeld vom Westwall zu räumen begann, verlassen und sind weiter nach vorn gegangen. Acht Tage lang hausten wir auf freiem Feld. Rings um die Geschütze war grundloser Matsch und als Schutz gegen den anhaltenden Regen und gegen die Kälte dienten uns lediglich die Zelte, in denen wir auch nächtigten.“ Seitdem befänden sie sich in „Ruhestellung“, müssten aber häufig den Standort wechseln und in längeren Nachtmärschen von Quartier zu Quartier ziehen. Nun sei ein Winterquartier in einem kleinen Dorf bezogen, von dem er schreibt: „Das Leben ist recht langweilig, um es nicht stumpfsinnig zu nennen und man ist so ziemlich von der Außenwelt abgeschnitten.“ Von dem Gedanken, bald wieder sein Pharmaziestudium aufnehmen zu können, muss Enno Abschied nehmen.

Reserve in Mohrungen 1939–1940

Und auch für Heinz zerschlagen sich die Pläne für die beginnende Berufstätigkeit, als für ihn der „dritte Soldatenwinter" beginnt. „Das hätte ich mir damals nicht träumen lassen, dass meine Militärzeit durch einen Krieg verlängert werden würde", sinniert er in der ihm eigenen Naivität. Und auch Gertrud hofft, „dass der Krieg nicht zu lange dauert, und Du bald wieder bei Deinen Büchern und Menschen, die Dir etwas bedeuten, arbeiten kannst". Ein frommer Wunsch. Von nun an wird Heinz die Soldatenuniform für mehr als sechs Jahre nicht mehr ablegen.

Von der Westfront geht es nahtlos in den Osten. Einer mehrwöchigen Artillerie-Kampfausbildung in Jüterbog folgt ein kurzer Lehrgang beim Nachrichtendienst in Soest. „Vaters militärisches Herz ist beglückt darüber", schreibt Gertrud. Franz gehört einer Generation an, für die es eine Ehre war, dem Kaiser und dem Vaterland zu dienen. Er war in einem Jahrhundert geboren, in dem die Befreiungskriege von 1815 und der Krieg gegen Frankreich 1871 noch so gegenwärtig waren wie die beiden Weltkriege für die spätere Generation. Allerdings mit dem Unterschied, dass der Nationalstolz in seiner Jugend noch unbeschädigt war.

Heinz als Funker, 1939

Am 7. November beginnt die Verlegung nach Mohrungen in Ostpreußen. Eine 50-stündige Bahnfahrt wird am Übergang über die Weichsel südlich von Danzig für sieben Stunden unterbrochen. In der reißenden Weichsel liegen die hell erleuchteten kolossalen Reste der gesprengten Brücke, während das neu hergestellte Stück nur eingleisig zu befahren ist. Die um 1855 bei Dirschau erbaute, mit Türmen und Zinnen geschmückte Gitterträger-Brücke war ein technisches Wunderwerk ihrer Zeit und verband die Strecke mit der preußischen Ostbahn von Berlin nach Königsberg. Beim Angriff der deutschen Wehrmacht auf die Brücke am 1. September 1939 wurde sie vom polnischen Militär gesprengt.

Im Ausbildungslager Mohrungen bewohnt Heinz eine Stube gemeinsam mit dem Unteroffizier Helmut Rolf, den er seinen Eltern als „einen Mann mit sehr guten Manieren, großer Bildung und mit viel Sinn für Behaglichkeit und Gemütlichkeit im guten Sinne" beschreibt. Dazu zeichnet er ein Bild von weißen Tischdecken und Wohnlichkeit auf der gemeinsamen

Die Zerstörte Gitterbrücke über die Weichsel bei Dirschau, 1939

Stube. Die beiden verstünden sich ausgezeichnet, sie teilten die gleichen Vorlieben für das Lesen und das Wandern.

Andere Botschaften sendet Heinz an seine Freunde. Wilma Dresing aus Osnabrück antwortet: „Wie kann man Dich denn nur in so eine Einsamkeit verstauen?" Und Albert Heinig, mittlerweile approbierter Arzt in Berlin, hofft, dass Heinz „den Kampf mit der Langeweile siegreich bestehen" wird. Ein in Danzig-Langfuhr stationierter Kamerad spricht von der „Kalten Heimat", in der er gelandet sei. Diesen Begriff lerne man in den kalten Tagen schon verdammt genau kennen. Auch Freund Wolf-Dieter empfindet Bedauern: „Ihr Armen, statt entlassen zu werden, um zu Eurem Beruf zurückzukehren, müsst ihr weiter Soldat bleiben. Und du jetzt in Ostpreußen?"

Gertrud dagegen kommentiert Heinz' neue Wirkungsstätte positiv: „Nun bist Du also in Mohrungen gelandet und lernst in Ostpreußen Ernst Wiecherts Heimat kennen, mit der er so innig verwachsen ist, dass man sich fast wundert, dass er sie verließ, um sich in Bayern anzusiedeln. Ich wünschte, Du wärest im Sommer nach Ostpreußen gekommen, wo Du einen anderen Eindruck von der Landschaft bekämest, als gerade jetzt in der dunkelsten Jahreszeit. Die großen Wälder, von denen Wiechert immer wieder spricht, müssen wunderbar sein; aber die lernten wir bei unserer Ostpreußenfahrt leider auch nicht kennen. Uns bewegten damals, es war im Jahre 1927, besonders die Erinnerungen an den Weltkrieg, in dem unsere jetzigen Verbündeten [gemeint sind die Russen] so fürchterlich

Das Tannenberg-Denkmal, 1939

gehaust hatten. Ich glaube, es gab kein Haus, in dem nicht ein Bild von Hindenburg zu sehen war."

Und auch Tante Irmgard hat literarische Assoziationen und erinnert an Johann Gottfried Herder, der 1744 in Mohrungen geboren wurde. Sie freut sich auf einen Vortrag von Eugen Kühnemann über Herder, „diesen großen Deutschen", dem Heinz nun geographisch so nahe gerückt ist. Der Philosoph und Literaturwissenschaftler Kühnemann, Gründungsrektor der Universität Posen und Professor in Breslau, war Zeit seines Lebens den „großen Geistern", v.a. Kant und Goethe wissenschaftlich verbunden. Aber auch an ihm ging die nationalistische Vereinnahmung von Philosophie und Literatur nicht vorbei: Er begrüßte die „Machtergreifung" und wurde Mitglied in Alfred Rosenbergs „Kampfbund für deutsche Kultur".

Unvergesslich ist für Heinz der Besuch des „Reichsehrenmals Tannenberg" für den Feldherrn Paul von Hindenburg. Mit der Umgestaltung des 1927 eingeweihten Denkmals hatten die Nationalsozialisten den „Helden von Tannenberg" zum Mythos erhöht und zum Teil eines opferhaften Totenkults werden lassen. Der Ort wurde seitdem zum Sammelpunkt nationaler Massenveranstaltungen. „Der Eingang in den Gruftraum Hindenburgs wird von zwei riesigen Soldaten-Statuen als Ehrenwache flankiert, darüber ein kolossaler Stein mit dem Namen Hindenburg", beschreibt Heinz. In der über der Gruft befindlichen Ehrenhalle beeindrucke ein vier Meter hohes Porphyr-Standbild des Marschalls. Die kirchlichen Fensterbilder erhöhten die sakrale Wirkung. Heinz bedauert, dass beim Rundgang durch die Gruft nicht genug Zeit blieb, um die Stätte auf sich einwirken zu lassen, da er sich in Gemeinschaft der gesamten Abteilung von ca. 1.000 Mann befand.

Am 11. November lässt sich Gertrud vernehmen: „Man steht immer noch unter dem Eindruck des fürchterlichen Attentats von München, das man gar nicht begreifen kann. Es war, als ob sich ein Abgrund vor uns auftäte und man wagt sich nicht auszudenken, was aus uns werden sollte, wenn dem Führer etwas zustieße. Es ist wirklich wie ein Wunder, dass er so gnädig bewahrt blieb und gerade dieses Mal eher mit seiner Rede anfing und früher fortging." Das Bombenattentat im Münchener Bürgerbräukeller am 8. November durch Georg Elser war das erste einer langen Reihe von insgesamt 42 Attentaten,[18] die nach Kriegsausbruch von Angehörigen der Wehrmacht und von Einzelpersonen

[18] Willi Berthold: Die 42 Attentate auf Adolf Hitler, München 1981.

geplant wurden. Der „Führer“ überstand sie „wie durch ein Wunder“ alle. Für Heinz ist es unbegreiflich, „wie die Unterbringung der Sprengstoffladung überhaupt möglich war. Es wäre das gesamte Führerkorps dabei umgekommen.“

Gertrud schickt Pakete mit Kuchen und Zigaretten, Lektüre und frischer Wäsche. Sie fragt nach der Höhe der „Löhnung“ und ob Heinz eine monatliche Unterstützung benötige. „Du sollst es unter den Kameraden nett haben, auch mal ausgehen können usw. Nur bitte ich Dich, jetzt keine Ausgaben zu machen, die auf später verschoben werden können. Dazu rechne ich z.B. Bücher. Das kannst Du später in Leipzig besser haben. [...] Wie gesagt, Du sollst Dich nicht krumm legen müssen, aber den Zuschuss für Dinge gebrauchen, die jetzt gerade dort nötig sind.“ Ob sich der inzwischen 25-jährige Buchhändler und seit neustem Unteroffizier nicht ein wenig sehr bevormundet gefühlt haben wird?

Offensichtlich ja, denn er schlägt die Warnungen seiner Mutter in den Wind und lässt sich von seiner treuen Kollegin aus Leipzig Stendahls „Rot und Schwarz“ in Dünndruckausgabe sowie Wiecherts „Wälder und Menschen“ schicken.

Auch Gertrud Känffert erinnert an Wiechert, der die Schlittenfahrten durch den Winterwald so eindrucksvoll schildert. Sie schickt auch den Weihnachtskatalog, damit Heinz auf dem Laufenden bleibt sowie für einen befreundeten Leutnant Ottfried Graf von Finkensteins „Die Mutter“, ein Werk, das ebenfalls in Ostpreußen spielt. Im Buchhandel sei „rasend zu tun“ schreibt sie. Für Heinz ist es „ein Jammer, dass ich hier herumsitzen muss und nicht dabei sein kann.“ Dieses Los teilt er mit seinem Stubenkameraden Helmut, der eigentlich am 1. September einen Posten als selbständiger Filialleiter einer Bank hätte antreten sollen.

Anders sieht das seine Mutter, die gewohnt positiv kommentiert: „In diesen grauen Novembertagen, an denen es fast täglich regnet, wandern meine Gedanken oft zur Westfront, wo Deine Kameraden in Nässe und Ungemütlichkeit liegen müssen, und dabei zum Nichtstun verurteilt sind. Und dann bin ich immer wieder dankbar, dass ein freundliches Geschick dich davor bewahrt hat und Du unter warmem Dach sein kannst.“

Also wird weiterhin gelesen. Von seiner Mutter lässt er sich die „Die Deutsche Romantik“ des Heidelberger Privatgelehrten Richard Benz schicken, der zwar aus heutiger Sicht einen völkischen Standpunkt vertrat, jedoch ohne rassistischen oder antisemitischen Einschlag. Gertrud freut sich, dass er Gelegenheit zum ruhigen Lesen findet, und sich in diese Zeit vertiefen kann, „die Dir so besonders anziehend ist“.

Doch Heinz belastet der Gedanke an das Kommende und Ungewisse. Das wird noch dadurch verstärkt, dass er sich als Reserve-Offiziers-Anwärter in Mohrungen auf totem Gleise fühlt. Der angekündigte Lehrgang in Jüterbog ist besetzt. Beförderungen von Unteroffizieren werden in Ersatz-Abteilungen nicht vorgenommen. Und Heinz kann nicht einsehen, warum er nicht ebenso gut Wachtmeister werden kann wie seine Kameraden an der Front. Heinz, der im Grunde ein unmilitärischer Mensch ist, will dennoch Karriere machen. Ein Widerspruch? Bleibt ihm die Tätigkeit bei der Buchhandlung Lorentz verwehrt, so will er wenigstens beim Militär Auszeichnungen erwerben. „Wenn ich bedenke, wie lange ich schon aus dem Buchhandel heraus bin und wie lange ich noch heraus sein werde, dann kann man wirklich nachdenklich werden. Ich muss viel viel nachholen und nacharbeiten, wenn ich wenigstens auch eins dazu mitbringe, die Technik."

Inzwischen ist Schnee gefallen, aber die Freude an der verschneiten Welt draußen ist nicht ungetrübt, dunkle Schatten ziehen auf – wie sich ablesen lässt:

„Dezember 1939
Der starre Wald steht schweigend
Im weißen Schnee.
Der Abend fällt – sich neigend
Über den See.
Fallen nun dämmernde schräge Schatten vom Zelt.
Still ruh'n die dunklen Wege –
Bald schläft die Welt.
Doch über die Nächte erschien die Zeit der Not,
Flammen um Flammen verglüh'n
Ums Morgenrot.
Ich hebe meine Hände
Nun auf zu dir.
Sehnsucht, sei bald zu Ende:
Bleib' Du bei mir."

Weihnachten 1939 rückt näher und Gertrud sinniert. „Nun haben wir schon den 1. Advent und müssen uns auf eine Kriegsweihnacht einrichten, denn trotz aller Erfolge unserer U-Boote werden wir nicht so rasch fertig werden, wie man zuerst denken mochte." Einige Tage später: „Allmählich findet man sich damit ab, dass der Krieg seinen Fortgang nimmt und eine Woche nach der anderen hingeht, ohne dass sich Wesentliches verändert." Ein Adventspäckchen ist unterwegs. Heinz wird sich zu Weihnachten an der Stendhal-Gesamtausgabe, ca. zehn Bände in rotem Halbleder, erfreuen.

Gertrud organisiert den Postversand „generalstabsmäßig". Ständig ist die Rede von Päckchen und Paketen, alle nummeriert, die abgehen und deren Empfang quittiert wird. Jeder Brief erhält einen Eingangsvermerk, und eine Rückmeldung über die Dauer der Zustellung ist erwünscht. Auf einen Urlaub ihres Sohnes zu Weihnachten wagt sie nicht zu hoffen und plant die Versendung eines Christstollens per Express. Heinz bemüht sich im Gegenzug um den Erwerb eines „Geflügeltiers" für seine Eltern, das er zu Weihnachten übersenden will. Der Postversand scheint in jenen Tagen gut funktioniert zu haben.

Zu Hause hat Gertrud mit der Einquartierung von zwei Frauen aus dem Saarland und einem jungen Oberleutnant zu tun, der „sehr gut erzogen, höflich und taktvoll ist". Sie freut sich, ihm eine gute Unterkunft bieten zu können und denkt daran „wie gut die Leute im Westen für Dich gesorgt haben."

Wie erwartet wird Weihnachtsurlaub nicht bewilligt, nur die dürfen fahren, die verheiratet sind oder keinen Vater mehr haben. Aber Heinz weiß ja, wie das „Weihnachtsprogramm“ zu Hause abläuft und nimmt im Geiste daran teil. Da sein Stubennachbar Helmut Besuch von seiner Frau bekommt, wird Heinz das Weihnachtsfest allein verbringen und sich „mit Hilfe von Butter und Sardellen-Paste einen hochwertigen Toast verfertigen.“ Gertrud schickt 20 RM, damit er mal auswärts essen gehen kann, und Vater Franz erhöht den Betrag auf das Doppelte. Beide senden Weihnachtsbriefe, in denen sie seiner „stets mit Liebe gedenken“ und ihn auf seinen Wegen „mit fürsorgenden Gedanken“ begleiten. Die Eltern hoffen, „dass keine wehmütigen Gedanken einkehren“. Unbestritten spielte das familiäre Weihnachtsfest an der Lürmannstraße mit dem Aufbau einer vielteiligen Krippe eine besondere Rolle, und die erstmalige Abwesenheit des Sohnes ist für die Familie ein bewegendes Thema. Immerhin gibt es einen Urlaub zum Jahreswechsel. Die Heimreise mit dem Wehrmachts-Urlauberzug wird 24 Stunden in Anspruch nehmen.

Auch zu Beginn des neuen Jahres 1940 passiert nicht viel außer Wache zu stehen und einige „gewaltige Kriegsspiele im Schnee im Gelände“. Da bleibt wieder viel Raum zum Lesen und zu ausführlicher Erörterung des Gelesenen. Einigkeit herrscht mit Gertrud über „Die Barrings“: „Was sind das für prachtvolle Menschen, die beiden alten Barrings, Vater Archibald und Mutter Thilde. [...] Eine köstlich nachsichtige Ironie liegt darüber, wie über dem ganzen Buch eine geradezu bezwingende Herzlichkeit liegt. Selten hat mich ein Buch so warm berührt und hat mir soviel wirkliche Freude gegeben. [...] Die Gestalt des Vaters Archibald Barring hat recht viele Züge mit unserem Vater gemeinsam. Die große Güte bei menschlichen Fehlern, seine große Sorgfalt und sein so unendlich mitfühlendes warmes und verstehendes Herz. Die ergreifende Rede, die er auf der Hochzeit seines Sohnes hält, hätte Vater mit denselben Worten sagen können.“

Güte und Menschlichkeit, die er bei seinem Vater so schätzt und die ihm Vorbild sind, halten ihn nicht davon ab, die politische Lage ganz im Sinne der NS-Propaganda zu beurteilen: „Die Sache der Konföderierten steht ungünstig. England stehen alle Schätze der Welt zur Verfügung, sie haben sie bloß nicht im Lande. Und da liegt ja wohl der Hase im Pfeffer! Gespannt darf man auf das Frühjahr sein. Vielleicht wird dann eine Schlacht geschlagen werden, wie sie in den Büchern der Erde noch nicht verzeichnet steht und vielleicht ist sie das Ende des uns aufgezwungenen Krieges. Höheren Orts wird man ja wohl darüber Bescheid wissen.“

Höheren Orts? Das Vertrauen auf die Autoritäten ist von Kindheit an eingeübt, im Gehorsam gegenüber den Eltern praktiziert. Nur ist es jetzt eine gewissenlose Mörderbande, die den blinden Gehorsam einfordert.

Im Januar und Februar herrschen minus 35 Grad in Mohrungen. Ohrenerfrierungen sind an der Tagesordnung, Knochenbrüche ebenfalls. Bauern versichern, eine solche Kältewelle habe es zuletzt 1928/29 gegeben, so etwas käme nur alle elf Jahre vor. Es kommt zu bedenklichem Kohlenmangel vor allem in den Großstädten. Die Kaserne bekommt noch genügend, aber die Bewohner Mohrungens müssen frieren. Eine Fahrt von Elbing zurück nach Mohrungen mit dem batterieeigenen Wagen endet in mannshohen Schneeverwehungen, so dass kein Weiterkommen möglich ist und eine Übernachtung bei einem

Bauern in Kahlau eingeschoben werden muss. Erst am nächsten Tag kann der Wagen mit sechs Pferden nach Mohrungen zurückgezogen werden.

Auch der Zugverkehr ist ganz erheblich eingeschränkt und für das Militär ist die Beförderung im Augenblick so gut wie verboten. „Einmal wird es ja wohl anders werden, und wenn alles gut ausläuft, sind Opfer nicht umsonst gebracht worden." Während die Soldaten aus Heinz' Batterie in Osnabrück an die Front geschickt werden, bereitet sich Heinz auf das Eintreffen von 200 Rekruten vor, die er auszubilden hat. Der „Tag der Wehrmacht" im März wird „in großem Rahmen" mit Darbietungen aller Art und Reitvorführungen unter lebhafter Anteilnahme der Bevölkerung gefeiert.

Gelangen doch Nachrichten aus der Welt der Verschleppten und vom Tode bedrohten in den Osten? Als Antwort auf einen Bericht Gertruds schreibt Heinz: „Das Schicksal von Fräulein Herz hat mich sehr bewegt. Was Du von Seeligs schriebst, verstimmt mich. Ich glaube nicht daran. Ich habe nie so etwas bemerkt und erlebt und es passt ganz und gar nicht zu meinem Urteil." Geht es bei diesen mysteriösen Bemerkungen um die Deportation von jüdischen Mitbewohnern in Osnabrück? Ich finde eine Charlotte Schlösser geb. Herz, die noch im Februar 1945 nach Theresienstadt deportiert wurde.[19]Auch die Seeligs waren Geschäftsleute, mit denen Heinz ein paar Briefe gewechselt hatte. Vielleicht kannte er sie aus der Schulzeit. „Natürlich sind die Seeligs keine Menschen, mit denen jeder Kontakt bekommt", heißt es weiter. „Hoffentlich ist alles nicht so schlimm gewesen. Es tät mir wirklich sehr leid."

161 Juden und 54 Sinti und Roma verschwanden in diesen Jahren aus Osnabrück. Die meisten wohnten in der Altstadt, wenige am Westerberg. Gertrud wird im Kaufhaus Hermann Heymann am Markt und in dem Putzgeschäft Harwitz am Domhof eingekauft haben. Berta Heymann, die Frau des Inhabers, nahm sich 1938 das Leben, nachdem das Geschäft zwangsverkauft wurde und sie und ihr Mann aus der gemeinsamen Wohnung ausziehen mussten. 1943 wurde Hermann Heymann, der letzte Vorsteher der jüdischen Gemeinde in Osnabrück, nach Auschwitz deportiert und ermordet.[20] Die drei Damen-Putzgeschäfte in der Altstadt wurden 1938 „eingestellt" und die Warenbestände an Wiederverkäufer abgegeben, so der Nachweis im Verzeichnis jüdischer Gewerbebetriebe.[21] Täglich werden Mitglieder der Familie Oldermann an dem Textilwarengeschäft von David Samson vorbei gekommen sein, dessen Geschäft in der Kranstraße in der Pogromnacht 1938 verwüstet wurde.

Ende März 1940 werden zehn Tage Erholungsurlaub in Osnabrück gewährt. Die Gespräche im Zug auf der Heimreise drehen sich ausschließlich und überall um den Einmarsch der deutschen Wehrmacht in Norwegen und Dänemark am 9. April. „Im Übrigen

---

[19] Peter Junk/Martina Sellmeyer: Stationen auf dem Weg nach Auschwitz. Entrechtung, Vertreibung, Vernichtung. Juden in Osnabrück 1900–1945, Bramsche 1989, S. 301.

[20] Paul Kreimeyer: Novemberpogrome 1938 in Niedersachsen, Osnabrück. Ein Projekt der Stiftung niedersächsische Gedenkstätten in Kooperation mit Studierenden der Leibniz Universität Hannover sowie Initiativen, Gedenkstätten und Einzelpersonen in Niedersachsen, Celle 2018.

[21] Junk/Sellmeyer: Stationen auf dem Weg nach Auschwitz, S. 282.

mehren sich die Stimmen höchster Stellen, wonach die bevorstehende Auseinandersetzung im Frühjahr eine sehr schwierige werden würde."

Wieder zurück in Mohrungen wird der Geburtstag des „Führers" mit einem Bierabend im Kasino begangen, der „beträchtlich lange" dauert. An diesem Tag geht Heinz' lang gehegter Wunsch nach Beförderung zum Wachtmeister in Erfüllung. In einem von einem Kameraden mit angehörtem Gespräch äußerte sich der Abteilungsleiter über Heinz lobend mit den Worten: „Der Mann kennt seinen Laden." Eine Kriegsbesoldung über 100 RM, die Heinz jetzt beantragen kann, macht ihn von der Unterstützung durch seinen Vater in Höhe von 35 RM unabhängig.

Eine begeisterte Postkarte mit einer Ansicht des prächtigen Kapitelsaals und der wieder hergestellten Porträts der Hochmeister kommt von der Marienburg. Ein Trinkgeld ermöglicht es dem jungen Mann, allein durch die Räume zu streifen, über denen eine „ganz besonders feierliche Stimmung" lag.

Ganz anders der Eindruck von einem Besuch in Löben, einer Stadt im ehemaligen Korridor: „Von den 8.000 Einwohnern sind nur 600 Deutsche, der Rest Polen. Völlig verwahrloste und schmierige Gestalten trieben sich dort umher und die ganze Stadt ist durchaus ‚östlich'. Dagegen ist Mohrungen noch eine Perle."

Östlich gleich schmutzig. Ein Abklatsch dessen, was die offizielle Lesart seit Jahren propagiert: Hier wohnen die Untermenschen. Diese Städte warten nur darauf durch die deutschen Hygienemaßnahmen von ihrem Ungeziefer befreit zu werden.

Am 1. Mai-Tag wird auch Bruder Rolf zur Luftwaffe, „unserer derzeit stolzesten und erfolgreichsten Waffengattung", einberufen. „Wohlan denn!" Bislang arbeitete Rolf als Ingenieur in kriegswichtiger Waffenfabrikation in Berlin. Schon drei Tage später kommt die Nachricht, dass „der Traum Soldat zu sein" wieder vorbei sei, weil er von seinem Werk als unabkömmlich reklamiert würde, so schreibt Franz an Heinz.

Wie viele weitere Träume werden sich in Alpträume verwandelt haben?

Die Marienburg, Remter, 1939

4. Im Westen viel Neues

Berichte vom Westwall 1940

Mit dem 1. Mai beginnt an der Westgrenze die Urlaubssperre. Am 10. Mai marschiert die deutsche Wehrmacht in die Niederlande ein. Von nun an zeichnen Heinz' Nachrichten aus Mohrungen an die Eltern ein Bild des Kriegsverlaufs an der Westfront. Seine Schilderungen folgen den Wehrmachtsberichten und geben anschaulich die von keinem Zweifel getrübte Stimmung in weiten Kreisen der Bevölkerung wieder.

16. Mai: „Der Vormarsch durch Holland und Belgien war ja fabelhaft. Wir sind alle froh, dass es nun endlich doch losgegangen ist im Westen, und die Entscheidung nun so oder so fallen muss. So kann der Krieg vielleicht noch in diesem Jahre beendet sein."

21. Mai: „Immer das alte Lied: Führerreserve Heimat." Heinz bedauert es, in Mohrungen festzusitzen und keine Lorbeeren erringen zu können. „Gerade jetzt, wo unsere Kameraden im Westen Tag für Tag Wunderleistungen vollbringen, die uns geradezu traumhaft anmuten. Wie mit Recht stolz können die sein, die diesen einzigartigen Marsch nach Belgien und Frankreich nun mitmachen können! Heute kam die Nachricht von der Besetzung von Amiens, Arras und Abbeville, der Erreichung des Oise-Kanals über den Chemin-des-Dames hinaus, um den im Weltkrieg so gekämpft wurde, die Somme, als ob dort nur Spielzeugforts und Bleisoldaten stünden. [...]

Dass ich mit Leib und Seele Soldat sei, habe ich nie mit Recht von mir behaupten dürfen, aber heute bin ich stolz darauf und verwünsche Mohrungen. Gebe Gott, dass ich wenigstens an die Front komme, dass ich wenigstens nicht umsonst Soldat geworden bin. [...] Die nächsten Tage bringen das Schicksal der eingeschlossenen Armeen, und dann stehen wir vor den Toren Londons. Es ist alles kaum glaubwürdig, es ist wie ein Wunder."

Es gibt aber auch andere Stimmen. Auszüge aus den Kriegsbriefen des Offiziers Hans Gottard Eiermann[22] aus Belgien zeichnen ein anderes, ein beschämendes Bild:

22. Mai: „*Der Kanonendonner dröhnt ohne Pause und immer ziehen wir seinem Schalle nach. Ein Haus ging neben uns in Augenblicksschnelle in Flammen auf. Wenig später, nachdem wir weitergefahren waren, war das halbe Dorf wie wegrasiert.*"

25. Mai: „*Heute zogen wir durch die Stadt M. Wir haben furchtbare Verwüstungen gesehen. Haushohe Trichter, abrasierte Hauswände, hinter denen die Räume noch wie bewohnt mit allen Gegenständen in den Himmel starren. Starrende Eisengerüste und frei*

[22] Hans Gottard Eiermann [6.11.1908–2.3.1942 Rußland]: Ein Auszug aus den Kriegsbriefen (2.9.1939–26.2.1942), hg. von Hanna Eiermann, Stuttgart o.D. [ca. 1985].

im Himmel schwebend darin ein schweres Automobil, die schönen mächtigen Brücken ins Wasser gestürzt. [...]

Während an jeder Hauswand die kurzen, bündigen Worte stehen: ‚Wer plündert, wird erschossen!' ist hier alles aufs sinnloseste zerstört, Villen, Schlösser erbrochen, die Möbel, das Porzellan auf die Straße gestürzt, die Betten zertreten, die Daunen herumgestreut und das Korn auf der Tenne aus den Säcken geschüttet, Musikinstrumente, Bilder, Briefe, Bücher – alles liegt in einem schrecklichen Unrat auf den Stiegen, im Garten, auf der Straße. Dabei habe ich in Häuser einen Blick geworfen, die so liebevoll und warm waren noch jetzt in ihrem hilflos verstümmelten Zustand, dass ich mich bitter schämte."

27. Mai: *„Als wir im Dorf anhielten, benutzten viele Soldaten die Gelegenheit, sich auf die nächstliegenden Häuser zu stürzen. Man sah sie alsbald mit Flaschen in den Händen, unter den Armen und im Rock zurückkommen. Fässchen folgten. Und nun soffen sie im Stehen und auf den Fahrzeugen den Bordeaux, den Mirabellenschnaps und die feinen vins toniques, wie man das Bier säuft. Eine Stunde später waren wir in unserer Unterkunft. Und nun stürzt sich die ganze Meute, von einer schauerlichen Lustigkeit erfasst, ins Dorf. Hühner, Truthähne, Gänse, Schweine, Kälber schreien. Sie jagen sie mit gefüllten Weinflaschen und erwürgen sie mit den bloßen Händen."*

Dagegen schwärmt Heinz an Franz gerichtet am 4. Juni: „Hier oben in Ostpreußen ist alles so ruhig und friedlich, nur die Störche beleben den Himmel und hin und wieder ein altes Verkehrsflugzeug. [...] Nun ist also Paris beschossen. Man ist so verwöhnt, dass man das beinahe als Selbstverständlichkeit aufnimmt. Ich habe oft an Dich denken müssen in der letzten Woche, als unsere Soldaten in Flandern kämpften, in Ostende, wo Du im Weltkrieg gewesen bist."

Nachdenkliches am selben Tag an Gertrud: „Am Sonntag [Heinz' Geburtstag] morgen habe ich einen besinnlichen Spaziergang gemacht bei strahlend schönem Sonnenschein und habe gedacht, wie gut ich es doch eigentlich habe hier fern von den Schrecknissen des Krieges und zu Hause meine Eltern, die in soviel Liebe und Sorge an mich denken, dass ich keinen Grund habe zu klagen und dass ich solange zu dienen habe wie die anderen auch. Und auch daran habe ich gedacht, dass an diesem selben Sonntag meine liebe und unvergessliche Irmgard auch ein Jahr älter geworden wäre. Sie wäre 25 Jahre alt geworden. Und das ist für mich immer ein bitterer Tropfen im Kelch des Glücks. [...] Und so bleiben für mich der 28. Februar und der 2. Juni immer stille Tage des Gedenkens an ein so reines, gutes und liebes Menschenkind wie es unsere Zeit wohl nur noch wenig hervorbringt."

11. Juni: „Eben kommt die Meldung, dass wir dicht vor Paris stehen, und gestern ist Italien in den Krieg eingetreten. [...] Die Ereignisse überstürzen sich, es ist kaum möglich, ein klares Bild von dem ungeheuren Ablauf des Geschehens zu gewinnen. Entscheidend bei allen Kampfhandlungen ist wohl die Stahlspitze der Armeen, die Panzer, die mit den Flugzeugen zusammen die Breschen schlagen, die bei einem Angriff im Begegnungsgefecht erforderlich sind, damit das Gros hineinfluten kann, um eine Umfassungsschlacht nach der anderen herbeizuführen."

Am 14. Juni wird die kampflose Einnahme der Stadt Paris mit großer Begeisterung aufgenommen: „Mir ist ordentlich ein Stein vom Herzen gefallen dabei, nicht, dass es nicht gelungen wäre, die am stärksten befestigte französische Stadt zu erobern, sondern weil bei der dann nötig gewordenen Beschießung die vielen Werte und Schönheiten dieser Stadt hin gewesen wären. Es war gestern überhaupt wieder ein Übermaß an Siegesmeldungen! Le Havre und Malmedy ebenfalls gefallen. Damit stehen der französischen Armee nun keine Befestigungen mehr zur Verfügung, in denen sie sich verteidigen könnten. Und damit ist das Schicksal der *grande nation* besiegelt. Innerhalb von 4 Wochen! Das hätte niemand für möglich gehalten. Im Verhältnis ist das genau so schnell gegangen wie mit Polen. Man kann nur sagen, dass England und Frankreich eben einfach restlos geschlafen haben in den letzten Jahren. Sonst hätten sie die Höhe und Qualität unserer Rüstungen gar nicht übersehen können."

Wenige Tage später nimmt der „Führer" persönlich seine Beute in Augenschein. Im Schnelldurchgang besichtigt er die inzwischen menschenleere Metropole: Oper, Champs-Élysées, Triumphbogen, Trocadéro-Platz, das Grab Napoleons.

Im selben Monat beginnen Wehrmacht, Gestapo und Angehörige der SS mit der Verschleppung von verdächtigen Personen und Oppositionellen in Konzentrationslager und der Deportation von mehr als 75.000 französischen Juden in deutsche Vernichtungslager. Französische Frauen, Kinder und Männer flüchten mit Fahrrädern, Autos, Schubkarren und einigen Habseligkeiten in Panik aus der Hauptstadt. Man fürchtet die Bombardierung der Stadt. Hans Gottard klagt:

31. Mai: „*Ich sehe die Armen, Kranken und Alten, die der deutsche Vormarsch überholte und die man zurücktrieb in ihre zerstörten Dörfer, wo sie nun seit Wochen ohne einen Bissen Brot sind, und die fruchtbare Erde und die geschundene Kreatur.*"

4. Juni: „*Man scheint uns vergessen zu haben. Wir liegen in der verwahrlosten, schmutzigen Ferme. Die tiefgemauerte Zisterne kann nicht so viel Wasser bringen, wie wir brauchen. Es fehlt an Brot und es gibt nur den bitterlichen, schimmeligen Schiffszwieback, den wir mitgebracht haben und viel, viel gebratenes Fleisch.*"

Heinz – am 20. Juni noch immer in Mohrungen – folgt dagegen „dem heutigen großartigen Wehrmachtsbericht, wonach wir schon in Brest stehen, die deutsche Kriegsflagge auf dem Straßburger Münster weht und das Schicksal der *grande nation* immer eindeutiger wird. Heute früh sind ja auch die französischen Unterhändler eingetroffen. Unsere Forderung wird wohl heißen: bedingungslose Kapitulation."

Wenige Tage später: „Compiègne ist nun auch in unserem Besitz mit dem Denkmal: ‚Hier starb der verbrecherische Stolz des Deutschen Reiches'. So etwas würde der Deutsche niemals tun, und der Engländer vielleicht auch nicht. [....] Der Waffenstillstand in Compiègne in dem berühmten Wagen des Marschalls Foch ist nun die große Krönung eines nur sechswöchentlichen Kampfes. Sonntagabend um ½ 11 wurde die Sondermeldung im Kasino durchgegeben."

Compiègne: kaum ein anderes Wort steht so für den „Schandfrieden“ und für die als ungerecht empfundenen Gebietsabtretungen, Reparationszahlungen und Beschränkungen, die dem deutschen Volk nach 1918 auferlegt wurden. Und so wird auch die Kapitulation Frankreichs am 22. Juni 1940 zu einem großen Spektakel inszeniert, das am selben Ort und in demselben Salonwagen der Eisenbahn stattfindet, in dem am 11. November 1918 Matthias Erzberger[23] im Namen der Reichsregierung den Waffenstillstand unterzeichnet hatte. Für die Zuschauer der deutschen Wochenschau, die den „Führer“ bei seinem Besuch des Salonwagens in Compiègne begleiten, ein ergreifender Augenblick. Der Waggon war zu diesem Anlass extra aus dem Museum geholt worden und wurde anschließend als Trophäe in Berlin zur Schau gestellt.

Auch Heinz sah die Wochenschau: „Besonders nett war die Freude des Führers zu sehen, als Petains Erklärung bekannt wurde. Er stampfte vor Freude mit dem Fuß.“

So wie Heinz sehen es wohl die meisten Deutschen: „Dass sich das Schicksal Frankreichs in allerkürzester Zeit vollendet, hat man ja auch in Amerika begriffen, wo man feststellt, dass Waffenlieferungen an die Westmächte wohl zu spät kommen dürften. Die Amerikaner werden sich aus diesem Kriege heraushalten, zumal eine Landung größerer Truppen im Hinblick auf unsere Stukas [Sturzkampfflugzeuge] wohl wenig ratsam erscheinen dürfte.

Was Albion betrifft, so sind dort demnächst wohl Truppenlandungen zu gewärtigen. Befestigungsanlagen stehen nicht im Wege, und London ist nicht weit. Man darf heute mit Sicherheit feststellen, dass der Krieg von uns gewonnen ist. Haben wir seit dem 28. August 1939 überhaupt nur eine einzige Niederlage erlitten? Es ist alles wie ein Wunder, das muss man immer wieder feststellen. [...] In der Hoffnung auf eine nun baldige Beendigung des Krieges“ grüßt er seinen Vater als „stets Dein Heinz“.

Sein Stubennachbar, der Unteroffizier Helmut Rolf, kommt mit seinem „Haufen“ als Besatzungstruppe an die belgische Küste. „Wie herrlich für ihn, für den der kriegerische Lärm auch nicht erfunden wurde“, freut sich Heinz.

Freund Bernhard Meininghaus, mit dem Heinz im Sommer 1938 in Paderborn im Lazarett lag, ist dagegen als Leutnant im Westen gefallen. „Er hatte schon als Schüler eine radiotechnische Erfindung gemacht, die patentiert worden ist.“[24]

Und auch im Osten machen sich die Kriegsereignisse bemerkbar. „Es war sehr auffällig, wie viele Frauen in Schwarz in Elbing zu sehen waren“, berichtet Heinz nach der Rückkehr von einer Dienstreise.

23 Von den Vertretern der „Dolchstoßlegende“ wurde Matthias Erzberger (1875–1921) als einer der Novemberverbrecher bezeichnet und 1921 von rechtsterroristischen Attentätern ermordet.

24 Das Patent (Priority to DE2173851X) stammt vom 15. November 1934 und wird als „Method and apparatus for increasing the sharpness of tuning bezeichnet“. Quelle: Google Patents.

Luftkrieg gegen England

Mit dem „erfolgreichen“ Verlauf des Westfeldzuges werden auch die Pläne für einen Luft- und Seekrieg gegen England, den einzig verbliebenen Gegner im Westen, in die Tat umgesetzt. Alle Häfen von der französischen Kanalküste bis zu denen im besetzten Dänemark werden als Basis für eine Invasionsflotte gegen die britische Seemacht eingerichtet.

Bereits am 2. Mai 1940 schrieb Heinz: „Die Erfolge unserer Kriegsmarine in den letzten acht Tagen waren ja ganz enorm.“ Vater Franz zählt daheim die versenkten englischen Schiffe.

Wie ist es möglich, dass aus dem integeren Kirchenmann, der in Osnabrück als der heimliche Bischof bezeichnet wird, ein Feind „unserer englischen Vettern“ wird? Woher dieser Hass auf ein Land, in dem er dreißig Jahre zuvor mit Gertrud seine Flitterwochen verlebt hat? War es eine Resttreue aus der Kaiserzeit?

Gleichzeitig begann die deutsche Luftwaffe mit Bombardements auf englische Städte, die allerdings auf deutscher Seite hohe Verluste einbrachten und nicht zu der erhofften Luftherrschaft führten. Das spiegelt sich auch in einer Äußerung von Heinz am 6. Mai wieder: „Aber so sehr hervorragend auch die großen Erfolge der Luftwaffe sind – 135 Einheiten der englischen Marine sind eine kolossale Menge –, zu Ende ist der uns aufgezwungene Krieg noch nicht.“

Die Gegner im „uns aufgezwungenen Krieg“ revanchieren sich und bombardieren nicht mehr nur militärische Ziele, sondern auch Städte und Ortschaften. Am 11. Mai 1940 beginnt der Angriff der britischen Royal Air Force mit 35 Bombern auf die Stadt Mönchengladbach.

Dazu Heinz am 24. Mai: „Man hörte neulich von der Bombardierung Oeynhausens und anderer Städte, wie steht es mit Osnabrück? Weil die Feinde ja scheinbar völlig wahllos ihre Bomben abwerfen, seid Ihr im Augenblick gefährdeter als ich hier in meinem sicheren Winkel. Die augenblicklichen Kämpfe gegen die eingeschlossenen Armeen scheinen sehr hart zu sein. Ein Gegner, der nur noch die Wahl hat, zu fallen oder zu siegen, wird bis zum Äußersten kämpfen. Meine Gedanken sind immer im Westen.“

So auch am 24. Juni: „Die Einflüge britischer Flieger nach Nord- und Westdeutschland, die ja hoffentlich recht bald aufhören werden, werden allmählich besorgniserregend. Haben jene eigentlich schon in Osnabrück Bomben abgeworfen? Neulich sind sie sogar bei Berlin gewesen.“

Die deutsche Bevölkerung und die militärischen Eisatzkräfte warten ungeduldig auf eine Invasion in England. Heinz am 12. Juli: „Hoffentlich haben wir die längste Zeit mit England gewartet. Es wundert einen, dass es so lange dauert; es scheinen doch Vorbereitungen größerer Art notwendig zu sein. [...] Wie ich denn von anderer Seite höre, werden im Westen schon größere Teile demobilisiert. Die Demobilisierung wird ja auch ihre Zeit dauern, denn ein ca. 10-Millionen-Heer ist keine Kleinigkeit, und gegen England wird nur ein kleiner Teil gebraucht.“

16. Juli: „Die Angriffe auf Osnabrück sind bedenklich, in Bielefeld sind die Miele-Werke so gut wie völlig zerstört. Ich möchte mal wissen, wann wir endlich anfangen. Als der Führer nach Berlin fuhr, glaubte ich eigentlich, die Vorbereitungen seien beendet. – Die italienischen Erfolge über die britischen Seestreitkräfte im Mittelmeer sind ja ganz nett, was aber würde übrig geblieben sein, wenn deutsche Stukas ihres Amtes gewaltet hätten? Vielleicht wartet der Führer auch, bis sich der Hass der ganzen Welt auf England gerichtet hat. Churchill gibt sich ja alle Mühe."

Endlich, am 16. Juli, gibt der „Führer" den lange erwarteten Befehl zur „Operation Seelöwe", mit der die Landung auf der britischen Insel vorbereitet werden soll. Heinz kommentiert: „Die Rede des Führers war einzigartig und wohl die bedeutendste, die er jemals gehalten hat. Es kann wohl nicht mehr sehr lange dauern."

Im August beginnt mit Angriffen gegen britische Seestützpunkte, Funkstationen und Flugplätze die Luftschlacht um England. Dazu Heinz: „Mit großer Befriedigung haben wir dann wohl alle von dem Beginn der Vergeltung an England Kenntnis genommen. So werden die Engländer jetzt an ihrem eigenen Dünkel und Hochmut zugrunde gehen. Die Zerstörung von Lazaretten – eine an sich unfassbar gemeine Tat, die man von zivilisierten Völkern wirklich nicht annehmen darf – setzt allen Bombenabwürfen die Krone auf, und hoffentlich kommen diese recht dick auf die Herrn Churchill demnächst zu präsentierende Rechnung! Was mich immer so sehr verwundert, ist die große Kühnheit mit der die Engländer, das Los Frankreichs dicht vor Augen und schon selbst zum Teil davon betroffen, weitermachen. Unsere Flugzeugwaffe ist doch nun wirklich bewiesenermaßen kein Kinderspielzeug."

Welch eine Entstellung der Tatsachen. Vergeltung an England? Sind es nicht die Engländer, die herausgefordert wurden und nun zwangsläufig Vergeltung üben für die Flächenbombardements auf Rotterdam und Warschau und die Angriffe auf englische Städte?

Heinz skizziert den Luftkrieg. 12. August: „Welch großartiger Erfolg der Luftwaffe vom gestrigen Sonntag mit 90 Flugzeugen." 18. August: „Die Verluste der Engländer werden von Tag zu Tag größer, und jetzt werden sie systematisch ausgehungert wie sie es verdient haben." 2. September: „Bald wird der letzte Schuss gefallen sein, und damit enden dann auch endlich die ewigen Luftalarme, die doch schließlich sehr auf die Nerven gehen müssen."

Am 7. September starten 300 deutsche Flugzeuge Richtung London und bombardieren die Stadt, die schwere Schäden erleidet. Den Eltern wird der Bericht eines amerikanischen Journalisten über die großen Bombenangriffe auf London im September – zu lesen in der Münchener Illustrierten Presse – empfohlen und von Heinz kommentiert: „Was ist von der englischen Regierung in Hinblick auf die Luftschutzmaßnahmen gesündigt worden."

Die Londoner Bevölkerung musste in Ermanglung von Luftschutzbunkern Zuflucht in der U-Bahn suchen. Mehr als 25.000 Menschen fanden bei den Luftangriffen den Tod.

Die von den Engländern als „The Blitz" bezeichneten Luftangriffe werden weitere acht Monate wüten. Angriffe auf die Industriestädte Birmingham, Manchester, Liverpool, Glasgow und Coventry folgen. Die britische Rüstungsindustrie wird jedoch nicht zerschlagen. Nachdem die Luftschlacht nicht gewonnen werden kann, verschiebt der „Führer“ das „Unternehmen Seelöwe“ auf das Frühjahr 1941 und bereitet gleichzeitig das „Unternehmen Barbarossa“, den Überfall auf die Sowjetunion vor.

Jardin de France 1940–1941

Am 23. Juli 1940 endet für Heinz die Mohrunger Zeit, er wird zur Frontbewährung nach Frankreich verlegt. Um Offizier zu werden, müssen zwei Monate an der Front verbracht werden. Acht Wachtmeister von Heinz’ Regiment werden zu ihren Feldtruppenteilen bei Troyes, 150 km östlich von Paris, in Marsch gesetzt.

Noch am 22. Juli schrieb er seinen Eltern: „Manchmal muss ich doch überlegen, ob wohl Krieg ist oder ob ich hier zur Sommerfrische weile. Am Samstag bin ich um 12 Uhr bereits zum See gewandert und habe mit meinen Kameraden einen sonnigen Nachmittag verlebt. Abends saßen wir wie gewohnt im Gasthaus Berg in Güldenboden und vertieften uns mit großem Genuss in ein reichliches Rührei, das die gute Frau Berg stets für uns bereithält.“ Ein letztes Mal, denn bereits am nächsten Tag heißt es hoch erfreut: „Einstweilen schwenke ich meinen Hut, glücklich, dem Einerlei entronnen zu sein!“

Die Reise von Ostpreußen ins französische Departement Aube dauerte von Samstag früh bis Dienstagmittag, insgesamt dreieinhalb Tage. Bei einem Zwischenstopp in Straßburg schweift Heinz’ Blick durch das Münster, das ohne seine kostbaren – jetzt ausgelagerten – Fensterscheiben und Bildwerke wie geplündert auf ihn wirkt. Staunend wird zur Kenntnis genommen, dass der *francs* bei 5 Pfg. steht und ein komplettes Mittagessen daher nur 40 Pfg. kostet. Während der Fahrt kann jede Menge *vin blanc et rouge* konsumiert werden.

Umtrunk mit den Kameraden, 1940

Am Ankunftsort ist Heinz für die Ausbildung der Offiziers-Anwärter zuständig, praktische Schießübungen und Vermessungsmethoden stehen auf dem Stundenplan. Quartier wird beim Bürgermeister von Troyes genommen, der einen großen Hof mit mehr als 200 Schafen bewirtschaftet. Pfirsiche und Weintrauben wachsen in den Mund. Abends unterhält sich Heinz oft mit der Familie, seine Sprachkenntnisse machen gute Fortschritte. Der alte Bürgermeister sieht nicht anders aus als ein kluger Bauer aus Westfalen, befindet er.

Das Leben als Besatzer im besiegten Land ist recht angenehm. Zweimal pro Woche werden Jagden geritten, „eine köstlicher als die andere." Am Auslauf befindet sich dann ein Einspänner mit kalten Platten, Bier und Cognac. Abends sitzen die Kameraden bei Kerzenbeleuchtung unter Lindenbäumen im Garten und genießen bei fröhlichem Trunk den wunderbaren Sternenhimmel. Anschließend geht es zum heiteren Männerskat in die Kantine.

Der günstige Wechselkurs lädt zum Einkaufen ein, dazu müssen bei der Reichsbank Kreditkassenscheine erworben werden. Das Angebot reicht von Stoffen, Seidenstrümpfen und Wolle über Seifen und Parfums bis hin zu schlichten Unterhosen. Heinz fragt nach den Wünschen der Familie und erwägt selbst den Kauf eines Kammgarn-Anzugstoffs für nur 4 *francs* pro Meter.

Die Bevölkerung scheint erstaunlicherweise gänzlich desinteressiert zu sein – so Heinz' Eindruck –, „als hätte es gar keinen Krieg gegeben und als bedeuteten wir deutschen Soldaten lediglich eine Abwechslung in ihrem Dasein. […] Das Leben in Troyes fließt ganz regelmäßig, genau wie in Paris." Von dort habe ein Kamerad berichtet, es herrsche dort das gleiche elegante Leben wie ehedem, nur dass der deutsche Soldat das Straßenbild beherrsche.

Von den Sabotageakten der Resistance scheint die deutsche Wehrmacht zu diesem Zeitpunkt (noch) nicht betroffen zu sein. Es gibt ganz andere Berichte, in denen häufig und bevorzugt Jugendliche Brücken, Eisenbahntunnel und Telegrafenmasten sprengten, Munition und Waffen unbrauchbar machten und Wehrmachtsoffiziere niederschlugen oder erschossen.[25]

Für Heinz gibt es Mitte September einen neuen Marschbefehl weiter hinein in die Mitte des Landes in das Centre-Val-de-Loire nach Bourges. Heinz kommentiert: „Ein Einsatz in England, worauf wir alle nach Bekanntwerden dieser unserer Verlegung gehofft hatten, kommt nicht in Frage. Als bespannte Einheit zuckeln wir doch nur hintendrein. Was sollen wir in England mit Pferden?"

Vier Tage lang verbringt Heinz bei einer Tagesleistung von 35 bis 40 km ausschließlich im Sattel. Nach einem Ruhetag in einem winzigen Dorf in einem Quartier mit Petroleumbeleuchtung geht es weiter. Die Dörfer machen einen verwahrlosten Eindruck, befindet er. Zwei Tage später ist das Ziel erreicht: ein Dorf an einem Berg, über dem ein Schloss thront, bewohnt von einem Grafen. In den schönen großen Räumen des Schlosses im Obergeschoss sind die Offiziere untergebracht, unten die Mannschaften. Doch der gepflegte Eindruck, den man von außen gewinnt, trügt. Im Inneren ist es trostlos: „Von

---

[25] Vgl. Marc Levy: Kinder der Hoffnung, München 2008.

Ratten zerfressene Fußböden, lädierte Möbel, Stühle, auf die man sich nicht setzen kann, obwohl reich verziert und mit rotem Samt bezogen, Bücherschränke mit zerbrochenen Scheiben u.ä. Trostlose Unordnung und Zerfall hinter einer eleganten Fassade."

Auf dem Marsch durchs Land werden erhebliche Zerstörungen sichtbar, die Eingänge zu den Städten sind Trümmerhaufen. Hunderte von Autos vom Lastwagen bis zur elegantesten Limousine liegen rechts und links völlig abmontiert im Straßengraben. Viele Autos mit Flüchtlingen, die ihren gesamten Hausrat mit sich führen, kommen ihnen entgegen. Unbegreiflich für Heinz, dass die Insassen ihnen lachend zuwinken: „Erst vertreiben wir sie aus ihren Wohnungen und dann jubeln sie uns zu! Man hat wirklich nicht den Eindruck, Menschen vor sich zu haben, welche eben einen Krieg verloren haben. Wo bleibt der gerühmte Nationalstolz?"

Dazu noch einmal Hans Gottard:

29. Mai: „Aus *allen Gesprächen, die ich geführt habe, ging immer wieder hervor, mit welcher Müdigkeit, welcher Resignation, ja mit welchem Widerwillen und Misstrauen gegen die Führung dieses Land in den Krieg ging. Es ist mit dieser Gesinnung gegen den deutschen Erz-Soldaten kein Krieg zu gewinnen, wenn man auch annehmen kann, dass im Augenblick des Kampfes der Selbsterhaltungstrieb den einzelnen etwas beflügelt.*"

Im Oktober 1940 beginnt das vierte Dienstjahr für Heinz. In der Gemeinschaft der Kameraden kommt ihm das zwar nicht so sehr zum Bewusstsein, „wenn man auch in des Herzens Tiefe schließlich den Wunsch nach einem endlichen Ende nährt. Aber die Hoffnung, dass der Krieg noch in diesem Jahr beendet wird, schwindet so langsam dahin", vertraut er seiner Mutter an. Noch einmal gibt es zehn Tage Heimaturlaub zum gründlichen Ausschlafen und zum Wiedersehen mit Freunden und Freundinnen.

Zurück in Bourges nimmt Heinz mit Interesse an einem Sandkasten-Planspiel teil, das der Generalmajor Walter Warlimont[26] unter Teilnahme des Regimentskommandeurs Oberst Kruse veranstaltet. Um die Soldaten bei guter Laune zu halten, gibt es anschließend ein Festmahl bei Kerzenschein auf einem zweiten, besser erhaltenen Schloss, das der General bewohnt. Köstliche Pasteten und Käsekuchen finden besonderen Anklang, Wein und Sekt fließen in Strömen, zum Abschluss werden Likör und Kaffee in der Halle gereicht. Warlimont ist der Familie gut bekannt. Sein Vater Louis war in Osnabrück Verlagsbuchhändler und Antiquar.

---

26 Walter Warlimont (1894–1976) gehörte zu Hitlers militärischer Elite und war zuletzt General der Artillerie. Er war an der geheimen Vorbereitung des Überfalls auf die Sowjetunion beteiligt und an der Unterzeichnung des völkerrechtswidrigen Kommissarbefehls, dem zwischen Juni 1941 und Juni 1942 fast 4.000 sowjetische Politoffiziere und Funktionäre zum Opfer fielen. 1948 wurde Warlimont in den Nürnberger Prozessen (Fall XII) zu lebenslanger Haft verurteilt. 1951 wurde das Urteil in 18 Jahre Haft umgewandelt, aber schon im Juni 1954 konnte Warlimont das Kriegsverbrechergefängnis Landsberg verlassen.

Außerordentlich beeindruckt kehrt Heinz im November von einem Wochenendausflug nach Paris zurück, wo ihm und den Kameraden durch einen Führer die Sehenswürdigkeiten der Stadt nahe gebracht wurden. Vom Invalidendom über den Eiffelturm bis zum Place de la Concorde wird nichts ausgelassen, sogar ein Varieté-Besuch ist eingeplant, so wie auch ein Rundgang durch ein nur für Soldaten bestimmtes „Riesenkaufhaus“. Für Heinz und viele seiner Kameraden bleibt die Wehrmacht als ein großes Reiseunternehmen in Erinnerung. Nie wieder wird man nach dem Krieg die Gelegenheit haben, Paris durchstreifen, Norwegen bereisen oder den Pantheon in Athen besteigen zu können.

Um Einkäufe zu tätigen, werden die Unteroffiziere gelegentlich für zwei Tage nach Bourges oder Vierzon beurlaubt. Besonders in Vierzon, das an der Demarkations-Linie liegt, bieten sich beste Kaufmöglichkeiten, da einiges aus dem unbesetzten Frankreich herüberkommt. Mit einem Quartierschein können die Soldaten kostenlos in einem Hotel übernachten. Eine Reithose mit passendem Rock lässt sich für 110 RM erwerben, maßgeschneidert, der Stoff von besserer Qualität als in Deutschland. Außerdem werden die daheim für den Kauf von Bekleidung notwendigen Punkte gespart. Alle Soldaten kaufen, was nur möglich ist. Im Dezember lässt Heinz für 100 RM einen schwarzen Wintermantel anfertigen, „der recht vornehm aussieht“, dazu zwei maßgeschneiderte Schlafanzüge, einen aus reiner Seide. Auch die Verwandtschaft meldet Wünsche an. Für Onkel Otto, Gertruds Bruder, sollen es neun Meter Stoff für Schlafanzüge und für einen Anzug sein. „Die französische Lebensart und die Qualität der Waren sind fantastisch“, lässt sich Heinz vernehmen. „Im Militärischen haben die Franzosen dagegen geschlafen.“ Während die deutschen Besatzer Frankreich leer kaufen, muss die Bevölkerung zurückstehen.

Als Mitglied des Festausschusses ist Heinz mitverantwortlich für die Ausrichtung der Barbara-Feier seiner Abteilung am 4. Dezember. Er selbst tritt bei einer Aufführung fünfmal in verschiedener Verkleidung und mit verstellter Stimme auf. Heinz' schauspielerisches Talent kommt wieder einmal zum Einsatz und wird sogar von Generalmajor Warlimont und vom Regiments-Kommandeur Kruse persönlich gewürdigt.

Das Weihnachtsfest wird in Bourges verbracht, der Tag bei leichtem Schnee und strahlender Wintersonne mit einem stimmungsvollen Spaziergang über die Felder begonnen. Die offizielle Weihnachtsfeier beginnt mit einer Rede des Generalfeldmarschalls Walther von Brauchitsch,[27] einem gemeinsamen Essen und dem Absingen von vier Weihnachtsliedern. Danach zieht sich Heinz mit zwei Kameraden auf seine Stube zurück, wo er es sich nicht hat nehmen lassen, einen eigenen Tannenbaum mit Kerzen, Silber- und Engelshaar zu schmücken. In aller Ruhe und Gemütlichkeit wird die Post aus der Heimat durchgelesen. Heinz, der eifrige Briefschreiber, hat 25 Briefe an seine Lieben versandt und erhält entsprechend viel Teilnehmendes zurück. Nicht nur die Eltern und Tante Irmgard aus

[27] Walther von Brauchitsch (1881–1948) war Generalfeldmarschall und Oberbefehlshaber des Heeres beim Überfall auf Polen und im Westfeldzug. Im November 1940 befahl er, die Arisierung jüdischer Unternehmen im besetzten Frankreich voranzutreiben. Bei den Kriegsverbrecherprozessen in Nürnberg wurde er als Zeuge vernommen und starb, inzwischen fast erblindet, am 18. Oktober 1948 vor der Eröffnung eines Prozesses gegen ihn in Hamburg in britischer Militärhaft an Herzversagen.

Breslau schicken Bücher und Süßigkeiten, auch die Freundinnen Heide Schoeller, Wilma Dresing und Aenne Sprengelmeyer sowie Gertrud Känffert aus Leipzig schicken Päckchen. Die Gedanken gehen an die Familie im großen Wohnzimmer und an die vielen wunderschönen Weihnachtsfeste, die den Kindern ausgerichtet wurden. Dankbar wird erwähnt, dass es an diesem Heiligen Abend keine Fliegertätigkeit in Osnabrück gab.

Die Winterabende werden mit Lesen verbracht. Viele Bücher haben sich aus den Weihnachtspäckchen angesammelt. Ina Seidel ist dabei und Theodor Fontane. Freund Dieter schickt neben Schokolade die 1935 erschienenen Aufzeichnungen eines Arztes „Der innere Kreis" von Albert Schramm. Mit Bedacht ausgewählt ist die Weihnachtsgabe von Heinz' ehemaligem Chef aus Leipzig, der den Roman „Stilles Land" ins besetzte Land schickt. Die französische Autorin Raymonde Vincent wurde dafür 1937 mit dem „Prix Femina" ausgezeichnet. Heinz ist angetan von der feinen Art des Buches, in dem es viel um die Psychologie des Kindes geht.

Wenn Heinz nicht liest, schreibt er Briefe an Freunde und Verwandte, unendlich viele. Die meisten gehen an Freundin Aenne, drei Briefe und mehr pro Woche und ebenso viele kommen zurück. Nachrichten gibt es von Dieter und Enno, von denen der erste jetzt als Soldat in Paderborn dient und der zweite aus dem Pharmaziestudium in München zum Militärdienst nach Ostpreußen abberufen wurde, sowie von Albert, der jetzt seinen Dienst als Sanitätsarzt versieht. Die enge Freundschaft mit Wolfgang, die beim FAD begann, überdauert die Zeit ebenso wie die zu den vielen Freunden und Freundinnen, die Heinz in Leipzig gefunden hat und die sich als emsige Briefschreiber erweisen. Das heute fast vergessene Wort von der „Briefschuld", die zu begleichen sei, steht häufig am Beginn der seitenlangen Schilderungen.

Rückwirkend zum 1. Dezember 1940 wird Heinz zum Leutnant befördert, eine Nachricht die Warlimont persönlich überbringt, sodass sich Heinz sofort mit den neuen Insignien schmücken kann. Die Beförderung geht einher mit einer Versetzung, allerdings geht es zur alten, der 6. Batterie (6.A.R.186) zurück, die Heinz bereits bekannt ist. Dennoch fällt der Abschied schwer. Ebenfalls zum 1. Dezember 1940 wird auch Richard Kanzler, Gertruds Cousin, befördert und zum Obersten ernannt. Heinz gratuliert seinem Onkel herzlich zur Beförderung.

Vor der Versetzung steht noch die Teilnahme an einem achttägigen Lehrgang an, die in einem „ganz entzückenden Chateau" stattfindet. Die drei Offiziere, zu denen Heinz jetzt zählt, haben jeder ein großes und prächtiges Schlafzimmer. Eine große Halle mit Kamin, ein Tischtennis-Saal und ein sehr vornehmes Schreibzimmer stehen zur Verfügung und vermitteln einen Eindruck vom *savoir vivre* des gehobenen Landadels. Abends hat er vor der Batterie einen Vortrag über Englands Kriegsführung zu halten. Abschließend die Bemerkung: „Hitler hat den Sieg für dieses Jahr angekündigt. Das wollen wir hoffen."

Am 20. Februar 1941 geht es zu einem dreiwöchigen Erholungsurlaub heim, Besuche führen nach Bad Reinbek und Bad Essen, wo Fritz und Wilma Dresing besucht werden. Am 8. März beginnt mit dem Eintrag „Inez" in seinem Notizbuch offensichtlich eine neue Episode in Heinz' Leben. Die Begegnung dauert aber leider nur eine knappe Woche,

Wiedersehen mit Aenne, 1941

dann ist der Urlaub vorbei. Nun wird die Briefflut nach Frankreich durch solche von Inez ergänzt. Inez schickt Kuchen, Aenne Zigaretten. Ein Wettstreit scheint ausgebrochen, und Heinz – weit im Westen – muss sich nicht entscheiden. Näheres bleibt im Dunkel, da es nicht unter die Mitteilungspflicht an die Eltern fällt.

Am 15. März 1941 ist Heinz nach schier endloser Fahrt zurück. Heinz hat Glück gehabt. Vier Tage später wird eine Urlaubssperre angesetzt. Und die wird sehr lange dauern. Erst anderthalb Jahre später wird er seine Heimat wiedersehen. Da lebt Gertrud nicht mehr.

Auch in der neuen Batterie ist Heinz in einem Schloss einquartiert, in dem sein Zimmer glücklicherweise neben einem Kamin auch eine Heizung aufweist. Abends gehen die Offiziere regelmäßig auf Jagd und schießen das Mittagessen für den kommenden Tag. Der nationalsozialistische Propagandafilm „Bismarck“ wird gezeigt – „eine ganz große Angelegenheit, hervorragend in Spiel und Maske.“ Der Film deutet Bismarck als Vorbild und angeblichen Vorläufer des „Führers“.

Sogar ein Bücherwagen der Frontbuchhandlung trifft ein, der aber nur das Übliche aufweist und „wenig Besseres“. Der Buchhändler – so Heinz’ vernichtendes Urteil – hätte sich mit ebenso großem Erfolg dem Verkauf von Rasierapparaten widmen können.

Viel Wert wird auf die korrekte Ausstattung gelegt, für die die Soldaten selbst sorgen müssen. Eine neue Feldbluse für bessere Gelegenheiten, die bei der Firma Winterhoff in Osnabrück geschneidert wurde, ist eingetroffen. Weiche weiße Kragen, die beim Heimaturlaub in der Wäsche verblieben, werden nachgeschickt. Von daheim brachte Heinz Franzens Pistole mit, die noch „ganz ausgezeichnet“ schießt. Als Geburtstagswunsch wird ein Offiziers-Säbel angemeldet, „den man ja doch mal haben muss“.

Heinz’ Abteilung befindet sich weiterhin in Wartestellung. Zwar werden am 22. März die Erfolge der Überwasser-Seestreitkräfte als fabelhaft gewürdigt, am 29. März heißt es jedoch: „Was aus uns hier werden wird, weiß man, wie üblich, nicht. Was ich nicht glaube, ist ein baldiger Angriff auf England.“

Das Osterfest verläuft bei angenehmem Wetter sehr erfreulich und zumeist auf dem Rücken eines Pferdes. Morgenritt mit Leutnant Rosendahl am Sonntag, nachmittags Teilnahme an einer Jagd. Ausritt mit dem ganzen Haufen am Montag, abends ein gepflegtes Abendessen in La Charité-sur-Loire mit Entkorken einiger Flaschen.

Das folgende Wochenende erlaubt einen Besuch von Paris mit Unterbringung in einem vornehmen Hotel am Boulevard d’Opera. Wie immer hat Heinz das Besichtigungsprogramm genauestens geplant. Hochgelobt wird die Schönheit der Stadt, die mit blühenden Bäumen und sprudelnden Springbrunnen bei „köstlichem Sommerwetter“ besonders zur

Geltung kommt. „Die Champs Elysees sind ein Gedicht, gegen die die Linden verblassen müssen." Verschiedene Einkäufe, darunter ein Reithosenstoff, werden getätigt. Lange Zeit werden die Bestände eines großen Antiquariats in Augenschein genommen und Bildermappen der schönsten Kathedralen Frankreichs erworben. Ein Besuch auf dem Montmartre endet am Abend mit dem Besuch eines berühmten, von Offizier Hermann Tietjen empfohlenen Kabaretts mit „meisterhaften Darbietungen". Der Sonntagmorgen ist dem Besuch von Notre Dame vorbehalten, mit all seinen Schönheiten und dem Erlebnis einer Messe vor dem Hochaltar.

Dann macht eine erschütternde Nachricht die Runde: Rudolf Heß flog am 10. Mai 1941 nach Schottland, wo er mit der britischen Regierung über ein Friedensangebot verhandeln wollte. Die von der Propaganda gestreute These von der Geistesgestörtheit des ehemaligen „Führer"-Stellvertreters wird von Heinz angezweifelt. „Allerdings sei er doch selber geflogen und auch dahin gekommen, wohin er wollte."

Wieder stellt sich für Heinz die Frage: „Wann endlich wird unsere Fahne über den Trümmern Londons wehen? Man hat gar nicht so den Eindruck, auf die Insel übersetzen zu wollen in absehbarer Zeit." Wahrscheinlich wird erst der Juni größere Entscheidung bringen, mutmaßt er, „und so wird der Krieg denn in den nächsten Jahren beendet werden. [...] Wir sitzen quasi auf gepackten Koffern, man ist unruhig, weil man so gar nicht weiß, wann geht es nun wohin."

Wird es nach Großbritannien gehen? Oder wohin sonst? Zweifel an der Notwendigkeit eines weiteren kriegerischen Einsatzes werden nicht deutlich. Der erfolgreiche Einsatz moderner Waffen und die unglaublichen Erfolge der „Blitzkriege" im Osten und Westen haben offensichtlich eine so durchschlagende, auch seelische Wirkung auf den Einzelnen, dass ein objektives Abwägen nicht mehr stattfindet.

Im Juni schlägt dann tatsächlich die Abschiedsstunde vom *Jardin de France*. „Von Frankreich nehme ich einen freundlichen Gesamteindruck mit. Es waren neben vielem Dienst auch viele, viele erfreuliche Stunden", resümiert Heinz am 15. Juni 1941.

5. Eine „Dienstfahrt“ in den Osten

Juni und Juli 1941 – Einmarsch in Litauen und Weißrussland[28]

Am Samstag dem 21. Juni 1941 beginnt in La Charité-sur-Loire die Verladung von Heinzens Kompanie. Zwar steht die Marschrichtung nach Osten fest, doch noch immer weiß niemand, wohin und gegen wen es gehen soll. Am 23. Juni sendet Heinz bei einem kurzen Aufenthalt in Berlin einen Gruß von seiner „Dienstfahrt nach Osten“ an seinen Bruder und die Eltern. „Es ist wahnsinnig heiß im Zug, übermorgen sollen wir da sein.“

Am Tag zuvor, in den frühen Morgenstunden des 22. Juni 1941, hatte der Vormarsch von 121 deutschen Divisionen in die Sowjetunion begonnen. Der Führeraufruf an die Ostarmee rechtfertigte den Überfall:

„Niemals hat das deutsche Volk gegen die Völkerschaften Rußlands feindselige Gefühle gehegt. Allein seit über 2 Jahrzehnten hat sich die jüdisch-bolschewistische Machthaberschaft von Moskau aus bemüht, nicht nur Deutschland, sondern ganz Europa in Brand zu stecken. Nicht Deutschland hat seine nationalsozialistische Weltanschauung jemals versucht nach Rußland zu tragen, sondern die jüdisch-bolschewistischen Machthaber in Moskau haben es unentwegt unternommen, unserem und den anderen europäischen Völkern ihre Herrschaft aufzuoktroyieren, und dies nicht nur geistig, sondern vor allem auch militärisch-machtmäßig. Die Folgen der Tätigkeit dieses Regimes aber waren in allen Ländern nur das Chaos, Elend und Hungersnot.“[29]

Selbst ein der Sympathie mit den Nationalsozialisten unverdächtiger evangelischer Theologe wie Jochen Klepper[30] zweifelte nicht an der Notwendigkeit einer Auseinandersetzung mit Rußland. In seinem Kriegstagebuch beschreibt er den 22. Juni 1941, den er an der Front in Rumänien erlebt:

---

[28] Seit der Unabhängigkeitserklärung von der Sowjetunion und der Gründung eines souveränen sozialistischen Staates 1991 ist die Bezeichnung Belarus üblich. Hier wird der historischen Situation entsprechend weiterhin der Name Weißrussland verwendet.

[29] Hitlerproklamation vom 22. Juni 1941, S. 2. 1941 (wie Anm. 16), S. 2.

[30] Jochen Klepper (1903–1942), der Autor des Buches „Der Vater“, war von Dezember 1940 bis Oktober 1941 Soldat in Polen und auf dem Balkan und nahm im Juni 1941 am Angriff auf die Sowjetunion teil. Wegen seiner „nichtarischen Ehe“ wurde er im Oktober 1941 als „wehrunwürdig“ aus der Wehrmacht entlassen, im Dezember 1942 nahm er sich mit seiner jüdischen Frau und deren Tochter im Angesicht einer drohenden Deportation das Leben.

„Gestern abend [...] *haben wir zum Teil sehr schöne und immer ernstere Lieder gesungen – doch sehr stark von dem Gefühl beherrscht, am Vorabend großer Ereignisse zu stehen. Nachts und in den frühen Morgenstunden hörte ich das unaufhörliche Summen großer Flugzeuge, und so war man nicht überrascht, als erst das Gerücht, dann mit Rundfunknachrichten die Bestätigung kam, die deutschen Truppen seien in den Krieg mit Rußland eingetreten. Der erste Gedanke ist bei allen die Dauer des Krieges, sodann aber die Überzeugung von der Notwendigkeit einer Auseinandersetzung mit Rußland früher oder später."* Am nächsten Morgen folgte – so Klepper weiter – die *„Verlesung des Führeraufrufes an die Ostarmee mit den so ernsten Eingangsworten."*[31]

Diesen von Klepper als ernst empfundenen Eingangsworten des „Führers": *„Deutsches Volk! Nationalsozialisten! Von schweren Sorgen bedrückt, zu monatelangem Schweigen verurteilt, ist nun die Stunde gekommen, in der ich endlich offen sprechen kann,"*[32] folgte eine Darstellung der nationalsozialistischen „Friedenspolitik", deren Scheitern allein England und Russland geschuldet ist:

„Der Sieg in Polen, der ausschließlich [!] *von deutschen Truppen erfochten worden war, veranlaßte mich, erneut ein Friedensangebot an die Westmächte zu richten. Es verfiel durch die internationalen und jüdischen Kriegshetzer der Ablehnung. Der Grund für diese Ablehnung aber lag schon damals daran, daß England noch immer die Hoffnung hatte, eine europäische Koalition gegen Deutschland mobilisieren zu können unter Einschluß des Balkans und Sowjetrußlands."*[33]

Auf einer 2.130 km breiten Front zwischen Ostsee und Schwarzem Meer werden drei Heeresgruppen (Süd, Mitte und Nord) zum Einsatz gebracht. Allein am ersten Kriegstag zerstören deutsche Kampfflugzeuge mit einem massiven Luftschlag etwa 1.200 sowjetische Flugzeuge am Boden. Die sowjetische Flugabwehr vernichtet circa 300 deutsche Flugzeuge. Als Reaktion auf die zunächst erreichte deutsche Luftherrschaft fördern die Sowjets nun die Produktion modernerer Maschinen im Ural und in Sibirien.

Am 25. Juni richtet Heinz das erste Lebenszeichen an seine Eltern aus Eydtkuhnen in Ostpreußen. „Morgen gehen wir über die Grenze Richtung Nord-Nord-Ost. Es ist unerhört heiß." Inzwischen weiß man, gegen wen es geht: „Wer hätte im Ernst an einen Konflikt mit der Roten Armee geglaubt? Was in den ersten Tagen erreicht worden ist, grenzt an das Unvorstellbare. Die Sondermeldungen sind nicht zu überbieten, der Luftraum ist bereits erkämpft. Eine Steigerung ist schlechterdings nicht mehr möglich. Der

---

[31] Jochen Klepper: Überwindung. Tagebücher und Aufzeichnungen aus dem Kriege, Stuttgart 1958, S. 50f.

[32] Hitlerproklamation vom 22. Juni 1941 (wie Anm. 16), S. 1

[33] Hitlerproklamation vom 22. Juni 1941 (wie Anm. 16), S. 3

Gegner war völlig unvorbereitet. In der festen Überzeugung, dass dieser Feldzug sehr rasch beendet ist, grüße ich Euch herzlich."

„Der Gegner war völlig unvorbereitet!" Ganz anders dagegen der NS-Propagandaminister Goebbels, der noch wenige Tage zuvor von einem gewaltigen Aufmarsch der feindlichen Kräfte gesprochen hatte. Zur Abwehr dieser drohenden Gefahr aus dem Osten müsse die deutsche Wehrmacht eingesetzt werden, so seine Argumentation.

Genaueres wird aus dem Notizbuch deutlich, das Heinz vom Juni bis Dezember führt. Ein Tagebuch zu führen war nicht erlaubt, da es im Falle einer Gefangennahme des Besitzers Hinweise auf die Stimmung in der Truppe und auf strategische Vorhaben hätte geben können. Stichwortartig in winziger Schrift, um Platz zu sparen, hält Heinz dennoch die einzelnen Stationen des Feldzugs mit Angabe der genauen Tagesmarschleistung fest und kommentiert das Kriegsgeschehen durch rote Farbe und Ausrufungszeichen. Am 28. Juni geht es über die Grenze nach Litauen:

28. Juni, 3 Uhr 15 von Tegners Krug (Ostpreußen) – Antanava (55 km). Grenzübergang, 16. Armee (Generaloberst Lütz) 50. Korps
29. Juni, 6 Uhr ab XXIII. Korps Antanava – Siurugis (40 km)
30. Juni, Siurugis – Prienei – Jesnes (48 km)
1. Juli, 7 Uhr Jesnes – Strosunai (35 km) schwül, Landregen
2. Juli, 7 Uhr 15 ab Strosunai ut. Wilja – Organy vor Meiszagola (30 km) Heeresgruppe B
3. Juli, Organy – Pikiliski (25 km)

Am 2. Juli wird Heinz' Einheit von der Heeresgruppe Nord zur Heeresgruppe Mitte verlegt, wo er als Nachrichtenoffizier die Verbindung zwischen den Kundschaftern und der Truppe aufrecht zu erhalten hat. Ein Ruhetag wird zu einer Nachricht an die Eltern genutzt: „Nach sechs „fröhlichen Marschtagen", in denen 270 km zurückgelegt wurden, erreichte die Truppe das Schloss „des alten Pilsudski"[34].

270 km Fußmarsch bei brütender Hitze in voller Montur und mit Gepäck auf schlechten Wegen können kaum besonders fröhlich gewesen sein. Die Eltern sollen jedoch auf keinen Fall beunruhigt werden oder am Einsatzwillen ihres Sohnes zweifeln. Indes beklagt er: „Die Straßen, die uns zugewiesen sind, sind in einer kaum vorstellbaren Verfassung, tiefer Sand ohne jeden festen Untergrund, bei Sonne sind wir in eine Staubwolke gehüllt, bei Regen waten wir im Schlamm."

Trotz schlechter Straßen kann die deutsche Wehrmacht in den ersten Wochen große „Raumgewinne" verzeichnen. Von den sich erbittert wehrenden Rotarmisten geraten bereits am 9. Juli mehr als 300.000 Soldaten in Gefangenschaft.

Über die ersten „Feindberührungen" befindet Heinz: „Gefährlich sind die versprengten Teile, die sich als Bauern plündernd und aus dem Hinterhalt schießend bemerkbar machen. Am tapfersten sollen die sowjetischen Funktionäre und Kommissare und die

[34] Jozef Pilsudski war der erste Präsident des freien Polens nach 1918.

primitiven Volksstämme (Kirgisen, Tartaren etc.) kämpfen, letztere, weil sie noch die alte Vorstellung haben, entweder töte ich meinen Gegner oder er mich. Hinzu kommt die Verhetzung, wir stächen jedem die Augen aus, so dass uns Gefangene, die wir neulich machten, baten, sie gleich zu erschießen und ihnen nicht vorher die Augen auszustechen. Ähnlich verhielten sich auch höhere Offiziere. Viele begehen daher Selbstmord oder wehren sich tatsächlich aus Angst bis zum Letzten!"

Die Angst ist berechtigt, denn dem berüchtigten „Kommissarbefehl"[35] des Generalobersten Erich von Manstein[36] zufolge sollten alle in Gefangenschaft geratenen Politoffiziere der Roten Armee sofort erschossen werden. Diese Massenerschießungen waren ein unerhörtes Verbrechen, aber darüber zu schreiben war gefährlich, und Kritik konnte nur gegenüber ganz engen Vertrauten geäußert werden. Auch was mit den Kriegsgefangenen geschieht, schreibt Heinz nicht. Nicht, dass die Wehrmacht sowjetische Kriegsgefangene dem Hungertod und den grassierenden Seuchen aussetzte. In den Wehrmachtsberichten sind die Gefangenen keine Individuen, sondern lediglich Ziffern. Ein Zeitzeuge, Anatolij Prokofjewitsch Kowalewskij aus dem Gebiet Grodno in Belarus, berichtet in seinen Lebenserinnerungen über das Stalag [Stammlager] 343 Alytus in Litauen im Januar 1942:

„Im Lager brach ein Massensterben aus, ein Litauer brachte mit zwei Pferden die Toten aus dem Lager zu einer Grube, jedes Mal etwa 50 Leichen. Es gab ein spezielles Kommando, das ihm dabei half, die Toten aufzuladen. Als die Leute vom Kommando von der Arbeit zurückkamen, erzählten sie uns, der Litauer habe gesagt, es gebe die Anweisung, die Gefangenen zu den Bauern zu bringen. Viele glaubten daran und hofften, bis zu diesem Zeitpunkt am Leben zu bleiben. [...] *Eine Zeit lang funktionierte die Geschichte, aber dann hörten die Leute auf, an diesen Traum zu glauben, der sich nicht erfüllen wollte. Im Lager griff der ständige ‚Freund' des Krieges um sich – Typhus. Die Gefangenen starben zu Hunderten! Im März wurde auch ich krank. Ich war etwa eine Woche lang ohne Bewusstsein. Mein Freund tauschte meine Ration Brot gegen einen Becher Wasser und*

[35] Der so genannte Kommissarbefehl – offiziell Richtlinien für die Behandlung politischer Kommissare – vom 6. Juni 1941 ist der bekannteste, verbrecherische Befehl der deutschen Wehrmacht im Krieg gegen die Sowjetunion während des Zweiten Weltkrieges.

[36] Generalfeldmarschall Erich von Manstein (1887–1973) nahm 1939 als Chef des Generalstabs der Heeresgruppe Süd am Überfall auf Polen teil. Am 22. Juni 1941 führte er mit dem 66. Armeekorps den Überfall auf die Sowjetunion aus. Als Befehlshaber der 11. Armee war er für die Eroberung der Krim verantwortlich, in deren Folge es im Dezember 1941 zum berüchtigten Simferopol-Massaker kam, bei dem annähernd 14.000 Juden innerhalb von wenigen Tagen von SS-Leuten und Angehörigen der Feldgendarmerie ermordet wurden. Im Kriegsverbrecherprozess vor dem britischen Militärgericht in Hamburg 1949 wurde von Manstein zu 18 Jahren Haft verurteilt, die durch den Befehlshaber der britischen Rheinarmee auf zwölf Jahre herabgesetzt wurden. Im Mai 1953 wurde er wegen guter Führung und wegen eines Augenleidens vorzeitig aus der Haft entlassen. Bis 1960 beriet er die Bundesregierung inoffiziell beim Aufbau der Bundeswehr. 1955 verfasste er den Bestseller „Verlorene Siege", in dem er den militärischen Zusammenbruch allein der militärischen Inkompetenz Hitlers zuschreibt und keinerlei Unrechtsbewusstsein erkennen lässt.

gab mir zu Trinken. Als ich wieder zu mir kam, war ich unendlich schwach und konnte mich kaum auf den Beinen halten. Die Zahl der Gefangenen im Lager war sehr zurückgegangen. Die Deutschen betraten das Lager nicht mehr – Typhus. Sie warfen Brot und Kartoffeln über den Zaun, und auf der anderen Seite übernahmen ihre Polizei-Leute das Kommando, so wie es ihnen gefiel. Im Frühjahr 1942, als noch 1.800 Gefangene in unserem Lager waren – im Herbst waren es mehr als 24.000 gewesen – wurden wir mit dem Zug in ein Zentrallager in Sachsen [offensichtlich Stalag 304 Zeithain] *gebracht.*"[37]

An Mutter Gertrud schreibt Heinz am 7. Juli: „Es geht uns allen gut und wir sind sehr zuversichtlich." Vater, dem kriegserfahrenen ehemaligen Offizier, wird die Lage genauer geschildert: „Die Wege sind unvorstellbar schlecht, zudem ist es so blödsinnig heiß, dass viel Ausfall an Pferden und bei der Infanterie an Leuten zu beklagen ist, die unerhörte Anstrengungen hinter sich haben. Sehr schlimm ist der Wassermangel für die Pferde, beim gestrigen Marsch über 60 km tiefe Sandstraßen, die wir größtenteils zu Fuß walzten, fielen sie beinahe aus dem Geschirr. Interessantes über die neue Kampfweise werde ich Dir mündlich mitteilen."

Die Feldpostzensur erlaubt keine militärischen Einzelheiten und vor allem keine Ortsangaben. Präziser wird stattdessen der Vormarsch im Notizbuch dokumentiert. Vom 5. bis zum 9. Juli werden weitere 170 km bis nach Weißrussland marschiert, am 10. Juli geht es über die Düna und am 12. Juli bis zur Stalin-Linie:

10. Juli, Übergang über die Düna nach Riubki u. Bujany 4.40–24.00 (55 km). Längster Marschtag, 19. (mot.) Division ablösen.

11. Juli, Beziehen von Feuerstellungen

12. Juli, 2.30 Uhr Beobachter-Stellen aussuchen, 2 Russen kommen. Heiß, zum II. Bat. Hauptmann Meyer, Stalin-Linie.

13. Juli, 1. Kampftag Stalin-Linie: 1 Uhr nachts abrücken auf die Höhen vor Suanoje See, 5 Uhr antreten. Heiß- Sumpf – Bunker, 12 Uhr Beloje Kampf in Gula, abends brennt es ganz, Verbindung mit Abteilung. Sperrfeuer – einschießen durch Heber.

14. Juli, 5.00 Uhr zum I/184 Major v. Printz, 7 Uhr Angriff, Feindfrei bis Dubrowo/ Laguny, Artillerie Einsatz, Nahkampf, Heiß, 13 Uhr bei Kapelle. Rast, nach Neschki, schwerer Flanken und Frontangriff in brennendem Neschki.

15. Juli, von Neschki nach Polozk (20 km), 6 km an der Bahnlinie entlang, Polozk brennt, Regen, Zeltbau.

Von den heftigen Gefechten an der Stalin-Linie berichtet Heinz am 16. Juli den Eltern: „Nach den schweren Marschtagen kamen wir gleich ins Gefecht, und ich freue mich, den dreiteiligen erfolgreichen Durchbruch durch die Stalin-Linie mit vorderster Infanterie mitgemacht zu haben. Es war sehr heiß, was Wetter und Kampf angeht. Sonntag, den 13. Juli

[37] 141. Freitagsbrief aus dem Archiv von „KONTAKTE-KOHTAKTbI e.V.

habe ich demnach meine erste Feuertaufe erhalten. Bedauert habe ich meine beiden Funker, die die schweren Apparate 20–30 km durch Hitze und Schlachtenlärm tragen mussten. Die Russen sind ja keine ehrlichen Kämpfer, sondern schießen aus dem Hinterhalt.“

Keine ehrlichen Kämpfer die Russen, hinterhältig. Die Rechtmäßigkeit des Überfalls auf die Sowjetunion wird nicht in Zweifel gezogen. Diese schwer erträglichen Zuweisungen sind ein Abbild der jahrelangen Hasspropaganda gegen die angebliche jüdisch-bolschewistische Bedrohung. Gegen die Sowjetunion als das Reich des Bösen muss gekämpft werden. Zur Sicherung des bedrohten Europas ruft der „Führer“ die deutsche Wehrmacht auf:

„Deutsches Volk! In diesem Augenblick vollzieht sich ein Aufmarsch, der in Ausdehnung und Umfang der größte ist, den die Welt bisher gesehen hat. Im Verein mit finnischen Kameraden stehen die Kämpfer des Siegers von Narvik am Nördlichen Eismeer. [...] Von Ostpreußen bis zu den Karpaten reichen die Formationen der deutschen Ostfront. [...] Die Aufgabe dieser Front ist daher nicht mehr der Schutz einzelner Länder, sondern die Sicherung Europas und damit die Rettung aller. Ich habe mich deshalb heute entschlossen, das Schicksal und die Zukunft des Deutschen Reiches und unseres Volkes wieder in die Hand unserer Soldaten zu legen. Möge uns der Herrgott gerade in diesem Kampfe helfen! Berlin, den 22. Juni 1941. A. H.“[38]

Heinz, in dessen und der Hand seiner Kameraden nun die „Zukunft des Deutschen Reiches“ liegt, zeigt sich bestürzt: „Gestern Abend sind wir von Norden her in das brennende Polazk eingerückt. Eine ganze brennende Stadt, ein schauerlicher Anblick.“

Das weißrussische Polazk wurde bereits am 30. Juni von der deutschen Wehrmacht erobert. Zu diesem Zeitpunkt lebten in der Stadt ungefähr 45.000 Menschen, von denen etwa 60 Prozent weißrussische Juden waren. Nach Kriegsende lebten nur noch 551 Juden in Polazk.

Weiter südöstlich, ebenfalls an der Düna, ist auch der schon zitierte Offizier Hans Gottard Eiermann mit seiner Truppe stationiert. Er schildert seiner Frau die Zerstörung der kurz vor der Grenze zu Russland liegenden weißrussischen Stadt Wizebsk:

7.2.1942: *„Und das ist nun die Stadt Wizebsk, in der ich fürs erste bleiben soll. Hundertsechzigtausend Menschen wohnten hier, sechzigtausend sollen jetzt in den Kellern hausen, dreißigtausend Soldaten dazu, [...] Irgendwo, in eingestürzten Häusern, dicht an dicht, auf altem, muffigen Stroh. Gott lob haben wir kein Ungeziefer bis jetzt.“*

16.2.1942: *„Du kennst diese Stadt aus den Wochenschauen. Die Großstadt am Flusse Düna. Straße an Straße nichts als gesprengte Mauern und eingestürzte Dächer. Leere Fensterhöhlen, Grauen über Grauen. Darinnen tausend über tausend Menschen, die Gesichter rot und gedunsen von Kälte, aber unverkennbar die stumpfe Qual des Lebens. Pan, Brot! – eine Stunde lang, ohne aufzuhören – Pan, Brot! Pan, Brot! – Wovon sie leben und*

[38] Hitlerproklamation vom 22. Juni 1941 (wie Anm. 16), S. 7.

wo sie wohnen? Vielleicht zu fünfzig oder hundert in einem Keller? Wenn Seuchen ausbrechen (und natürlich ist Fleckfieber da) – nicht auszudenken."

Wizebsk galt vor dem Zweiten Weltkrieg als eine der größten jüdischen Gemeinden Osteuropas mit etwa 70 Synagogen und jüdischen Bethäusern. Mehr als die Hälfte der Bevölkerung war jüdischen Glaubens. Nach der Einnahme der Stadt im Juli 1941 ließen deutsche Kommandeure bis Oktober 1941 zwischen 7.000 und 15.000 Juden erschießen. Wie kaum eine andere Stadt wurde Wizebsk zerstört und das jüdische Leben ausgelöscht. Zuvor geflüchtet war die Familie des jüdischen Malers Marc Chagall, die am 23. Juni 1941, einen Tag nach dem deutschen Überfall auf die Sowjetunion, in New York eintraf. Das Kriegsgeschehen in seinem Heimatort bewegte den Maler zu einer Reihe von Kreuzigungsbildern, die die Zerstörung jüdischen Lebens in seiner Heimat beschreiben.

Es ist davon auszugehen, dass auch Heinz die Massaker an der jüdischen Bevölkerung nicht verborgen geblieben sind. Zwar befand er sich als Nachrichtenoffizier an vorderster Front und war vermutlich kein Zeuge der Massenerschießungen und Zerstörungen hinter der Front, für die spezielle Einsatzgruppen aus SS und Polizeikräften eingesetzt waren, dass aber Gerüchte über diese Ereignisse sich schnell herumsprachen, davon ist auszugehen. Bis Ende 1942 hatten die Deutschen allein im sowjetischen Weißrussland mehr als 200.000 Juden ermordet.[39] Davon zu berichten, unterblieb vermutlich aus Rücksichtnahme auf die Eltern und im Wissen um die jederzeit mögliche Kontrolle durch die Postzensur.

Obwohl die Richtlinien der Wehrmacht nach vier bis fünf Einsatztagen eine Ruhepause zur „Wiederherstellung der Einsatzbereitschaft" vorsahen, treiben die Befehlshaber die Panzerverbände zu pausenlosem Vorwärtsstürmen an. Dies führt bei einer Strecke von 4.000 km unter härtesten Gelände- und Klimabedingungen bis November 1941 dazu, dass mehr Panzer durch Verschleiß als durch „Feindeinwirkung" ausfallen.

Dazu Heinz: „Von den Schwierigkeiten, Nachschub und Wegeverhältnissen, den Fußleistungen der Infanterie an diesen heißen Tagen mit Gefecht, wozu ich mich auch an sich rechnen darf, macht sich die Heimat, die vorwiegend in motorisierten Einheiten denkt, kaum einen Begriff. Leistungsmäßig steht der Fußsoldat weit an erster Stelle." Dennoch endet der Brief „mit einem fröhlichen vorwärts und herzlichen Grüßen".

Und weiter geht's: Bei „unbarmherziger Hitze" wird „in Verfolgung des Feindes" von Polazk aus eine ost-nord-ostwärtige Richtung eingeschlagen. Die Marschleistung der Truppe ist gering. Auf tiefen Sandstraßen lassen sich mit der ganzen Division täglich nur 30–35 km zurücklegen, viele Pferde brechen vor Erschöpfung einfach auf der Straße zusammen. Nachts schlafen die Soldaten in Zelten oder unter freiem Himmel. Quartiere werden nicht gemacht. Heinz: „Eine Vorstellung von dem primitiven Leben in den

---

39 Bis zum Ende des Zweiten Weltkrieges waren zwei Millionen Tote in Weißrussland zu beklagen, eine Million floh vor den Deutschen, zwei Millionen wurden als Zwangsarbeiter deportiert. Timothy Snyder: Bloodlands. Europa zwischen Hitler und Stalin, München 2010, S. 260.

Holzhäusern, der Eintönigkeit und tödlichen Weite Russlands kann man sich schwerlich machen. Und dabei kenne ich doch erst Weißrussland.“

Einfühlsam skizziert dagegen Hans Gottard die Stimmung und die „primitive“ Lebensweise der bezwungenen Bevölkerung:

9.2.1942: *„Das Bauernhaus, arm und sauber, um den großen gemauerten Ofen* [gebaut], *mit dem einzigen Bett, mit der Ikone im Winkel, unter dem Bett unter dem Ofen, aus dem drei Hennen ihre Köpfe stecken, um von dem in einer Rinne befindlichen Futter zu picken.“*

11.2.1942: *„Wie zu diesem Himmel und zu dieser Landschaft draußen vor der Stadt dieser und gerade dieser Mensch gehört und zu ihnen wieder dieses Häuschen, graues, altes Holz, die Stämme zu einem einfachen Viereck gefügt und mit Moos verdichtet und am Giebel die schmalen Flachsgarben* [...]. *“*

14.2.1942: *„Ich habe nun schon viele Hütten gesehen. Blockhäuser, wie sie schon zu Katharinas Zeiten standen, mit der Handmühle aus zwei runden Steinen auf einem Tisch und dem hölzernen Griff, mit dem der obere Mahlstein auf dem unteren gedreht wird und mit dem schon die Kelten in ihren Jurahöhlen gemahlen haben können.* [...] *Und mit den Bauern, bärengroß, mit braunrotem Bart, im Russenkittel, der dir von seinem Geringen noch anbietet, höflich und ruhig und sicher in seinem Ererbten, das älter ist als wir alle.* [...] *Und dann ist da Rilkes Stimme, der so hoch von diesen slawischen Menschen spricht.*

Ein russisches Dorf, 1941

Und da sind ihre Lieder, die ich las und hörte. Ich will sehen, ob ich sie nicht lieben kann, ohne dass sie mich töten."

Am 24. Juli 1941 fragt sich Heinz: „Wieweit wir überhaupt kommen sollen, weiß niemand, man spricht von Moskau. Im Augenblick sind wir näher an Moskau als an Leningrad. [...] Wenn die Wege besser gewesen wären, wäre es möglich, dass der Krieg bereits beendet wäre, aber den weichenden Russen auf diesen Straßen zu fassen, ist ein schwieriges Unternehmen. [...] Meine Arbeit im Stabe bringt es mit sich, dass ich dauernd mit den Bataillons-Stuben und teilweise auch Regiments-Stab zusammen arbeite und erfahre auf diese Weise immer sofort, was im größeren Rahmen gespielt wird. Wenn man weiß, wohin man marschiert und warum man es tut, tut man es leichter und freudiger." Nach fünf Tagen Vormarsch gibt es zwei Ruhetage am Jeserinhtschesee, dann geht es weiter nach Starny:

25. Juli, bei JR 216, 2.30, abrücken, 3 russische Bomber, 1 Bomber bei mir wurde abgeschossen. Angriff geht vor, Wegeerkundung. Mittags zurück, weiter bis Mulina. Brennt. Füße kaputt. Mit Schulz auf Gasplane.
26. Juli, AVKdo I/216 Uhlma, Maslowa, zu weit vor, gehen zurück, deutsche Granate vor mir, Szopki-Maslowa.
27. Juli, Mittags zurück z. Stellen vor Szopki
28. Juli, Erkundung der eigenen Linie, vor I. u. II. Bat., Russischer Angriff nachts, Podol brennt, Blindgänger.

Am 28. Juli kommen „inmitten heftiger Kampftage" herzliche Grüße an die Eltern: „Der Russe verteidigt sich zäh und hat heute den ganzen Tag angegriffen. Konnte heute wieder erfolgreich den Angriff der Russen durch Feuerleitung bei der Infanterie abwehren. Seit 36 Stunden walze ich auf total wunden Füssen, aber man merkt es nur in Minuten der Ruhe. Einen Bart habe ich wie ein U-Boot-Fahrer. Klagen kann ich nicht, solange wir Trinkwasser und trocken Brot haben. Der Nachschub ist schwierig. Der Luftraum ist hier nicht erkämpft, große Verluste durch russische Bomber. Heute sah ich innerhalb von zwei Minuten drei russische Bomber brennend abstürzen." Der Nachsatz: „Im übrigen sind wir immer erfolgreich und kommen unserem Ziele ständig näher", lässt sich schwerlich mit diesem und den folgenden Berichten in Einklang bringen:

29. Juli, Erkundung neuer B.-Stellen, Gefechtsstand an Scheune, schwerer Beschuss.
30. Juli, JR 167, v. 184. Dasselbe Bild Streuschüsse.
31. Juli, Karl Schulz verwundet. [nachträglich]: *Tod 9.8. zu Wilna Schulz.*

August 1941 – Zielrichtung Moskau

Am 1. August verkündet Heinz den Eltern: „Es ist frühmorgens um 6 Uhr. Ich sitze in einer alten baufälligen Feldscheune und sehe in den strahlenden Morgen. [...] Schon mehrfach hat der Russe versucht, in den letzten Tagen bei uns mit Gewalt durchzubrechen, musste sich aber immer mit blutigen Verlusten zurückziehen, unsere sind nur gering. Sobald unsere Nachbardivisionen heran sind – wir sind im Kampfeseifer zu weit allein vorgegangen! – stechen wir durch. [...]

Ich höre immer wieder von Teilnehmern am französischen Feldzug, dass Letzterer doch im Grunde einfacher war, vor allem ehrlicher. Diese verdammte russische Tücke und Hinterlist, er ist schlau wie ein Fuchs und sehr zäh. Der Russe stößt bei seinen sehr geschickten Rückzügen immer auf seine eigenen Lager und Depots, wir entfernen uns auf denkbar schlechten Wegen immer mehr von den unseren.“

Auch Jochen Klepper notiert: *„Die Russen locken durch weiße Fähnchen heran und schießen dann; ihre Flugzeuge haben zum Teil deutsche Abzeichen.“*[40]

Heinz fährt fort: „Die Überwindung dieser Schwierigkeiten liegt aber, wie alles andere auch, in bewährten Händen.“ Und noch eine andere Hand ist im Spiel: „Eine gütige Hand hat mich bei meinen vielen Spähtrupp- und Erkundungs-Unternehmen auch bei bedenklichen Situationen bewahrt, wie viel werde ich Euch mündlich erzählen können!“

Diese Details erfahren wir nicht. Vielleicht sollten wir dankbar sein.

Immer häufiger gehen die Gedanken jetzt in die Heimat. 3. August: „Es ist Sonntagnachmittag und meine Gedanken suchen Euch am nachmittäglichen Kaffeetisch, wie ich überhaupt zu den heimatlichen und elternhäuslichen Gewohnheiten der ruhigen Sicherheit in den Tagen schwerer Kämpfe und der vielen Unbequemlichkeiten gerne meine Gedanken richte.“

Die Rückschau auf die Geborgenheit des Elternhauses hilft, die Gefahren des Frontlebens zu überstehen. Gleichzeitig wächst die Sorge um die Lieben daheim:

„In manchen nordwestdeutschen Städten muss es schlimm aussehen, besonders in Münster. Osnabrück soll ja bei Nacht so sehr schwer zu finden sein wegen der leichten Nebeldecke, die über dem Tale liegt. Das erfüllt mich immer mit einiger Beruhigung. Wenn dieser Krieg überstanden ist, dann wissen die Heimat und die Front, was sie geleistet haben.“

Viel Sorge bereitet die Erkrankung von Gertrud, die Ende Juli bei einem Unfall eine Kopfverletzung erlitten hat. „Vater schreibt in jedem Brief von starken Kopfschmerzen. Möchte es doch hoffentlich nichts Schlimmes sein. Es ist eine Beruhigung, dass Lore nun da ist, um sie zu betreuen. Eine solche räumliche Trennung wie jetzt hat wohl nie zwischen uns gelegen, umso stärker aber wird das Band mit dem Elternhaus.“

Tief berührt Heinz die Nachricht, dass Fritz Kanzler, der Sohn von Gertruds Vetter Richard, gefallen ist. Fritz wurde nur 19 Jahre. „Aber wir müssen wohl noch vieles auf uns nehmen, ehe wir diesen Feldzug beendet haben.“

„Da ist die Post – so schreibt er – immer unsere einzige Freude, acht bis neun Tage ist sie im allergünstigsten Falle unterwegs, heute waren es acht Briefe, viele Zeitungen und Zeitschriften.“ Ein anderes Mal heißt es: „Die Post in die Heimat dauert doch recht lange.

---

[40] Klepper: Überwindung (wie Anm. 31), S. 56.

Inzwischen habe ich Euch mehrere Briefe geschrieben, die euch inzwischen wohl erreicht haben. Ich schreibe Euch, so oft ich kann, auch wenn nichts Besonderes vorliegt."

Nichts Besonderes, das ist der Frontalltag: „Tagsüber ist es außerordentlich heiß, nachts dagegen sehr kühl, so dass wir unsere Erdlöcher, in denen wir hausen, mit viel Stroh ausstatten müssen. Aber es geht alles, und wenn man einen einigermaßen guten Willen hat, geht es sogar gut. In diesem Sinne ziehen wir doch fröhlichen Herzens unsere staubige und mühevolle Straße, weil wir wissen, dass sie nicht umsonst marschiert wird, gerade diese russische nicht. Ich habe den Eindruck, dass wir mit diesem Feldzug eine Gefahr abwenden, wie sie größer und furchtbarer für unsere Heimat und für Europa nicht gedacht werden kann. Ein solch festes Ziel zu haben, ist schon halb gewonnen."

Ob diese siegesgewissen Beteuerungen nur zur Beruhigung der Eltern formuliert werden oder ob die bisherigen Erfolge in den „Blitzkriegen" des Führers tatsächlich eine solche Gewissheit der Unbesiegbarkeit erzeugt haben, ist schwer zu entscheiden. Ein Blick auf die Aufzeichnungen Jochen Kleppers zeigt jedoch, dass Heinz mit seiner Beurteilung nicht allein steht, denn auch dieser berichtet von den „großen deutschen Anfangserfolgen in Russland".[41]

Im Verlauf des Monats beginnt es „zum Leidwesen" der Beteiligten, erheblich zu regnen. „Deshalb bauen wir uns jetzt regen- und splittersichere Bunker." Wie eine Beschwörung klingt es: „Bis zum Winter müssen wir unbedingt hier fertig sein und nach der Lage der Dinge wird es auch der Fall sein. Selbst russische Stimmen klingen pessimistisch." Die Notizen im August berichten von viel Beschuss und eigenem Schießen, von Bomben und Granaten, von Gefechtsständen und Bunkern:

1. August, Artillerie-Beschuss und Bomber.
2. August, Scheune, unglückliche Unterbringung.
3. August, Erkunde in K'd neue B.-Stellen, Protzenstellung.[42]*Kor. bleibt da* [...]
4. August, Umzug in den neuen Gefechtsstand.
5. August, Ausbau der Stellung. 2 Holzbunker, Beschuss in unmittelbarer Nähe.
6. August, Viel eigenes Schießen.
7. August, Tag in der Protzen-Stellung gewesen, mit Hauptmann Heber zur 5. und 6., Granate neben uns.
8. August, Kommando zurück.
9. bis 13. August, Verteidigungsstellung.

Heinz lässt seine Eltern wissen, dass sich ein größeres Kesseltreiben, das Unternehmen Petersburg, anbahnt und sie eine Verteidigungsstellung bezogen haben, die ihnen zu-

---

41 Ebd., S. 56.

42 Die Protze ist ein einachsiger Karren, der zum Transport eines Geschützes auf einer Lafette verwendet wird.

nächst einige Tage der Ruhe verschafft. Seine guten Kontakte zum Stab, u.a. zu dem ihm bereits aus Frankreich bekannten Generalmajor Warlimont, erlauben ihm, einen Einblick in die voraussichtliche Weiterführung des Feldzuges zu nehmen. Nach der als gesichert geltenden Einnahme von Moskau „sollen sich auf einer Nord-Süd-Linie größere Blöcke, bestehend aus Panzern, motorisierten Kräften und Fliegern bewegen, um etwa sich wieder zusammenballende versprengte Teile sofort vernichten zu können. Sicherung der Linie durch die Infanterie Divisionen. So ein großer Rahmen. Daraus geht ja deutlich hervor, dass man mit einer Kapitulation nicht rechnet. Hoffentlich steht uns kein Besatzungs-Winter bevor! Ich könnte mir wahrhaftig etwas Schöneres denken."

Während bei den Beteiligten erstmals der Gedanke an eine mögliche Überwinterung auftaucht, streiten der „Führer" und das Oberkommando des Heeres (OKH) über die weitere Kriegsführung. Zu diesem Zeitpunkt zeichnet sich bereits das Scheitern des Blitzkriegsplanes gegen die Sowjetunion ab. Während das OKH am 18. August einen direkten Angriff auf Moskau vorschlägt, befielt der „Führer" am 21. August zunächst die vollständige Inbesitznahme der Ukraine mit ihren fruchtbaren Böden und den kriegswichtigen Ölfeldern im Kaukasus. Der „ukrainische Brotkorb" wird dringend als Nahrungsquelle für deutsche Soldaten und Zivilisten benötigt und um Deutschland gegen die britische Seeblockade zu wappnen.

Mitte August erfolgt eine Umgruppierung in einen Abschnitt, wo es ruhiger hergeht, weniger Artilleriebeschuss und auch weniger infanteristische Tätigkeit erfolgen:

13. August, Erkundung mit Kommandeur in Leonowo. Ablösen d. 110. Div.
14. August, In der Nacht zu heute Umzug über Wassiljewo, Stopylow, Leonowo
15. bis 20. August, Verteidigungsstellung.

Das gibt Heinz Gelegenheit, ein wenig über das eroberte Land zu sinnieren: „Die russische Bevölkerung ist weiter hinten wieder zurückgekehrt, soweit ihre Häuser noch stehen. Man sieht gemähte Felder. Überhaupt macht das Land, soweit ich es bislang kennenlernte, einen durchaus bewirtschafteten Eindruck. Es ist natürlich sehr viel Wald dabei, vor allem Tannen, aber kaum Brachland wie es in Frankreich die Regel war. Große Teile sind versumpft. Kornfelder, Kartoffel- und Kohlfelder sieht man auf Schritt und Tritt, ordentlich angelegt. Die Wohnweise ist recht primitiv, Vieh in größerer Zahl nicht zu beobachten. Ein Bauer hat eine vielleicht zwei Kühe, dieselbe Anzahl Schweine, mehrere Hühner. Mit ihren leichten kleinen Wagen und den ebenso leichten, aber zähen Pferden machen ihnen die ausgefahrenen Sandwege kaum Schwierigkeiten. Dörfer in unserem Sinne kennen sie nicht, mit Kirche und Marktplatz. Jeder baut sich dorthin, wo er Lust hat und von einer geregelten Anlage ist keine Rede. Ein Haus gleicht dem anderen, alle sind aus Holz. Das gibt der Landschaft mit den vielen dunklen Tannen ihr besonderes Gepräge."

Nach dem Durchmarsch der Wehrmacht sieht das Land anders aus: Zoya Konstantinovna M. aus Mogiljow, Belarus, erinnert sich an das Kriegsende:

„Ein leeres Feld und Asche. Wir wohnten in Baracken, in denen bis dahin die Deutschen Pferde gehalten hatten. Wir waren krank, es gab nichts zu essen. Mutter hat Brot aus Gras gebacken. Wir waren alle krank. Mein kleiner Bruder war etwa 6–7 Jahre alt, ging aufs Feld gefrorene Kartoffeln sammeln, wurde krank und starb. Wir mussten ein Haus bauen, aber wie? Es gab keine Männer – sie waren alle tot. Es gab keine Hilfe. Zu Beginn des Krieges war mein Vater in Gefangenschaft, er galt als Verräter. Wir waren Geächtete.“[43]

Am 18. August teilt Heinz mit: „Ich habe im Augenblick Dienst auf der Artillerie-Beobachtungs-Stelle und hause in einem recht guten Bunker. Die nächste größere Stadt liegt nicht weit von uns, Teile können wir soeben sehen, es ist Welikije-Luki.[44] Allgemein ist man der Ansicht, dass dieser Feldzug in spätestens sechs Wochen beendet ist. Die großen Unternehmungen, die z.Zt. laufen, lassen sich recht günstig an, besonders wohl in der Ukraine. Man muss nur immer so schrecklich viel Land durchmessen, wenn man zu einem Ziel will. Die Entfernungen sind unerfreulich!“

Währenddessen war bereits am 5. August die russische Stadt Smolensk in einer Kesselschlacht besetzt und fast vollständig zerstört worden. Tausende Bewohner der Stadt kamen ums Leben oder wurden zur Zwangsarbeit nach Deutschland gebracht. Dazu Heinz am 21. August: „Diese großen Erfolge der Wehrmacht haben auch uns hier – 100 km nördlich von Smolensk – nicht unberührt gelassen. Es war ein sehr anstrengender Tag für uns. Ab vier Uhr morgens griff der Russe mit überlegenen Kräften den ganzen Tag an und wurde durch das Artillerie-Feuer unserer Abteilung, deren Adjutant ich seit zwei Tagen bin, abgewiesen. […] Diese Angriffe waren offensichtlich Entlastungsangriffe, er wird wohl gemerkt haben, dass er wieder eingekesselt ist. Bei den gestrigen Russenangriffen erschienen erfreulicherweise einmal drei Stukas, die schwer dazwischen gefunkt haben. Aus eigener Erfahrung weiß ich, wie ein Angriff aus der Luft wirkt. Lieber einen anständigen Artilleriebeschuss als einen Angriff mit Bomben. […]

Leider ist das Wetter regnerisch seit gestern, was besonders in Bezug auf die Straßen sehr wenig wünschenswert ist. Mein Erdbunker hält indessen noch dicht! Regen mit weiterer Verschlechterung der Wetterlage können wir am wenigsten brauchen, und es wird wohl mit Macht jetzt auf eine rasche Beendigung des Feldzuges gedrängt.“

Am folgenden Tag, 22. August, – so der nächste Bericht – „hatten die Russen einen örtlichen Erfolg rechts von uns, am Nachmittag und Abend konnten sie wieder zurückgedrängt werden, wozu auch eine Batterie von uns herausgezogen wurde. Zum ersten Mal sah ich einen Angriff von 11 Stukas, die ebenfalls eingesetzt waren. Es ist ein fantastischer Anblick. Gleich mit der ersten Bombe wirbelte ein ganzes Haus in tausend Balken ge-

[43] 197. Freitagsbrief aus dem Archiv von KONTAKTE-KOHTAKTbI e.V.

[44] Welikije-Luki wurde 1941 und 1942 heftig umkämpft und wechselseitig besetzt. Anfang 1943 wurde die deutsche Wehrmacht in der Schlacht von Welikije-Luki fast vollständig aufgerieben, wobei die Stadt schwerste Verwüstungen erlitt.

rissen durch die Luft. Am folgenden Tag noch einmal dasselbe Schauspiel mit 22 Stukas.“ Die Kurzform des Angriffes liest sich so:

21. August, ab 4.00 Russenangriffe. Abgewiesen. Telefon!
22. August, Russendurchbruch bei Division 742. 6. Batterie. Telefon! Kopylowo.
23. August, Vorgehen d. 110. Div.
24. August, Ruhe. Russe weg.

Von dem fantastischen Erfolg der Stukas berichtet auch Larisa Fjodorowna S. aus Mogiljow:

„Meine Großmutter hat mir erzählt, [...] wie sie hungerten, wie Flugzeuge ihr Dorf bombardierten, wie sie sich im Winter in Schützengräben versteckten und manchmal auch in Schützengräben lebten. Sie hat erzählt, wie die Deutschen alle Dorfbewohner in einem Haus versammelten, Stroh darum aufhäuften und sagten: ‚Wenn wir in Euren Häusern Patronen oder Partisanen finden, werden wir Euch alle anzünden‘. Es war schrecklich. Alle Mütter und Kinder weinten bittere Tränen. Aber – Gott sei Dank – fanden sie nichts und die Bewohner wurden freigelassen. Nur drei Häuser blieben vom ganzen Dorf stehen.“[45]

Am 24. August fährt Heinz fort: „Nun sind wir am Ziel unserer so langen Verteidigungsstellung: der Ring [um die Stadt Welikije-Luki] hat sich geschlossen. So nehmen wir an, dass es in den nächsten Tagen weitergeht. Wir sind von Moskau nicht mehr so ganz weit entfernt. Wenn diese Stadt erst gefallen wäre! Jedenfalls geht wunderbar planmäßig alles hier vor sich und wenn man oben von noch 5–6 Wochen spricht, so wird das schon seine Gründe haben. Die Verluste unserer Abteilung halten sich in Grenzen, an Offizieren haben wir einen schweren und einen Leichtverwundeten.“ Weiter geht es Richtung Moskau:

25. August 13 Uhr, Vormarsch in Richtung auf Welikije-Luki. Erreichen Mielkina.
26. August, Ruhetag in Mielkina.
27. August, 22. Sowjet-Armee mit 7. Division vernichtet. 40.000 Tote, 30.000 Gefangene.
28. August, Armee-Reserve. Suchaktion nach Beute. 16 Uhr Weitermarsch.
29. und 30. August, Weitermarsch
31. August, Ruhetag in Baranenki.

Am 27. August berichtet er den Eltern: „Mit 25.000 Gefangenen und Aufgabe der Stadt Welikije-Luki, die im Zentrum des Kessels lag, ist die Vernichtungsschlacht geschlagen. Ein lange nicht mehr gehabter Anblick, eine größere Stadt von 80.000 Einwohnern mit

[45] 175. Freitagsbrief aus dem Archiv von KONTAKTE-KOHTAKTbI e.V.

vielen weißen Kirchen und größeren Gebäuden. Wir sehen sie von unserer Höhe hier im Tale liegen."

Nach weiteren Schlachten und der Rückeroberung durch die Rote Armee Anfang 1943 wird die chöne Stadt mit den weißen Kirchen schwerste Verwüstungen erlitten haben.

Am 30. August: „Im Augenblick sind wir Armee-Reserve und marschieren als Beutesuch-Kommando hintendran. Schon ist Toropez genommen und schon richten sich unsere Augen auf Kalinin, schon – Caesar celeravit." Die erstmals für das Jahr 1074 erwähnte historische Stadt Toropez wird bereits im Januar 1942 von der Roten Armee wieder zurückerobert. Sie gilt als Heimatort des Mönchs des Kiewer Höhlenklosters.

„Morgen wird es wohl weiter gehen, und so ganz weit ist Moskau nicht mehr entfernt von hier. Unsere Division hat in diesem Kessel allein 9.000 Gefangene eingebracht." Haben Heinz und seine Kameraden sich je gefragt, was mit diesen Menschen geschieht?

Hans Gottard, für den das Schicksal der russischen Bevölkerung im Vordergrund steht, mutet seiner Frau unerträgliche Schilderungen zu:

2.2.1942: *„Diese, die sterben, die umkommen, die verrecken, nur so, ohne Absicht, ohne Sinn, ach Gott! da lagen sie, auf einem Haufen, wirr, zerknäuelt, halbnackt und fahl, ein Arm starrt steil wie ein Wurzelstrunk in die Luft, die edle Form der menschlichen Leiber in ihrer eisernen Starre irgendwo unter dem grünlichen Hemd (sich) abzeichnend.* [...] *Hier in K. öffnete man den Waggon und sie stürzen aus der Öffnung. Einer versucht noch zwei Schritte, dann stürzt er aufs Gesicht, Blut springt aus der Nase, aus dem Mund. Er ist tot. Wie die andern alle. Man wirft sie heraus wie dürre, ach so leichte krumme Hölzer."*

Noch einmal Heinz: „Die blutigen Verluste der Russen sind bedeutend. Viel Kriegsgerät, u.a. auch ganz neue LKW's sind erbeutet worden. Verheerend sind die Wirkungen der Stukabomben hier gewesen. Sie sind doch eine ganz wesentliche Unterstützung für uns. Das russische Heer ist sehr gut ausgerüstet. Kaum Blindgänger wie es in Frankreich die Regel war, da die Franzosen noch Munition vom Weltkrieg verwendeten. Nur die Verpflegung soll nach Aussagen von Überläufern mangelhaft gewesen sein. Wenn man allein die Zahl der vernichteten Flugzeuge und Panzer sich vergegenwärtigt, kann man sich schon einen Begriff von dem gewaltigen Umfang der russischen Ausrüstung machen. Aber die wichtigen Elemente im russischen Offiziers-Korps sind ja alle rechtzeitig ermordet worden. Daran liegt zum Teil auch das Versagen der gewaltigen russischen Armee."

In der Tat hatten die Niederlagen der Roten Armee unter anderem zur Folge, dass viele ihrer Kommandeure, aber auch einfache Soldaten, wegen „Feigheit", „Verrat" oder „Unfähigkeit" verhaftet und hingerichtet wurden. Dazu zählte auch der Oberkommandierende der sowjetischen Westfront, Armeegeneral Pawlow, der bereits am 28. Juni 1941 von Stalin seines Kommandos enthoben und am 22. Juli 1941 zusammen mit anderen Offizieren in Moskau erschossen wurde.

September 1941 – Verschlammte Wege

Nach einem Ruhetag in Baranenki marschiert Heinz’ Einheit vom 1. bis zum 6. September weiter Richtung Osten. In Jeseijkowa geht es am 7. September über die Düna. Weitere 160 km werden von Jeseijkowa über Doronamina bis Witjwina zurückgelegt. Von da an erfolgt der Weitermarsch bei Regen. Am 15. wird ein Ruhetag in Tolstiki eingelegt.

Das bereits im September einsetzende nasskalte Herbstwetter versetzt dem Siegestaumel der Truppe einen Dämpfer: „Draußen regnet es in Strömen wie schon die ganze Nacht. Unergründlich und tief verschlammt sind die Wege, d.h. die Teile der Landschaft, die eine wegeähnliche Struktur aufweisen, ein nasskalter Wind weht um unser primitives Haus, das, wenigstens zu Aufenthaltszwecken, nicht indessen zum Schlafen, wir nun doch zu beziehen uns genötigt sahen. [...]

Der Herbst lässt sich anders an als in der Heimat mit seinen köstlichen Stimmungen. Vor allem aber ist der anhaltende Regen unseren Operationen wenig zuträglich, die Pferde leiden sehr, weil sie immer draußen stehen müssen und schwer zu ziehen haben. Wie rasch ist der Sommer vergangen. Wenn ich noch an die glühendheißen Tage unserer Abreise aus Frankreich denke und die russische Hitze im Juli und August, dann will einem die Hitze doch wesentlich angenehmer erscheinen als Regen, Wind und Kälte. Meine dicken Handschuhe wie auch der brave alte graue Pullover ruhen wohlverwahrt in einer meiner Kisten, die sich hinten beim Tross herumtreiben. Man hätte doch auf weitere Sicht disponieren müssen. An den Fronten geht es indessen weiter rüstig vorwärts.“

Mitte September geht die Einheit dazu über, an ganz schlimmen Regentagen Quartier in Häusern zu beziehen, „zumal – so Heinz – die Gegend hier besser und gepflegter ist. Im Augenblick bewohnen wir auch eine solche Hütte, und die alte Mutter backt gerade ein Brot. In einem anderen Haus befand sich ein 14-jähriger Junge, welcher deutsch sprach. Von sechs Schuljahren hatte er zwei Jahre deutsch und dafür sprach er schon einigermaßen. Nach seinem Namen gefragt, antwortete er Korl! Im Übrigen sieht man in fast jedem Haus noch und trotz allem Heiligenbilder hängen.“

Ein kleines hölzernes Triptychon hat in Heinz einen neuen Besitzer gefunden. In der Familie kursiert die Legende, dass ihm diese Ikone von einem Bauern übereignet wurde, der damit Heinz für die Verschonung seines Dorfes danken wollte. Nur zu gern möchte ich dieser Vorstellung Glauben schenken.

Die neue Marschrichtung führt von Toropez aus nach Süden Richtung Smolensk. Gegen Ende des Monats bezieht die Truppe ostwärts Smolensk Stellung. „Unser Gefechtsstand ist in einem geräumigen Hause, was nicht zuletzt mein Verdienst ist, da ich den Kommandeur von der Unhaltbarkeit des Wohnens in Regen und Kälte durchlassenden Erdlöchern überzeugen konnte. Die Front ist hier ruhig, wahrscheinlich entwickelt sich hier etwas, wovon wir die westliche Wand bilden.“

Nun sind es die russischen Familien, die ihre Zuflucht in Erdlöchern nehmen müssen, so die Schilderungen von drei Frauen aus Mogiljow, Belarus:

Tamara Kuz'mininichna K.: *„Als unser Haus niedergebrannt wurde, halfen uns die Dorfbewohner, eine Grube zu graben. Wir machten ein Dach aus Balken und bedeckten diese mit Ästen. In diesem Unterstand schliefen wir praktisch unter freiem Himmel.*"[46]

Aus den Erinnerungen ihrer Mutter berichtet Nina Grigorjewna P.: *„Wenn die Strafkommandos der Deutschen kamen, gingen die Leute in die Wälder.* [...] *Und als ihr Dorf brannte, versteckten sie sich alle im Wald. Danach lebten sie in Unterständen.*"[47]

Nelly Alekseyevna R. aus dem Gebiet Gomel beschreibt ihr Leid: *„Als die Leute in ihr Dorf kamen, sahen sie eine Brandstätte. Kein einziges Haus mehr, das ganze Dorf war niedergebrannt worden. Die Menschen mussten Keller graben und wie Maulwürfe jahrelang in der Erde leben.*"[48]

Inzwischen ist die Hoffnung, den Feldzug wie geplant in sechs Wochen beendet zu haben, endgültig geschwunden. Heinz' Gedanken richten sich auf Überwinterung: „Wie verlautet soll bereits an Winterquartieren gearbeitet werden. Bei allen großen Taten der Wehrmacht, diesen Krieg hat man sich so schwer nicht vorgestellt, mit diesem zähen und hartnäckigen Widerstand hat man in dem Umfange wohl kaum gerechnet. Es gibt Lesarten, die besagen, dass man in diesem Jahr nicht viele weitere Unternehmungen gegen Russland starten will, sondern zwischendurch – im Frühjahr 1942 – gegen England starten will. – Ich enthalte mich der Stimme. Möge uns ein Winterfeldzug hier erspart bleiben." Drei Tage später heißt es: „Was wird, weiß ich nicht, drohend erhebt sich das Gespenst der Überwinterung. Post haben wir längere Zeit nicht erhalten."

Inzwischen baut die Organisation Todt, eine paramilitärische Bautruppe, mit Hilfe russischer Gefangener und Zwangsarbeiter bereits die Winterstellungen, vor allem die Durchgangsstraßen aus. Heinz' Truppe marschiert ein Stück auf der einzigen Autobahn Russlands, die Smolensk mit Moskau verbindet und teilweise asphaltiert ist. Sie hat – wie er urteilt – den „Charakter einer schlechten deutschen Landstraße mit Schlaglöchern". Die Autobahn beginnt in Michejkowo. Von dort geht es über die alte Poststraße nach Zurikowo. Am 21. September erreicht die Truppe den wenige Kilometer westlich des Dnjepr gelegenen Ort Fedurno.

Am 24. September ergibt sich die Möglichkeit, einem nach Deutschland fahrenden Kameraden Post mitzugeben. Diese Gelegenheit nutzt Heinz zu vertraulichen Mitteilungen an der Feldpostzensur vorbei: „Oberstleutnant Schmidt ist gesundheitlich so sehr herunter infolge rheumatischer Beschwerden und eines Herzklappenfehlers (weswegen er 1923 bereits einmal seinen Abschied genommen hatte), sodass mit einem längeren Kuraufenthalt in Deutschland zu rechnen ist. [...] Leutnant Schulz, der Nachrichten-Offizier der Abteilung, ist seiner schweren Verwundung erlegen. Er hinterlässt seine Frau mit 2 kleinen Kindern. Ein anderer Offizier ist als vorgeschobener Beobachter vor Welikije-Luki verwundet. Leutnant, Büscher IV. Abt., mit mir in die 6. Batterie des Artillerie-

46 207. Freitagsbrief aus dem Archiv von KONTAKTE-KOHTAKTbI e.V.

47 174. Freitagsbrief aus dem Archiv von K ONTAKTE-KOHTAKTbI e.V.

48 210. Freitagsbrief aus dem Archiv von KONTAKTE-KOHTAKTbI e.V.

regimentes Nr. 6. eingetreten, liegt mit einer Verwundung in seiner Heimat Bielefeld. Leutnant Hans-Gerhard Schmidt aus Osnabrück (seine Frau ist die geborene Weber) liegt in Telgte im Lazarett. Er hat einen sehr heftigen und unangenehmen Hautausschlag, über den die Dermatologen bislang fünf verschiedenen Diagnosen aufgestellt haben! Er muss unter furchtbarem Juckreiz leiden und kann kaum schlafen.“

Die Kameraden, die an der Front verbleiben, nutzen die Zeit auf ihre Weise: An den Tagen der Ruhe kann Heinz seine eigentlichen Fähigkeiten einsetzen: Lesestunde „im Rahmen der geistigen Betreuung“ bevor dann wieder zum Kartenspiel gegriffen wird. Seine Bitte an die Eltern: „Angesichts der heftigen Benutzung von Spielkarten möchte ich darum bitten, mir doch 2 Skatspiele zuschicken zu wollen, mit denen man zusammen dann auch einen freundlichen Doppelkopf spielen kann. Die Abende werden bereits länger und dann ist ein Kartenspiel das Gegebene!“ Die Kameradschaft untereinander gewährt Halt.

Hoffnungsfroh wird das Ende des Feldzuges ins Auge gefasst, wenn es am 27. September heißt: „Was sich hier anbahnt, kann möglicherweise zum allergrößten und den Kiew-Kessel bei weitem übertreffenden Erfolg werden und den Abschluss der östlichen Kampfhandlungen bringen.“

Die Kesselschlacht um Kiew endete am 26. September mit dem bisher größten Erfolg der Wehrmacht: etwa 665.000 Rotarmisten gerieten in deutsche Kriegsgefangenschaft, 2.718 Geschütze wurden erbeutet.

Heinz weiter: „Von meinem Beobachtungsstand sah ich heute den berühmten Smolensker Autofriedhof, der meine Erwartungen weit übertroffen hat. Tausende von LKW’s liegen dort, einer neben dem anderen, ein gewaltiger Anblick! […] Der Erfolg von Kiew, der heute in seiner ganzen Größe und Auswirkung bekannt gegeben wurde, ist doch wieder enorm. Aber es ist eben doch so, dass man ein Regiment nach dem anderen, eine Division nach der anderen zusammenschlagen muss. Die Franzosen hätten in solchen Fällen längst den Kopf verloren und sich ergeben, Russland hat so viele Menschen und ist so unendlich groß. Wenn es hier nicht immer so blitzmäßig geht, so hat das schon seinen Grund. Der Feldzug ist auch nicht mit den anderen bisher geführten vergleichbar, weil hier zwei Gegensätze aufeinander geprallt sind, wie sie sich entgegengesetzter nicht gedacht werden können. […]

Hoffentlich gibt es anschließend einen großzügigen Urlaub, den haben wir alle hier redlichst verdient! Manchmal träume ich von Kartoffelpuffern und Königsberger Klopsen! Obwohl unsere Verpflegung durchaus ausreichend ist, so lässt die ewige Gleichheit, ewig Schmalz, Kohl und Kartoffeln, doch den Wunsch nach Abwechslung aufkommen.“

Immer wieder gehen die Gedanken nach Hause: „Was macht Mutters Befinden? Ich denke so viel daran und kann doch so wenig helfen. Lore ist doch noch zu Hause? Kürzlich las ich Vaters Anzeige [im Osnabrücker Tageblatt], worin er eine Schwester suchte. Habt Ihr schon etwas Geeignetes gefunden? Habt Ihr eigentlich genügend Kohlen für den Winter?“

Wenige Tage später heißt es in einem Brief an Gertrud: „Ich weiß gar nicht, wo ich Dich mit meinen Gedanken suchen soll, ob Du zu Bett liegst oder ob Du auf sein kannst.

Ich fürchte aber das erstere und Du kannst gewiss sein, dass ich so oft wie möglich mit meinen Gedanken bei Dir zu Haus bin. Wir haben heute einen köstlich milden Herbsttag, dass man gar nicht glauben will, in Russland zu sein mitten zwischen Tod und Verderben. Einmal wird ja der Tanz hier vorbei sein und dann gibt es hoffentlich einen anständigen Urlaub! Wie viel werden wir uns zu erzählen haben! Anfang Mai war ich zuletzt zu Hause!“

Oktober 1941 – Schneesturm und Frost

Im Oktober sind die Aufzeichnungen in Briefen und Notizbuch in immer stärkerem Maße von militärischen Abkürzungen, die von Umgruppierungen und Ablösungen berichten, durchzogen. Rätselhafte Buchstaben, hinter denen sich die alles umfassende hierarchische Ordnung und die gewissenhafte Bürokratie des Militärwesens verstecken: Art. Gruppe Stifter. 4. A.R.186, 5., 6., 11. dito, 7. A.R. 213, 3./860 Mörser. Das Notizbuch verzeichnet die Unternehmen „Spähtrupp“ [2.10.] und „Peter“ [3.10.]

Standort bleibt Michejkowo. Es ist eiskalt, es hat geschneit und der Wind weht kalt. Heinz hat Glück: „Ich bewohne einen fabelhaften Bunker, in dem ich wenigstens aufrecht stehen kann; die Bank ist ein Polster aus einem Auto, sehr bequem. Dazu ist ein Ofen vorhanden, hergestellt aus einer Milchkanne, der im Augenblick seine freundliche Wärme ausstrahlt. Neben mir steht mein Telefon, das mich mit meiner Abteilung verbindet, die immerhin 12 km entfernt ist. Der Vollständigkeit halber erwähne ich noch ein richtiges großes Fenster, wodurch der Bunker tatsächlich einen zimmerähnlichen Eindruck macht. Die Wände sind rings mit Stroh verkleidet. Zur Abwechslung bin ich seit gestern bei unserer Aufklärungs-Abteilung.“

Am 5. Oktober schwärmt er: „Einen so wunderbaren Tag wie heute haben wir wohl noch nicht gehabt in Russland. Morgens lag Raureif, jetzt gegen 9 Uhr ist es draußen in der strahlenden Sonne unvergleichlich schön. Nicht zuletzt begünstigt das gute Wetter wesentlich die derzeitigen Operationen, die ja unter persönlicher Leitung des Führers stehen.“

Am 2. Oktober hatte der „Führer“ mit dem Unternehmen „Taifun“ die Wiederaufnahme der Offensive auf der ganzen Front befohlen: *„Dies sei der Beginn der letzten großen Entscheidungsschlacht dieses Jahres“* hatte er die Soldaten an der Ostfront wissen lassen. Heinz berichtet: „Die Rede des Führers habe ich selbst nicht hören können, nur habe ich Kenntnis erhalten von dem Satze, dass seit 48 Stunden die größte Schlacht im Gang sei, unter seiner Leitung. Das hat besonders viel zu sagen, da sonst niemals vorher eine solche Ankündigung stattgefunden hat. Möge es die letzte sein im russischen Feldzug; wir sind hier auch daran beteiligt, wenn auch nur mehr passiv.“

Und am 6. Oktober: „Großes ist im Gange, es geht mir gut. Herzlichst Euer Heinz.“ Weiter geht der Marsch Richtung Osten:

8. Oktober, Muljawtschina (20 km), Weitermarsch 7 Uhr: kalt, Regen im Kübel, bis 12 Uhr 5. und 6. Batt. zurück.

9. Oktober, 5 Uhr 45, 5. und 6. gefunden, Tross 5, Muni Staffel 4 gefunden, in PKW, Regen, kalt, Unterkunft in Stepanowa.

10. Oktober, Nach Dedowa (40 km) zu Fuß: Schneesturm, III. Abteilung 41 km.

11. Oktober, Nach Borjatiur (16 km), Bratkartoffeln, Winterlich.

12. Oktober, Nach Wanka (12 km), Knüppeldamm im Walde, Frost, aber milde, 3-Zimmer-Wohnung, (22) km.

13. Oktober, 23 km nach Trojna, Milch, Bratkartoffeln.

14. Oktober, Trojna, Schnee, Ruhetag, Abteilungs-Abend, Schmitz.

15. Oktober, Ruhetag

16. Oktober, EK II (Trojna) Ruhetag

Heinz am 9. Oktober: „Seit gestern, liebe Eltern, sind wir wieder auf dem Marsch nach Osten. Der Russe hatte seine sehr starken Feldbefestigungen am Dnjepr aufgegeben, worauf wir kurzerhand auch verschwanden; das Niemandsland ist so stark vermint, dass niemand hindurch kann. Dort liegen auch der gewaltige Autofriedhof und viele, viele unbestattete Russen. Wahrscheinlich hat er [„der Russe"] Smolensk nun endgültig aus seinem Ehrgeiz gestrichen, um sich etwas mehr mit Moskau zu befassen. Bei Wind und Regen haben wir einen ungemütlichen Vormarsch, aber schon ist das Wort „Endspurt" aufgetaucht! […] Leningrad steht kurz vor dem Fall; es soll dort vorübergehend etwas mulmig ausgesehen haben. Der Führer soll auch dort eingegriffen haben mit dem Einsatz von Fallschirmtruppen. Genaues weiß ich nicht."

Das Quartier in Stepanowa befindet sich bei einem Bürgermeister: „16 Köpfe, 2 große Zimmer. Ein sehr freundlicher älterer Mann. Man kann sagen, dass alle etwas besser aussehenden Menschen, die auch einigermaßen sauber sind und wohnen, durchaus entgegen kommend sind, freundlich zu sagen, wäre übertrieben, während die Masse durchaus stur und ablehnend ist. Wenn man ihnen guten Tag sagt, antworten sie nicht. Uns zu essen anbieten können sie nicht, einfach, weil sie selber nichts haben. Aber Heiligenbilder sieht man doch noch fast in jedem Hause. Eben hat unser Adjutant sein Kofferradio angestellt und die alte Frau, die hier im Zimmer ist, ist völlig sprachlos und weiß nicht, was sie damit anfangen soll! Heute Mittag hat sie uns Bratkartoffeln gemacht, ohne Fett, nur mit Milch. Es ging. ihre Tochter wäscht und bügelt unsere Wäsche!"

Auch Jochen Klepper beschreibt selbst die („verbündete") rumänische Bevölkerung, auf die er trifft, als „sehr stur und ohne Begreifen für die Situation der deutschen Soldaten in Rumänien. Nur mit Mühe und Geschenken, Geld und Bitten erreichen wir, dass eine Frau mit unserer Seife für uns wäscht."[49]

Diese Aussagen machen wieder einmal sprachlos. Haben die Herren Offiziere Freudenstürme über ihre Anwesenheit erwartet, Begeisterung darüber, dass die Menschen ihre Häuser verlassen mussten und stattdessen in Erdlöcher ziehen durften? Dazu noch einmal die Sichtweise einer Betroffenen aus dem Bezirk Mogiljow, Elena Grigor'ewna:

[49] Klepper: Überwindung (wie Anm. 31), S. 54.

„Als die Deutschen auf neuen Motorrädern mit Beiwagen in unserem Dorf ankamen, jagten sie uns aus dem Haus (dem großen und neuen), nahmen uns die Kuh, den Eber, die Hühner, den Speck, die Eier weg – alles wurde weggenommen, und wir wurden in den Sumpf hinter dem Garten getrieben. Als mein Vater (ein Kriegsinvalide, dem zwei Rippen herausoperiert worden waren) eine zerrissene Strohmatratze holen wollte, schossen sie auf ihn, aber er brachte uns die Matratze."[50]

Am 11. Oktober gibt der erste Schneesturm Heinz eine kleine Vorahnung auf Kommendes. „Es war gestern auch so kalt, dass ich unsere Tagesleistung von 40 km zu Fuß zurückgelegt habe, weil es mir auf dem Pferde zu kalt war. Heute Morgen schneit es, und schon jetzt hatte man bei dem nur sehr geringen Schneefall den Eindruck der toten Weite aus weißer Unendlichkeit, was indessen nicht ohne Reiz ist, aber seelisch auf die Dauer gewiss deprimierend wirken kann."

„Eine tote Weite aus weißer Unendlichkeit", besser hätte man es nicht formulieren können. Eine Weite, die sich unermüdlich verschiebt, kein Anhaltspunkt am Horizont, mit jedem zurückgelegten Kilometer neue weiße Unendlichkeit. Der Reiz dieses Phänomens wird nicht lange gewährt haben.

„Im Reich" dagegen wächst die Euphorie. Obwohl der Feldzug bereits in den vierten Monat gegangen ist, wird immer noch Siegesgewissheit verbreitet. Jetzt befiehlt der „Führer" den Angriff auf Moskau. Heinz kommentiert: „Die große Lage ist ja sehr hoffnungsvoll, alles, was Beine hat, marschiert auf Moskau. Ob wir noch zum Einsatz kommen, ist fraglich, wir können ja gar nicht so schnell folgen, um bei dem letzten, mit so großer Energie geführten Schlag zugegen sein zu können."

Haben sich Heinz oder seine Kameraden jemals gefragt, wie ein Krieg im Angesicht der unvorstellbaren Weite des Landes und der Massen an Soldaten, die immer neu an die Front geschickt wurden, überhaupt hätte beendet werden können? Hat man sich Gedanken darüber gemacht, was geschehen würde, wenn die Einnahme Moskaus gelungen wäre? Wer hätte das Riesenland verwalten sollen? Glaubte man wirklich, dass sich ausreichend Deutsche gefunden hätten, um dort zu siedeln?

Ganz illusionslos beurteilt Heinz am 14. Oktober den eigenen Beitrag „am letzten Schlag": „Wir sind im Augenblick Heeresgruppe Reserve und sind in Bezug auf unsere Pferde so ziemlich am Ende unserer Kraft. Ich glaube nicht, dass wir mit unserer Abteilung noch einen größeren Einsatz leisten können, es ist zu viel gewesen. Höheren Ortes ist es m.E. wohl bekannt. Eine Kompagnie unserer Infanterie-Regimenter in der Division hat durchschnittlich 40 Prozent ihrer Kampfkraft in den schweren Kämpfen verloren. Manche Kompagnien haben statt 100 noch 50 Mann. An die 1.500 km haben wir ab 28. Juni zurückgelegt, an die 9.000 Schuss haben unsere 12 Rohre verlassen. Draußen liegt Schnee und es stürmt dazu, kurz es ist wenig angenehm im Augenblick. Unsere Truppen liegen nahe Moskau, hoffentlich haben sie kein solches Wetter."

---

[50] 200. Freitagsbrief aus dem Archiv von KONTAKTE-KOHTAKTbI e.V.

Bereits im August hatte die Heeresgruppe Mitte gemeldet, die Panzerverbände seien in einem „derartig hohem Maße abgekämpft und verbraucht“, dass „an einen operativen Einsatz ihrer Masse vor einer totalen Auffrischung nicht zu denken ist.“[51] Hinzu traten Probleme beim Nachschub von Ersatzteilen.

Von der russischen Seite werden jetzt Flugblätter in die Stellungen deutscher Soldaten geworfen: *„Folgt einem Wahnsinnigen nicht in den Tod! Ihr werdet verheizt! Werft die Waffen weg! Lauft über!“* Auf deutscher Seite werden dagegen Auszeichnungen verteilt, um die Motivation der Offiziere aufrecht zu erhalten. Heinz erhält am 16. Oktober von Oberstleutnant Schmidt das EK II. für seine Verdienste in der Dnjepr-Stellung und an der Stalin-Linie. Einzelheiten will er den Eltern mündlich berichten. Zunächst nur soviel: „Ich freue mich das EK II. zu haben, denn man hat als Offizier doch gerne eine Kriegsauszeichnung.“

Freud und Leid liegen dicht beieinander. Gertrud ist ernsthafter erkrankt als angenommen: Am 17. Oktober schreibt Heinz an seinen Vater: „In tiefem Schmerz sind meine Gedanken bei unserer lieben lieben Mutter. Ich kann es Dir mit Worten nicht sagen, was Dein Brief mit der Schilderung von Mutters Krankheit für mich bedeutet. Wenn ich auch schon immer auf Grund ihres Schweigens Schlimmeres vermutet habe, darauf war ich nicht vorbereitet. Möge ein gütiger Himmel seine Hand über allem halten. Und ich, der ich so weit fort bin, kann bei jedem Deiner Briefe nur die Hoffnung haben, dass er einen kleinen Lichtblick bringt. […] Was mir mein Elternhaus an Vorbild und Beispiel im Leben bedeutet hat und bedeutet, ist so viel, dass ich in diesen Tagen den Gedanken, dass ein Teil des Elternhauses so schwer erkrankt ist, nicht angenommen habe, sondern meine Zuflucht immer wieder in glücklichen Tagen der Vergangenheit gesucht habe, die so überreich in meinem Gedächtnis sind. Ich teile Deinen Schmerz so ganz und gar, Vater, weil ich wie Du so weiß, was wir an unserer lieben Mutter haben. Und ich suche meinen Trost in denselben Gedanken wie Du. Gott wird wissen, warum er uns dieses auferlegt hat.“ Am 23. November schreibt er an seinen Bruder Rolf nach Berlin, dass er nach Erhalt des letzten Briefes seines Vaters über Mutters Befinden tief erschüttert sei und nur wenig Hoffnung habe. In einem Anflug brüderlichen Mitgefühls schreibt der sonst so sachliche Rolf dem Vater: „Ich würde gern auf meinen Urlaub verzichten, wenn er [Heinz] dafür fahren könnte.“

Seit Mitte Oktober geht der Vormarsch weiter in Richtung Kalinin – Wolga-Staubecken. Genauestens werden alle Dörfer und alle Tagesmarschleistungen verzeichnet. Den Weg heute nach zu verfolgen ist fast unmöglich. Keiner dieser Orte lässt sich auf den Karten wiederfinden. Heinz aber ist im Besitz von Messtischblättern, auf denen die Heeresleitung die Namen der in kyrillischen Buchstaben verzeichneten Dörfer ins Lateinische übertragen hat:

[51] Rudolf Steiger: Panzertaktik im Spiegel deutscher Kriegstagebücher 1939–1941, Freiburg 1973, S. 160.

17. Oktober, Weitermarsch nach Rybzewa 6.45 (26 km)
18. bis 22. Oktober, Ruhetage.
23. Oktober, Weitermarsch nach Oschuckino letzter Verpflegungssitz. (für 2 Tage)(27 km)
24. Oktober, Weitermarsch nach Iwlewa, Ritt zum Regiment (25 km)
25. Oktober, Weitermarsch nach Panzowa (20 km) über Gytschewka
26. Oktober, Regentag, von Panzowa nach Sossedowa. 11. u. 12. Bat. raus,(21 km),
27. Oktober, Erkundung der Furt von Tschernejka (10 km),
28. Oktober, Weitermarsch nach Sossedowa über Furt – Tschernejka nach Karmorwowa (Nur Stab u. 4.) 5. u. 6. zurück (22 km)
29. Oktober, Vorkommando nach Trissjolly, Oberst Studt mit uns. 6. in Lewutjena. 5. in Kostina (10 km)
30. Oktober, Von Trissjolly nach Boljschia Poladki, Gefechtsstand der 6. Batterie in Ignatewo (12 km zurück) von Hardt, Petuschki, bisher schlechtester Weg (18 km),
31. Oktober, Heranholen der anderen Fahrzeuge, Wegeerkundung nach Michelewo.

Währenddessen ging die Heeresgruppe Mitte am 20. Oktober aus der Doppelschlacht von Wjasma und Brjansk siegreich hervor, so dass sie den Vormarsch in Richtung Moskau fortsetzen konnte. Dabei gingen nach deutschen Angaben über 600.000 Soldaten der Roten Armee in Gefangenschaft. Etwa 12 Millionen Zivilisten flüchteten aus den umkämpften Gebieten in das sowjetische Hinterland. Berichte aus dem Bezirk Mogiljow in Belarus lassen erahnen, was die Zivilbevölkerung erleiden musste und belegen die Verbrechen der Wehrmacht.

Viktor Grigor'evich Ch.:

„Vor dem Krieg hatten wir ein sehr schönes großes Haus, das mein Vater gebaut hatte, aber die deutschen Offiziere nahmen es sich als Hauptquartier, und wir wurden in die Scheune gejagt, wo es kalt war, und uns war sehr kalt. Aber das war noch nicht das Ende unserer Qualen. Als die Sowjets vorrückten, versammelten die deutschen Besatzer alle Dorfbewohner in einer großen Scheune und schlossen sie ab, damit niemand entkommen konnte. Die Kinder schrien und weinten, jeder verstand, dass wir verbrannt werden sollten, aber plötzlich fuhr ein deutscher Offizier vor, sagte etwas, und wir wurden lebendig freigelassen. Wir wissen nicht, was das für eine Entscheidung war, aber wir sind dankbar, dass wir nicht verbrannt wurden. [...] *Nach dem Krieg gab es keinen Ort mehr, an den man zurückkehren konnte, alle Häuser waren abgebrannt, aber die Menschen kehrten trotzdem auf die Brandstätte zurück, gruben Erdhütten und lebten darin, während neue Häuser gebaut wurden. Das war meine Kindheit!“*[52]

Aufgrund der gewaltigen Erfolge meldete das Oberkommando der Wehrmacht schon am 10. Oktober anlässlich einer offiziellen Pressekonferenz, dass der Feldzug im Osten

52 212. Freitagsbrief aus dem Archiv von KONTAKTE-KOHTAKTbI e.V.

Kampf gegen Regen und Schlamm, Oktober 1941

gewonnen sei. Die deutsche Bevölkerung glaubte, dass die Soldaten noch vor dem Winter zu Hause sein würden. Allerdings geriet der Vormarsch erheblich ins Stocken, da die Hauptversorgungslinie der Heeresgruppe, die Autobahn Wjasma-Moskau, ständig durch sowjetische Sprengladungen mit Zeitzündern unterbrochen wurde. Diese Sprengladungen rissen Krater von 10 m Tiefe und 30 m Breite und waren so programmiert, dass jeden Tag mehrere Sprengungen erfolgten, wobei jede einzelne die Autobahn komplett sperrte.

Zudem setzte im Oktober der starke Herbstregen der Rasputiza[53] ein, sodass nahezu alle Straßen und Wege in der Schlammzeit aufgeweicht wurden und somit für Radfahrzeuge fast gar nicht und auch für Kettenfahrzeuge schwer passierbar waren. Der Vormarsch nach Osten blieb buchstäblich im Schlamm stecken. Heinz dokumentiert den Kampf mit den Wassermassen.

November 1941 – Etappenziel Wolga

In den ersten beiden November-Wochen gerät die Invasion ins Stocken, da es der Wehrmacht nicht gelingt, ihre Verluste auf den sehr lang gewordenen Nachschubwegen zu ersetzen. Diese immer schlechter werdenden äußeren Bedingungen beschreibt Heinz am 2. November: „Wir marschieren z. Zt. ohne Möglichkeiten des Nachschubs, die Wege sind so über alle Vorstellungen schlecht, dass wir täglich höchstens 8 km vorankommen. Deshalb marschiert jeder für sich und ist auf Verpflegung aus dem Lande angewiesen. [...] Wir ernähren uns im Augenblick fast ausschließlich aus den Erzeugnissen des Landes, insbesondere Kartoffeln, Fleisch und Brot.

Post haben wir schon seit etwa 3 Wochen nicht mehr bekommen, andererseits auch keine Möglichkeit, Post abzugeben. Kübelwagen, PKW und Krafträder liegen irgendwo weit zurück. So sind wir im Augenblick von aller Welt abgeschnitten und hören nur durch unser Radio, was um uns vorgeht. Die Regenperiode, die uns augenblicklich beglückt, ist so ungeeignet wie nur irgend möglich. An ein Rückziehen unserer Division im Winter ist nicht zu denken. So sehen wir dem weiteren Verlauf der Dinge mit einigem Interesse entgegen. Heute schreiben wir den 2. November, damit trete ich am heutigen Tage in mein 5. Dienstjahr. Das ist immerhin ein kleines Jubiläum. Leider haben wir keinerlei Alkohol, um es würdig zu begehen.“

„Mit einigem Interesse“, das ist eine von Heinz’ beliebten ironischen Untertreibungen. Das Schreckgespenst des russischen Winters lastet ja bereits seit längerem über den langsam ermüdenden Soldaten. Und genau so kommt es. Auf den Regen folgt der Schnee.

8. November: „Heute schneit es mächtig, nachdem uns auch schon gestern der Himmel abhold war. Der gefrorene Boden indessen ist uns sehr günstig und wir kommen gut weiter. Meine Tätigkeit als Wegeerkunder und Quartiermacher war nicht einfach. Mit welcher Verachtung sahen wir anfangs auf die russischen Bauernhäuser und mit welcher

---

[53] Rasputiza ist die russische Bezeichnung für die Schlammperiode bzw. Regenzeit im Frühjahr und Herbst.

Nikolskoje, November 1941

Freude begrüßen wir jetzt ein einigermaßen sauberes Quartier! Je mehr man sich Moskau nähert, desto gepflegter werden Orte und Städte. Gestern und heute ist sogar elektrisches Licht vorhanden, wenn es auch kaputt ist. Neulich bezogen wir Quartier bei einem Oberförster, der uns ausgezeichnet bewirtete mit Butter, Bratkartoffeln, Käse, Sülze u.a. mehr. Ist aber sehr selten. Die Freude über die ‚Kolchose kaputt‘ ist allgemein und in diesem Sinne werden wir doch als Befreier begrüßt.“

Während die Kommandeure an der Front sich auf Verteidigung einrichten und günstige Stellungen für die Wintermonate ausbauen wollen, glaubt das OKH mit Hilfe einer letzten Anstrengung das Ziel des Feldzuges, Moskau, doch noch erreichen zu können.

Auf seinem Marsch als Vorkammando und Wegeerkunder macht Heinz Fotos von dem Ort Nikolskoje.

Es herrscht sonniges Frostwetter mit scharfem Wind, nachts sind es minus 16 Grad. Am 11. November fragt sich Heinz: „Bei dieser Kälte Angriff?“ Doch da nach dem Eintritt der Frostperiode die Wege gefroren und besser befahrbar sind, geht man am 13. November zu einem erneuten Angriff über. Diese neuerliche Offensive gegen Moskau bleibt allerdings angesichts massiver sowjetischer Gegenwehr stecken.

Am 17. November schreibt Heinz einen ausführlichen Brief an seinen Vater: „Unser Vormarsch ging seit Mitte Oktober in allgemeiner Richtung auf Kalinin – Wolga-Staubecken. Am 10. November ist der Bereitstellungsraum erreicht. Inzwischen ist es Winter geworden mit beträchtlicher Kälte bis zu 20° und Schneefall. Trotz mangelhafter Winterbekleidung wurde der Angriff auf den 15.11. festgesetzt. Angriffsziel die Wolga. Sonnabend, 15.11., um 6.30 trat die Division an und legte in zügigen Vorwärtsstürmen am ersten Tage 25 km kämpfend bei starker Kälte und Schnee zurück. Ich war als Artillerie-Verbindungs-Kommando – wie üblich – dem Infanterie-Regiments-Kommandeur zugeteilt. Meine Erfindung, mein Funkgerät und auch meine Gegenstelle aufgebaut auf Schlitten mit Pferd mitzuführen, wurde auch in einem Regiments-Befehl besonders erwähnt. Dadurch war gewährleistet, dass ich ständig Verbindung zu meiner Abteilung aufrechterhalten konnte, was für das Nachziehen der Artillerie von wesentlicher Bedeutung war. Ich selbst war mit dem Funkwagen der uns zugeteilten Sturmgeschütz-Abteilung vorn, während mein Funkschlitten im Trabe folgte. Die Riesengeschütze vernichteten 7 feindliche Panzer.

Am Mittag des 16.11. erreichten wir die Wolga zwischen Kalinin und dem Staubecken. Um 10.57 überschritt ich die Autostraße Petersburg-Moskau. Die Brücke über die Wolga wurde im letzten Augenblick gesprengt. Damit aber haben wir unsere endgültige Stellung erreicht und richten uns nun zur Verteidigung ein. Einzelheiten über die sehr interessanten Kampftage mündlich. Wir werden also wohl den Winter über hier liegen bleiben. An Beute schmücken mich ein warmer Pelzkragen und eine wunderbare Pelzmütze.“

Wie können Kampftage interessant sein? frage ich mich. Wem wurden die Pelze abgenommen?

„Der 17.11. war besonders unangenehm, da der Feind an diesem Tage unser Dorf 15 mal mit Bombern und Jagdflugzeugen angriff und Hunderte von Brandbomben warf, wovon allerdings nur eine ein Haus traf und in Brand setzte. Es war unser Nachbarhaus!

Die Wirkung eines Stuka-Angriffes stelle ich mir anders vor! Es ist ein Glück, dass der Russe so herzlich schlecht schießt, abgesehen von Scharfschützen. Bomben werfen kann er jedenfalls schlecht. Gott sei Dank!"

Für den Zeitraum bis zum 23. November werden 1.710 km Marschleistung und 9.416 Schuss dokumentiert. Die Notizen berichten von einem Feldgottesdienst am Tag vor dem Angriff und, nach Erreichen der Wolga, von schwerem Beschuss der Roten Armee, Fliegerangriffen und Brandbomben auf die Dörfer und am 19. November von einem Umzug nach Goroditsche.

Um die Motivation der Truppe aufrecht zu erhalten erlässt Generaloberst Erich von Manstein am 20. November einen Armeebefehl:

„Das jüdisch-bolschewistische System muß ein für allemal ausgerottet werden. Nie wieder darf es in unseren europäischen Lebensraum eingreifen. Der deutsche Soldat hat daher nicht einfach die Aufgabe, die militärischen Machtmittel dieses Systems zu zerschlagen. Er tritt auch als Rächer für alle Grausamkeiten, die ihm und dem deutschen Volk zugefügt wurden, auf. […] Für die Notwendigkeit der harten Sühne am Judentum, dem geistigen Träger des bolschewistischen Terrors, muß der Soldat Verständnis aufbringen. Sie ist auch notwendig, um alle Erhebungen, die meist von Juden angezettelt werden, im Keime zu ersticken."[54]

Dass solche Aufrufe und Unterstellungen auf fruchtbaren Boden fielen, ist tausendfach belegt. In Goroditsche ist Heinz anwesend bei Besprechungen mit Kommandeur Fritz Heber und Oberst Monteton.[55] Ihm wurden das Niederbrennen von Dörfern, Plünderungen und Verschleppung der Bevölkerung sowie Gräuel, Gewalttaten und Misshandlungen von Kriegsgefangenen vorgeworfen. 1946 wird er als Kriegsverbrecher verurteilt und hingerichtet.

Zoya Konstantinovna M. aus Mogiljow, Belarus, ist eine Zeitzeugin:

„Es gab SS-Männer, die keine Kinder und keine alten Menschen verschonten, sie verspotteten die Häftlinge. Sie ließen sie Panzergräben ausheben und erschossen die Erschöpften und warfen sie in die Gruben, die Lebenden und die Toten. Dort, wo ich jetzt wohne, wurde in der Nähe eine Gedenkstätte errichtet – ein Denkmal für die in Gefangenschaft Gequälten. Dort brennt eine ewige Flamme. Hier befand sich ein Todeslager. Hier, am Rande der Stadt, gab es einen Wald. Und in diesem Wald befand sich ein Konzentrations-

---

54 Dokumentensammlung von Gerd R. Überschär/Wolfgang Wette (Hg.): Unternehmen Barbarossa. Der deutsche Überfall auf die Sowjetunion 1941. Berichte, Analysen, Dokumente, Paderborn 1984, S. 343f.

55 Albrecht Baron Digeon von Monteton (1887–1946) nahm 1940 am Westfeldzug teil, wurde ab 1941 an der Ostfront eingesetzt und Anfang April 1942 zum Generalmajor befördert. Am 3. Februar 1946 wurde er von einem sowjetischen Militärgericht in Riga wegen Kriegsverbrechen zum Tode verurteilt und hingerichtet.

lager unter freiem Himmel. Die Erde war das Bett, der Himmel die Decke, Stacheldraht die Wand. Niemand bekam etwas zu essen. Um das Lager liefen Bewaffnete mit Maschinengewehren. Hier (so berichteten uns Zeugen) hörte man von August 41 bis 43 Tag und Nacht Gestöhn. Etwa 80.000 Menschen wurden hier geschunden. Im Winter und im Sommer unter freiem Himmel, ohne Nahrung und Wasser.“[56]

Trotz schwerer Kämpfe beruhigt Heinz die Eltern. Das Winterquartier, vor dem man zuvor so viel Respekt hatte, erweise sich als erfreulich. 20. November: „Das Haus, das wir mit dem engeren Stabe bezogen haben, ist sehr nett, mit 5 Fenstern, einem abgeteilten Schlafgemach und einer Küche, wo unsere Ordonanzen sich mit dem Herstellen von Bratkartoffeln, Hühnern, Reibekuchen u. dgl. nützlich machen. Ich bin beim Stabe in meiner alten Eigenschaft als Führer des Artillerie-Verbindungs-Kommandos, in welcher Eigenschaft ich auch den letzten Angriff mitgemacht habe. Meine Aufgabe besteht nicht so sehr im Schießen, sondern Verbindung zu halten mit dem Infanterie-Regiment, ständige Meldungen zu machen über erreichte Ziele, Feindlage usw., was für die Dispositionen der Abteilung oft ausschlaggebend ist.“ Mit Erleichterung lese ich diese Aufgabenbeschreibung.

Und auch am 29. November weiß Heinz seinen Eltern Stimmungsvolles mitzuteilen: „Der erste Advent und der Weihnachtsmonat stehen vor der Tür. Winterlich ist es jedenfalls und meine heutige Schlittenfahrt durch den verschneiten Winterwald war bei ruhiger Front schön und stimmungsvoll. Ich habe Tannenzweige geholt, um unser Zimmer etwas adventlich zu gestalten. Zur Feier des morgigen Sonntag haben wir uns einem Bad in einer Sauna unterzogen. Es ist das eine recht gute Einrichtung, man beginnt bald durch den heißen Wasserdampf, den man durch Übergießen der heißen Backofensteine mit Wasser sich selbst erzeugt, aus allen Poren zu schwitzen, wodurch eine gründliche Reinigung erfolgt. Eine abschließende Dusche kalten Wassers ist dann sehr erfrischend.“

Weiterhin wird ungetrübte Zuversicht übermittelt: „Ein Blick auf die große Lagenkarte zeigt eine erfreuliche Weiterführung des Programms, so dass mit einer Einschließung Moskaus noch in diesem Jahre zu rechnen ist. Wir haben unsere diesjährige Arbeit nun wohl geleistet, wenn wir auch noch im Einsatz sind, so wird das doch wohl mehr oder weniger eine ruhige Angelegenheit werden. Auch dieses Jahr werde ich Weihnachten nicht bei Euch sein, im vergangenen Jahr in Frankreich, heute in Russland. Wo werden wir morgen sein? So manchmal denkt man ja wohl an den Augenblick der Einstellung aller Feindseligkeiten, aber es erscheint mir wohl noch sehr fern zu liegen. Eines wissen wir dafür jedenfalls, es wird nicht umsonst gewesen sein. Unsere Kinder werden dafür einmal keine Kriege führen müssen. […] Wir haben uns jedenfalls hier alle unser fröhliches Herz bewahrt.“

---

[56] 197. Freitagsbrief aus dem Archiv von KONTAKTE-KOHTAKTbI e.V.

Dezember 1941 – Gegenoffensive der Roten Armee

In seiner Einschätzung einer „ruhigen Angelegenheit“ irrte Heinz. Am 7. Dezember 1941 trat Japan mit dem Angriff auf Pearl Harbor in den Zweiten Weltkrieg ein. Der Roten Armee wurde dadurch ermöglicht, große Teile ihrer in Fernost stehenden, für den sibirischen Winter gut gerüsteten Kräfte abzuziehen und an der Westfront gegen die deutsche Wehrmacht einzusetzen. Gleichzeitig führten die tiefen Temperaturen bis minus 35 Grad dazu, dass auf deutscher Seite Gewehre und Geschütze verklemmten, Motoröl und Benzin eindickten. Auch die Einsätze der deutschen Luftwaffe kamen durch die extremen winterlichen Bedingungen annähernd zum Stillstand.[57] Vielen Soldaten erfroren Gliedmaßen, da für eine frühzeitige und richtige Winterausstattung nicht gesorgt worden war.

Am 8. Dezember erklärten die USA Japan den Krieg, am 11. Dezember folgte die deutsche Kriegserklärung an die USA. Aus einem aussichtslosen Zweifrontenkrieg gegen die Sowjetunion und die britische Seemacht war nun ein Krieg gegen drei Weltmächte geworden. Schuld an dieser neuen Allianz trug nach Ansicht des „Führers“ das europäische Judentum.

Derweil erlebt Heinz die schwersten Angriffe der Roten Armee an der mittleren Ostfront: „Die Anstrengungen und Anforderungen der Abwehrkämpfe überschreiten oft die Grenze des Möglichen. Unsere Verluste sind groß; zudem haben wir unter sehr starker Kälte zu leiden. Neulich waren es minus 37 Grad. Seit Anfang Dezember sind wir keine 2 Nächte mehr unter demselben Dach gewesen. Wir haben unsere Abteilung den ewigen Juden getauft, weil wir fortgesetzt irgendwo eingesetzt werden.“ Im Kriegstagebuch liest sich das so:

5. Dezember, Angriff der Russen bei Wedewija. Orgelwald. Nachmittags Oschinkowa, Sachen nach Isentj.

6. Dezember, Gegenangriff. Vormittag. Angriff auf Gorodischtsche abgeschlagen. Stukas! Abends ruhig. Nachts 3 Uhr Alarm, Sachen gepackt. St. Pkte bis Smolono.

7. Dezember, 2. Advent. Nachricht v. Mutters Tod, 700 Gegner, Jemkuwo fällt, Stukas.

8. –14. Dezember s. Sonderbericht.

Für den Monat Dezember verweist Heinz auf einen Sonderbericht. Die Vielzahl der Ereignisse lässt sich wohl nicht mehr in die dafür vorgesehenen Spalten seines Notizbuches aufnehmen. Dieser Sonderbericht lässt sich nicht mehr auffinden. Dagegen findet sich im Anhang des Notizbuches eine Liste der Verluste des I. R. 167 vom 5.–18. 12. 1941:

Offiziere: gefallen 9, verwundet 20, Erfrierungen 6
Unteroffiziere und Mannschaften: gefallen 217, verwundet 731
Insgesamt sind 35 Offiziere und 948 Unteroffiziere und Mannschaften gefallen, 983 Tote.

---

[57] Vgl. Percy E. Schramm (Hg.): Kriegstagebuch des OKW, Augsburg 2005.

Heinz hat noch ein weiteres Los zu tragen. „Mit meinen Gedanken bin ich so oft bei Mutter. Möchte ein gütiges Geschick ihr die Gesundheit wieder schenken“, hoffte er. Dieser Wunsch erfüllte sich nicht. Am 14. Dezember schreibt Heinz an seinen Vater: „Inmitten schwerster Kämpfe, in denen wir auf Leben und Tod gegen einen überstark eingebrochenen Feind 10 Tage und 10 Nächte ununterbrochen kämpften, erreichte mich am Abend des 2ten Advent Dein Brief vom 13. November. So schwer es für mich war, die Vollendung von Mutters Leben in mich aufzunehmen, so hinderten mich die augenblicklichen außerordentlichen Anforderungen und Anspannungen daran, die ganze Bedeutung zu erkennen. Meine Mutter ist tot, das war das Einzige, was mir in jeder ruhigeren Minute auf die Zunge kam.

Heute ist der erste ganz ruhige Tag, und ich komme dazu, meine Gedanken ganz in die Lürmannstraße zu schicken. [...] Du weißt ja aus meinen Briefen, was mir das Elternhaus und darin unsere Mutter bedeutet. Dass ich sie nicht mehr habe sehen dürfen, ist mir besonders schmerzlich, aber wenn ich auf Urlaub komme, wollen wir zusammen zu ihrer letzten Ruhestätte gehen. Ich kann mit Worten doch nicht alles sagen, Du weißt, lieber Vater, wie es mir ums Herz ist. Meine Gedanken sind bei Dir, lieber Vater, und ich will Dir helfen zu tragen, was Gott uns beschieden hat. In herzlicher Liebe Dein Sohn.“

Am 2. Januar 1942 schildert Heinz noch einmal das, was hinter ihm liegt: „Was wir im Monat Dezember alles erlebt und durchgestanden haben, stellte den Höhepunkt des Ostfeldzuges dar. Der Russe kommt ungeachtet der grimmigen Kälte durch die dichten Wälder nachts und steht dann plötzlich vor einem Dorf. Menschen und nochmals Menschen wirft er vor, es ist unglaublich. Wie vieles werde ich zu erzählen haben! Aber es kommen schon einmal bessere Tage, und ich bin überzeugt, dass sich der deutsche Soldat im Frühjahr furchtbar rächen wird. Es ist indessen entscheidend, die Stellung im Winter unter allen Umständen zu halten; es handelt sich doch wohl um letzte, wenn auch starke Reserven, so dass mit einer größeren Angriffsvorbereitung des Russen für das Frühjahr wohl kaum zu rechnen ist. Damit ist für uns viel gewonnen.“

Wieder einmal hat sich Heinz getäuscht: Während des Zeitraums vom 5. Dezember 1941 bis 7. Januar 1942 stieß die Rote Armee auf einer etwa 1.000 km breiten Front bis zu 250 km nach Westen vor. Bis zum Frühjahr 1942 konnte sie große Teile des im Herbst verlorenen Geländes zurückgewinnen. Damit erwies sich die schnelle Unterwerfung der Sowjetunion endgültig als ein Trugschluss. Dem Scheitern in der Schlacht um Moskau folgte auf deutscher Seite eine Entlassungswelle unter den Kommandeuren der deutschen Wehrmacht. Der „Führer“ suchte nach Schuldigen (oder Sündenböcken) und übernahm fortan selbst den Oberbefehl über das Heer. Die russische Offensive hatte ihn aus seinem Siegestaumel gerissen. Am 11. Dezember hatte er Amerika den Krieg erklärt. Seitdem waren seine Ziele nur noch auf Zeitgewinn und Raumverteidigung ausgerichtet. Die oberste militärische Führung war sich der aussichtslosen Lage bewusst. Allein die deutschen Soldaten wussten nichts davon, dass der „Führer“ bereits den Jahreswechsel 1941/42 als Zeitpunkt der Niederlage im Ostfeldzug abgehakt hatte.

Gedämpfte Stimmung zu Weihnachten und zum Jahreswechsel auch an der Front: „Unser Weihnachten war still, wenn ich auch glaube, dass beim Scheine der wenigen Kerzen das innere Licht heller gebrannt hat, als wir zusammen die alten schönen Lieder anstimmten. Infolge der hiesigen gespannten Lage ist Urlaub für uns gesperrt, sodass daran nicht zu denken ist. Die erste Heimkehr wird schwer sein, wenn für die tausend kleinen Nöte Mutter nicht mehr da ist. [...]

Am letzten Tage des Jahres gehen meine Gedanken in die Heimat zu Dir. Meine liebe Mutter ruht nun für immer aus. [...] Der Schmerz der Trennung ist tief, zumal es mir nicht vergönnt ist, Mutter noch einmal zu sehen und ihr das letzte Geleit zu geben. Indessen bin ich nie des Anblickes ihres Leidens teilhaftig geworden und so lebt Mutter weiter in mir fort, wie ich sie zuletzt gesehen habe. Es ist schwer, sich einer höheren Vernunft zu beugen, möge uns mit der Zeit die Gnade einer höheren Ansicht geschenkt werden. Viele herzliche Briefe haben inzwischen den Weg zu mir gefunden und haben mir Trost in die Einsamkeit gebracht.

Morgen gehen wir in das neue Jahr, möge uns Gott erhalten und ein gesundes Wiedersehen in der Heimat schenken. Vieles steht uns hier noch bevor und die vier kalten Wintermonate stehen vor der Tür. Aber ich bin überzeugt, dass die schirmende Hand, die in so vielen ernsten Augenblicken mich behütet hat, auch in diesem neuen Jahre über uns sein wird.“

Januar 1942 – Letzte Anstrengungen

Im neuen Jahr beurteilt Heinz die Lage offen skeptisch: „Im Januar ist unser Stab, mit dem wir aus Frankreich im Juni vorigen Jahres ausrückten, recht zusammen geschmolzen. Unser Adjutant, Oberstleutnant Hans Wolff aus Godesberg, ein sehr netter Mensch, mit dem ich mich besonders befreundet habe, und ich sind noch die einzigen. Oberstleutnant Schmidt ist Regiments-Kommandeur geworden, Hauptmann Fritz Heber, sein Nachfolger, ist vor wenigen Tagen durch einen Infanterie-Schuss durchs Fenster schwer verwundet. Er hat viel Glück gehabt, der Schuss ist unterhalb der Lunge herein- und oberhalb der Leber heraus gegangen. Vorübergehend hat Major Scharr die Abteilung übernommen, [...] er führt seine schwere Abteilung dann gleichzeitig mit, die nur noch aus 3 Geschützen besteht. Ordonnanz-Offizier Hans-Gerhard Schmidt ist erkrankt, jetzt wohl in der Ersatz Abteilung, sein Nachfolger im Dezember gefallen. Heute bekommen wir einen neuen Kommandeur, einen Major [ebenfalls mit dem Namen] Wolff. Wir kennen ihn schon von früheren Ablösungen her, er macht einen sehr guten Eindruck. Alle anderen sind bei unseren rückwärtigen Bewegungen im Dezember stehen geblieben. An den Menschen- und Geräteausfall seit Dezember darf man gar nicht denken.“

Hans Gottard, nur wenige Meilen entfernt, berichtet ähnliches und sieht sein Ende auf sich zukommen:

11.2.1942: „*Der Oberst ist mit den Nerven zusammengebrochen. Hinter seinen draufgängerischen, überderben Reden nun nichts als ein hilfloser, alter, schwacher Mann.* [...] *Hauptmann K. ist heute mit einer Mine hochgegangen. Langsam tasten wir uns an das Äußerste heran. Mensch und Tier kämpfen sich auf den entsetzlichen Straßen vorwärts.* [...] *Ich schaue, schaue, wie bei meiner eigenen Exekution.*"

Heute ist nachzulesen, dass die deutsche Wehrmacht bis Ende Dezember 2.752 Panzerkampfwagen und Sturmgeschütze sowie zehntausende motorisierter Fahrzeuge verlor. Die Luftwaffe verzeichnete einen Totalverlust von 2.505 Flugzeugen und fast ebenso viele Beschädigungen.[58] Bis Ende 1941 wurden annähernd eine Million Soldaten der Wehrmacht und ihrer Verbündeten getötet oder schwer verwundet. Dem standen bis dahin auf sowjetischer Seite Verluste von fast drei Millionen Gefallenen sowie etwa drei Millionen Kriegsgefangenen gegenüber.

Erschreckend für den späteren Leser sind die Zahlen der Zentralstelle zur Aufklärung von NS-Verbrechen in Ludwigsburg: Bis zum Mai 1944 gerieten etwa 5,7 Millionen sowjetische Soldaten und Offiziere in deutsche Gefangenschaft, von denen eine halbe Million exekutiert wurde und bis zu drei Millionen an Hunger und Krankheiten in den Gefangenenlagern umkamen. Die wenigen Überlebenden wurden bei ihrer Rückkehr in die Sowjetunion als Überläufer und Heimatverräter gebrandmarkt. Sie waren als Kollaborateure geächtet.

Zeugnisse von Erschießungen und Misshandlungen hält Hans Gottard fest:

5.2.1942: „*Der Hauptmann erzählt von Erschießungen. Sie* [verm. Partisanen] *haben auf* O[rganisation] *T*[odt]-*Leute geschossen. Nun stellt man sie an die Wand. Als sie merkten, dass es ernst wurde, begann eine Frau zu weinen und dann weinten alle. Bis sich eine junge, schöne, blonde Kommissarin ermannt und den andern unter Schlägen auf den Kopf beibrachte, dass sie sich beherrschen müssten. Man stellte sie in einen Panzergraben, die Frauen zuerst. Die Schüsse brachen. Sie stürzten hinein und wenige Augenblicke später die Männer über sie.*"

7.2.1942: „*Ein deutscher Soldat, der einen Russen abführt und ihn plötzlich mit dem Kolben traktiert, so dass er unter den krachenden Schlägen umsinkt wie tot, unter den wütenden Fußtritten wieder auftaumelt, im Vorwärtsstürzen ein wenig Schnee mit den Händen aufgreift und seine Lippen kühlt. Ach, wenn je der Blick dieser Augen von mir genommen wäre.*"

Heinz berichtet weiter: „Am Neujahrsmorgen kam es zu Erfrierungen der Zehen an beiden Füßen. Jetzt ist der Schaden wieder einigermaßen kuriert. Minus 40 bis 50 Grad Kälte sollen hier im Januar/Februar keine Seltenheit sein. Die Front ist sehr unruhig, es gibt oft

---

[58] Percy E. Schramm (Hg.): Kriegstagebuch des OKW. Teilband II: 1940–1941, Augsburg 2005, S. 1105ff.

brenzlige Situationen, aber im Ganzen wird gehalten. Bei unserem letzten Angriff z.B. vor einigen Tagen hatten wir genaue Front nach Westen! Der Verlust an Menschen beim Gegner ist ganz enorm, bei uns nicht so sehr groß. Ja, aus der ruhigen Winterstellung ist nun nichts geworden, auf die wir so sehr gehofft hatten! Ein Bewegungskrieg im winterlichen Russland gehört nicht zu den Annehmlichkeiten des Lebens. Aber einmal wird es auch wieder Frühling!

Unser Quartier ist zurzeit mal wieder ausgesprochen primitiv, aber man freut sich, wenn man nur ein Dach über dem Kopf, heile Fenster und einen Ofen im Zimmer hat! Aber den russischen Holzhäusern muss man doch zubilligen, dass sie warm halten. Heute ist es wieder unheimlich kalt, minus 40 Grad. Da bleibt man, wenn angängig, gern im Warmen, aber leider geht das nicht immer.

In meinen Filzstiefeln habe ich immer warme Füße und auch sonst ist meine Bekleidung so, dass mir die härteste Kälte nichts mehr anhaben kann. Nur eines ist unangenehm: meine Brille vereist sofort, wenn ich mit meinem Kopfschützer auch Mund und Nase bedecke. Tue ich es nicht, bleibt die Brille eisfrei, nur die Nase erfriert!"

Offensichtlich haben die gefallenen Rotarmisten mit der versäumten Winterkleidung ausgeholfen.

Mitte Januar geht es noch einmal heraus zu einem größeren Angriff, bei dem die Spezialtruppen der gegenüberliegenden Division, vor allem die russischen Schneeschuhbataillone, entscheidend geschlagen wurden. Dennoch sei der Feind – so Heinz – nicht zu unterschätzen: „Man macht sich von der asiatischen Zähigkeit überhaupt keinen Begriff. Immer und immer wieder treibt der Kommissar die Russen gegen die Ortschaften vor und es ist schon so, wie Hitler in seiner gestrigen Rede sagte, dass er Hekatomben von Blut dabei opfert. Nachts schläft er bei der eisigen Kälte draußen unter einem Tannenzweig und Schnee. Das habe ich mit eigenen Augen gesehen. Um die Ortschaften, in denen wir liegen, sieht es fürchterlich aus. Hunderte von Leichen liegen rings verstreut, den verbissenen und stoischen Gesichtsausdruck noch im Tode tragend."

Nicht nur die Soldaten lassen ihr Leben, in den Städten und auf dem Lande verhungern tausende Menschen. Noch einmal die Stimme von Hans Gottard:

11.2.1942: *„Die Kartoffeln sind ihnen im Boden gefroren und das Korn haben wir ihnen genommen. Nun backen sie aus den schwarzen gefrorenen Kartoffelklumpen eine Art Brot. Um einen Teller Wassersuppe ziehen die Familienväter in langen Reihen zu zweihundert mit ihren struppigen kleinen Pferdchen und den Schlitten – allen Nachschub, den ganzen Vormarsch, Waffen, Munition, Lebende und Tote – alles leistet der Panje.*[59] *Im Trab und Schritt.* [...] *Weiter, weiter, einen vollen Winter, Tag und Nacht, ohne Aufhören. Um einen Teller warme Wassersuppe, die oft ausbleibt, so dass nichts mehr da ist als die Bajonette der Wachsoldaten, die dies alles zusammenhalten! Nachts kommen sie in die fensterlose Ruine unserer Kaserne herein. Man lässt sie auf der Zementtreppe*

[59] Panje-Wagen: ein vierrädriger Pferdewagen.

ruhen von drei Uhr morgens bis um sechs. Leben sie noch? Sterben sie? Wen kümmert es? Sie sind zäh wie ihre Pferdchen, die sie am Leitseil ohne Trense über die Schneewüste zerren. Alte Birkenbäume rechts und links des Weges, [...] *der Himmel filzig und trüb, grau gegen Westen. Es ist kalt. Der Schnee weht. Und die Kolonne fährt und fährt.* [...] *An den gefrorenen Leichen ihrer Landsleute vorbei, starren, zerrissenen Kadavern und Pferden, eine Frauenleiche mitten unter den anderen. Hier waren die deutschen Truppen schon sechs Wochen nach Beginn des deutschen Vormarsches und nun ist der Schnee noch rot von neuem Blut.“*

13.2.1942: *„Ich bin vorhanden. Fremde Not steht mir bis zum Halse. Wortlos.“*

Mehr und mehr geht die Zuversicht, den Angriff auf das Riesenreich beenden zu können, auch bei Heinz verloren: „Ich vermute, dass wir uns doch wohl bis zum Frühjahr hier so durchkämpfen werden. Dann kann möglicherweise eine Ablösung in Frage kommen. Einen Vormarsch größeren Stiles können wir nicht mehr durchführen, da es uns an Pferden mangelt, und letzten Endes ist unser Material sehr verbraucht. Von den 18 Offizieren, die mit unserer Abteilung aus Frankreich ausrückten, existieren noch 5. Alle anderen sind versetzt, erkrankt, verwundet und gefallen. Der Adjutant und ich sind noch die einzigen, die ihren alten Posten beim Stab haben. Wir hatten mehrere Fälle von Gelbsucht. Gesundheitlich geht es mir durchaus gut. Neulich hatte ich einen Grippeanfall, der aber rasch überwunden wurde. Im Übrigen hat die ganz starke Kälte, über minus 40 Grad nachgelassen, gestern waren es mit einem Mal nur minus 17 Grad, es kam uns frühlingsmäßig vor! Jetzt werden dafür die großen Schneefälle einsetzen.“

Februar und März 1942 – Zweifel und Verpflichtung

Mitte Februar wird in einem Bericht an Franz die Lage noch einmal zusammen gefasst: „Seit dem 5. XII. sind wir nun fortlaufend unterwegs, viele harte Tage und durchwachte Nächte liegen hinter uns, aber sie haben uns nicht müde werden lassen, sondern eher unseren Willen und unsere Haltung gestärkt und gefestigt. Die Regimenter sind böse zusammen geschmolzen allerdings, Kompanien mit 1/16 sind leider keine Seltenheit. Die Russen lassen viel Blut bei ihren ewigen nächtlichen Angriffen. Vor 2 kleinen Orten mit 5 und 7 Häusern liegen nicht weniger als 600 Tote hier. Daraus ersiehst Du, mit welch ungeheuren Menschenmengen jene angreifen.“

Seine Schilderungen decken sich mit denen von Hans Gottard an seine Frau:

26.2.1942: *„Die Russen sind überall. Rechts, links und selbst hinter uns sind die Russen. Beim Flussübergang, als ich mich absetzte mit meinen Trossen, waren sie plötzlich da und schossen uns mitten in den Haufen hinein, ohne dass wir sie erkennen. Sie sind überall und wir fassen sie nirgends. Und für jeden Gefallenen stehen zehn neue* [...]. *Währenddessen liegen die Russen ohne Nahrung in den Wäldern, sehen erstarrt dem Bombardement ihrer Ortschaften zu,* [...] *Wenn wir uns in den Besitz der Trümmer setzen wollen, empfängt* *uns aus den rasch wieder besetzten Ruinen ein Feuer von ungezählten Granatwerfern* [...]. *Alles, alles wandert den Weg zu den Verbandsplätzen, wenn es nicht unterwegs auf den Schlitten erfriert oder* [...] *in seinen jauchigen Verbänden bei lebendem Leibe verwest.*“

Heinz weiter: „Schön ist dieser Krieg nicht, draußen bitterkalt und die Häuser überfüllt. Wenn man bedenkt, dass der deutsche Soldat für einen Bewegungskrieg im winterlichen Russland bekleidungsmäßig gar nicht eingerichtet war, so kann man nur staunen, dass es gelungen ist, dem Massenansturm der Russen im Ganzen erfolgreich zu begegnen, nicht nur das, sondern auch in gewohnter Weise Kessel zu erzwingen und Divisionen zu vernichten. Hierüber und über meine Teilnahme dabei folgt demnächst ein gesonderter Bericht.

Von Rechtsanwalt Finkenstädt wirst Du nun einiges gehört haben, was zu schreiben mir nicht dienlich erschien, was ich nur angedeutet habe. Ich bin stolz darauf, in dem schweren Monat Dezember und den nicht minder schweren Januar/Februar dabei gewesen zu sein, die für den deutschen Soldaten eine Belastungs- und Widerstands-Probe ohnegleichen gewesen sind.“

Hans Gottard fragt sich:

16.2.1942: „*Weiß Gott, woher unsre Landser die Kraft nehmen zum Kampf.* [...] *Und doch marschiert er durch Schnee und Eis, die Pferde brechen zusammen, die Motoren sind machtlos, Befehlsstellen versagen – er marschiert, er kämpft, er fällt, als könne es nicht anders sein.* [...] *Draußen schießt die Flak. Es steht nicht gut. Wir sind alle elend genug, um Gott zu loben.*“

19.2.1942: „*Mag Gott es wenden. Niemand löscht mehr die Schrift dieser Tage aus.*“

Heinz bemüht sich um Optimismus: „Die größte Kälte aber ist vorbei. So erwarten wir hier alle mit Sehnsucht den Frühling, der uns eine feste Erde wiederschenken soll. Das Gehen und Angreifen im Schnee ist für den Infanteristen sehr beschwerlich. – Kurz über lang beginnt hier die Schlamm-Periode, die für beide Teile wohl eine ziemlich völlige Unbeweglichkeit mit sich bringt. Auf den Skiern bewege ich mich jetzt schon einigermaßen geläufig, bei dem tiefen Schnee eine willkommene Einrichtung.“

Auch Hans Gottard berichtet über die Sumpfgebiete:

14.2.1942: „*Nur soviel, dass wir in demjenigen Abschnitt stecken, der als der schwierigste gilt. Hier sind, jenseits des Flusses, die großen Sumpfgebiete auf hunderte von Kilometern bis zur Hauptstadt hin. Hier wird mit der Schneeschmelze ein Meer von Schwierigkeiten auftreten, die ein andrer sich nicht denken kann. Und hier ist es, wo die Russen über die gefrorenen Sümpfe tief in unsere Nachschubräume hineinstoßen, so dass alle Operationen nicht mehr in eine Richtung, sondern nach allen Seiten geführt werden.*“

Die Post zwischen der Heimat und der Front dauert mittlerweile zwei Monate. Heinz’ Antworten werden zunehmend verhaltener und bedenklicher. Als Ende Februar Franzens Briefe vom 25. Dezember und vom 7. Januar mit Versen, die er am Ausgang des Jahres geschrieben hat, kommen, antwortet Heinz: „Ich weiß, Vater, was für Dich die Worte bedeuten und für die bedeuten, denen dieser Trost in der Person Gottes zugänglich ist. Und es sind sicher nicht die meisten. Aber mir hast Du sie nicht umsonst geschrieben und auch mir ist dadurch die Bedeutung von der nimmer aufhörenden Liebe vertieft worden. Auch hier an der Front, wo täglich soviel Leid sich um uns wendet, mag es gut sein, eine solche innere Festigkeit zu besitzen, um nicht den Gedanken der Zwecklosigkeit und der Sinnlosigkeit Herr über sich werden zu lassen. Du weißt so gut wie ich auch, dass ich sicher nicht dazu geboren bin, um Kriege zu führen, dass ich nicht dazu veranlagt bin. Es gibt geborene Soldaten und solche, die es nicht sind. Es wäre Unsinn, das letztere leugnen zu wollen, das hat aber nichts damit zu tun, die Strapazen und Gefahren meiden zu wollen, ihnen aus dem Wege zu gehen. Da gibt es ja noch ein Wort, welches Pflicht heißt, und Verpflichtung insonderheit für den Offizier, welcher einen Befehl bekommen hat. So ist für mich durch diese verpflichtende Tatsache alles ganz einfach gelöst. Und sollte mir auch mal etwas zustoßen, so weißt du, Vater, dass Dein Sohn das Seine getan hat. Wir alle stehen in Gottes Hand, und wenn er es für gut befindet, dass sich unser Leben erfüllen soll, so möge sein Wille geschehen.“

Erstmals finden Gedanken an die Zwecklosigkeit und Sinnlosigkeit des Geschehens an der Front Erwähnung. Welch eine Bereitwilligkeit und welchen Gehorsam wider besseres eigenes Wissen vermochte hingegen das Wörtchen Pflicht freizusetzen. Festhalten am geleisteten Eid um jeden Preis, damit sich nur ja nicht der niederschmetternde Eindruck verfestigen möge, all die Strapazen, alles Blutvergießen, alle Opfer auf beiden Seiten könnten unnötig und umsonst gewesen sein.

Illusionslos formuliert es Hans Gottard. 30.1.1942: *„Drüben auf dem andern Gleis ein Lazarettzug. Er kommt von dort, wo wir hinfahren. Er bringt die Ernte von den Feldern, auf die wir gesät werden.“*

Nur noch ein letzter Brief von der Front wird Anfang März am Ostertag geschrieben: „Am Tage der Auferstehung suchen meine Gedanken Dich in herzlicher Liebe in der Gewissheit, dass auch Dich die Botschaft dieses Tages mit Ruhe und Frieden erfüllen wird. – Den Anfang Deines neuen Lebensjahres begleite ich fern von Euch mit allen meinen guten Wünschen und der Hoffnung auf unser Wiedersehen. Dein Sohn.“

Am 6. März wird Heinz, an einem Waldrand stehend, von einem Granatschuss schwer verwundet. Schlimmer ergeht es Hans Gottard, der vier Tage zuvor, am 2. März, durch einen Kopfschuss getötet wurde.

Vom Ort des Beschusses bis zum Verbandsplatz geht es mit dem Schlitten, was Hans Gottard noch wenige Tage zuvor, am 16. Februar, so beschrieben hat: *„Und die Verwundeten müssen acht Stunden auf Panjeschlitten befördert werden, so dass sie unterwegs elend erfrieren.“*

Heinz erfriert nicht und übersteht auch noch sieben Tage und Nächte im ungeheizten Lazarettzug bis er am 13. März in das Tausende von Kilometern entfernte Lazarus-Lazarett in Warschau eingeliefert wird. Von dort diktiert er am 19. März 1942 einen Brief in Maschinenschrift.

„Mein lieber Vater!

Am 6. März bin ich verwundet worden und am 13. in das hiesige Lazarett eingeliefert worden. Mit einem Weitertransport in ein Lazarett im Reich ist in absehbarer Zeit zu rechnen. Meine Verwundung ist 3facher Art: Oberarmdurchschuss (Granatsplitter), Durchschuss linker Handballen. Mein linker Daumen musste amputiert werden. Schließlich habe ich noch einen Splitter am rechten Oberschenkel, der hier operativ entfernt wurde. Bei dem Oberarmdurchschuss sind Knochen, Nerven usw. glücklicherweise heil geblieben.

Du brauchst Dir in keiner Weise irgendwelche Sorgen um mich zu machen, ich befinde mich in allerbester ärztlicher und schwesterlicher Pflege und Betreuung. Die Wunden heilen gut. Durch denselben Granatwerfer-Schuss, durch den ich verwundet wurde, sind allein 4 Offiziere verwundet, darunter der Bataillons-Kommandeur, als wir beobachtend am Waldrand standen. Oberstleutnant Hans Wolff bat ich, Dir von dort aus meine Verwundung mitzuteilen.

Recht herzliche Grüße auch an Lore Dein gez. Heinz.

Umseitig meine Adresse: Warschau etc. Ein Kamerad war so freundlich und hat mir diese Zeilen geschrieben, denn für mich war es etwas schwierig."

Nach einem Aufenthalt von zwei Wochen in Warschau wird er am 28. März ins „Reich" verlegt. Die Reise in das Reserve-Lazarett Gottleuba im Kreis Pirna dauert noch einmal fünf Tage. Am 2. April teilt er dem Vater telegraphisch seine Adresse mit. Umgehend macht sich der alte Herr auf die Reise, um seinen Sohn wiederzusehen. Es ist Ostern, für Franz, den gläubigen Christen, ein Tag der Auferstehung besonderer Art.

Am 11. April schreibt Heinz: „Dein Besuch klingt noch in mir nach und war eine große Freude für mich. Die Schmerzen an der Hand lassen langsam nach, nur darf sie Schwester Elisabeth nicht verbinden. Sie ist sehr nervös und aufgeregt dabei und macht mir mehr Schmerzen als nötig. [...] Heute ist die Hand gebadet im Kaliumpermanganat, was sehr angenehm wirkte. Mein Schlaf ist auch besser geworden, weil wohl der Gesamtorganismus sich mehr beruhigt hat. Nur das Liegen! Die Verwaltung schreit dringend nach dem Abschnitt F der Reichskleiderkarte."

Nachzutragen bleibt noch, dass Heinzens Verdienste an der Front am 7. März mit dem Verwundetenabzeichen und am 30. März mit dem „Sturmabzeichen mit Besitzurkunde[60]" honoriert wurden. Vorschriftsmäßig erfolgte am 12. Oktober 1942 die Auszeichnung mit der Ostmedaille[61] für seinen Kampfeinsatz vom 22. Juni 1941 bis zum 6. März

60 Das Sturmabzeichen wurde an Soldaten verliehen, die ab 1. Januar 1940 an drei Sturmangriffen in vorderster Linie, mit der Waffe in der Hand einbrechend, an drei verschiedenen Kampftagen beteiligt gewesen waren.

61 Die Ostmedaille wurde an Soldaten verliehen, die im Zeitraum vom 15. November 1941 bis zum 15. April 1942 an der Ostfront eingesetzt waren und mindestens 14 Tage an Gefechten teilgenommen hatten oder eine Verwundung/Beschädigung, für die ein Verwundetenabzeichen verliehen wurde, erhalten hatten oder sich mindestens 60 Tage ununterbrochen im Einsatz bewährt hatten.

1942. Alles fein säuberlich eingetragen und mit Adler und Hakenkreuz gestempelt im Soldbuch auf Seite 22.

Heinz’ Kriegstagebuch weist als letzten Eintrag einen Vers von Alfred de Musset[62] auf:

„An einem Regentag, der Schrei der Wandertaube
Entlang verlorenem Weg und weht ins Ungefähr
Dreimal aus Wäldergrund, aus ihrem Nest von Laube
Ruf Nachtigall die ferne Antwort her.“
Musset.

Auf die sich immer wieder stellende Frage, ob Heinz und seine Kameraden eine Wahl gehabt hätten, sich dem sinnlosen Blutvergießen zu entziehen, fand ich eine zwar nicht befriedigende, jedoch einigermaßen einleuchtende Antwort. Auf der Liste der Osnabrücker Stolpersteine steht neben den Namen vieler jüdischer Familien ganz zum Schluss der von Hermann Heinrich Möllenkamp, Jg. 1910, der den Dienst an der Waffe verweigerte und daher am 2. Juli 1942 in Posen hingerichtet wurde.

---

62 Alfred de Musset (1810–1857) französischer Schriftsteller der Romantik.

6. Mission im Norden

Dem Schicksal entronnen, Dresden 1942

Zwar nicht unverletzt, aber immerhin lebend hat Heinz das Ende seiner „Dienstfahrt" in den Osten überstanden. Dieses große Glück hatten viele seiner Jugendfreunde nicht. Während das OKH Hunderttausende seiner Kameraden in einem aussichtslosen, über weitere drei Jahre sich hinziehenden Stellungskrieg im Osten opfert, verbringt Heinz die folgenden Monate mit der Heilung seiner Verwundungen und der Wiederherstellung seiner verletzten Handfunktionen.

Der „Führer" dagegen beginnt mit dem Jahr 1942 sein zweites Kriegsziel neben der Erweiterung des Lebensraums im Osten, die „Endlösung" der Judenfrage mit generalstabsmäßiger Akribie in die Tat umzusetzen. Die deutschen Mitbürger betrachten die zunehmende Entrechtung und Vertreibung ihrer mosaischen Nachbarn – wenn nicht mit Zustimmung – mit Kopfschütteln und Ungläubigkeit, beruhigen sich mit deren angeblicher Aussiedlung in den Osten. Manche verspüren Bedauern, wenn es den langjährigen Hausarzt betrifft oder die Spielgefährtin aus dem ersten Stock. Andere erfreuen sich am frei gewordenen Wohnraum oder lassen klammheimlich Silberlöffel und Meißener Porzellanteller in ihre Taschen gleiten. Heinz reagiert mit Ungläubigkeit auf die Nachrichten, die langsam durchsickern, ahnt nicht, welchem Schrecken er selbst dank eines gütigen Schicksals entronnen ist.

Im Lazarett in Bad Gottleuba erhält er die Todesnachricht seines Freundes Enno, der am 19. April 1942 an den Folgen einer zweimaligen Blinddarmentzündung verstorben ist. „Gleichzeitig mit Deinem Brief traf Ennos Todesanzeige ein", schreibt er an Franz. „Mit großem Schmerz habe ich diese Nachricht aufgenommen. Er war mein ältester und erster Freund, mit dem viele Kindheitserinnerungen eng verknüpft sind. Und nun muss er an dieser unglücklichen Operation, dessen Gefährlichkeit mir bekannt ist, sterben. Wie dankbar darf ich sein, dass ich hier – auf dem Wege der Besserung – liege." Die letzten Grüße an seinen Freund hatte Heinz im Juli des Vorjahres von der Ostfront ausrichten lassen. Heinz muss allein bleiben mit seinen Jugenderinnerungen.

Gespannt lese ich die nächsten Briefe aus dem Lazarett. Am 14. Mai 1942 beginnt Heinz seinen Bericht wie häufig mit einer Naturschilderung, schreibt von grünenden Kastanien und schnell wachsenden Büschen. Vater Franz interessiert vor allem die Heilung seiner Verwundungen. Die Wunden an Oberarm, Unterleib und Oberschenkel eitern zwar stark, heilen aber. Mehr Sorgen macht die Hand, deren Beweglichkeit wieder herzustellen, Heinz' vorrangige Beschäftigung in den folgenden Wochen und Monaten ist. Mehrfach täglich wird die Hand gebadet, um einer Infektion vorzubeugen. Gymnastische Übungen sollen das geschwollene Hand- und das steife Ellbogengelenk wieder beweglich machen. Sein Allgemeinzustand sei jedoch gut, beruhigt er den Vater.

Welche Wunden aber haben die hinter ihm liegenden Wochen in Eiseskälte, die ständige Bedrohung des eigenen Lebens und der millionenfache Tod von Freund und Feind in seinem Inneren hinterlassen? Die Antwort lautet: „Mit Stolz und Freude haben wir hier unseren Sieg auf Kertsch begrüßt. Ein erfreulicher Auftakt für kommende Siege des Sommers."

Die Einnahme der Halbinsel Kertsch im Mai 1942 bedeutete einen Teilerfolg der deutschen Truppen in der Schlacht um den Krimhafen Sewastopol. Ab dem 27. Mai wurde Sewastopol pausenlos durch Luftwaffe und Artillerie bombardiert. Nach der schweren Schlacht waren in der Stadt nur noch neun Gebäude unbeschädigt. Der Berliner Korrespondent der Neuen Zürcher Zeitung berichtete wenige Tage später: *„Die Stadt Sewastopol selbst, die an der Reede prachtvoll gelegen ist, bietet das Bild trostloser Verwüstung. Sie muss von Grund auf neu gebaut werden. Es steht* [...] *kein Haus mehr, das bewohnbar wäre. Die Häuser sind entweder ausgebrannt oder* [...] *nur noch Trümmerhaufen* [...]."[63] Als der Rundfunk am 30. Mai in einer Sondermeldung diese Siege bekannt gibt, kommentiert Heinz: „Kertsch und Charkow sind vielversprechende Auftakte."

Das klingt nicht so, als wären dem gerade schwer Verwundeten irgendwelche Zweifel an der Sinnhaftigkeit des eben überlebten Infernos gekommen. Das klingt vielmehr nach ungebrochenem Kampfeswillen und einem ‚jetzt erst recht'. Die Zerstörung einer einst prachtvollen Stadt und der Tod von mehr als 10.000 sowjetischen Soldaten werden als unvermeidliche Begleiterscheinungen des Krieges hingenommen. Und auch die Tatsache, dass zwischen dem 7. Juni und dem 4. Juli, dem Zeitpunkt der endgültigen Eroberung der Krim, etwa 97.000 Soldaten der sowjetischen Küstenarmee in deutsche Kriegsgefangenschaft gingen, bliebt eine abstrakte Zahl, die nichts mit persönlichen Schicksalen zu tun hat, mit Menschen die – genauso wie Heinz und seine Kameraden – eine Heimat hatten, die sie liebten und verteidigen wollten.

Als Tante Irmgard aus Breslau anreist, um ihren Patensohn zu Pfingsten zu besuchen, schreibt sie an Franz: „An einem schönen Sonntagmorgen freuen wir uns des Beisammenseins. Ich habe Heinz wohl aussehend angetroffen, er schläft gut und macht einen zufriedenen Eindruck." Beim Lesen stockt der Atem: Wie ist nach alledem guter Schlaf möglich?

Zu Hause in Osnabrück wird auch Pfingsten gefeiert, Franz und Lore, die jetzt als Rote-Kreuz-Schwester tätig ist, bleiben nicht allein, die Verwandtschaft hilft über den Kummer von Gertruds Tod hinweg. Franz' Cousine Hanni aus Bremen erscheint zu einem längeren Aufenthalt, und Onkel Otto aus Köln präsentiert seine neue Gattin, ebenfalls Gertrud, die nach Bruder Rolfs Urteil „eine energische Hand und ein ebensolches Mundwerk zu besitzen" scheint. Otto hat einen neuen Arbeitsplatz erhalten, von dem Heinz hofft, dass er „in jeder Weise von Vorteil" ist. Um Franz den Haushalt zu führen, wird ein Fräulein von Lengerke im Gästezimmer einquartiert.

---

[63] Zit. nach Friedemann Bedürftig: Chronik des Zweiten Weltkriegs, Rheda-Wiedenbrück/Gütersloh 2004, S. 206.

Am 19. Mai ist es soweit, dass sich Heinz im Rollstuhl in den Kinosaal des Ortes schieben lassen kann. „Allein schon die Fahrt in der warmen Mittagssonne mit den duftenden Blumen war für mich ein Ereignis nach der vielen Kälte und dem ewigen Schnee und Eis dieses Winters.“ Und zehn Tage später schafft er es mit Hilfe eines Stocks, selbständig einen sonnenbeschienen Balkon zu erreichen.

Auch in Kriegszeiten wird für Ordnung gesorgt. Die „Wehrverkehrsstelle“ in Smolensk sendet am 15. April zwei Kisten mit Gepäck des verwundeten Soldaten, die Ende Mai in Osnabrück eintreffen. Etwas zügiger kann der Eingang einer Pistole mit einem Ladestreifen und einer Tasche sowie eines Leibriemens mit Schnalle aus dem Kriegslazarett Lazarus in Warschau verzeichnet werden.

Auch Lore, die treue Schwester, trifft zu einem Besuch in Bad Gottleuba ein. Gemeinsam „nehmen sie tausend Bekannte durch“. Zum Geburtstag wird Heinz – wie kann es anders sein – mit Buchgeschenken erfreut. Tante Irmgard lässt aus Breslau eine mehrstöckige Hortensie anliefern. Am folgenden Tag erscheint Bruder Rolf, den er seit dem Herbst 1939 nicht mehr gesehen hat. Aus Leipzig, wo dieser zu tun hatte, bringt er Grüße und Bücher von den drei Getreuen aus der Buchhandlung Lorentz mit – von Arndt Wiegandt, Gertrud Känffert und dem Kollegen Rasenberger. Kollege Rudolf ist verschollen.

Von Bad Gottleuba aus ist es nicht weit nach Dresden, und so bereitet Heinz sich langsam auf einen Ausflug dorthin vor. Aus Osnabrück erbittet er einen Koffer, der Uniformrock und Reithosen, Hemden und Regenmantel enthalten soll. Denn derzeit laufe er nur mit geliehenen Kleidungsstücken herum. Zur angemessenen Ausstattung für einen Stadtbesuch scheint auch sein Dolch zu gehören, der mit übersendet werden soll.

Gänzlich unerwartet wird Heinz Anfang Juli vom Generalkommando der Wehrmacht zu einem Offizierslehrgang nach Dresden abkommandiert. Gesundheitlich ist er dazu noch gar nicht in der Lage. Noch ist tägliche Massage zur Aktivierung seiner Fingergelenke dringend erforderlich. Frühsport und Kleinkaliber-Schießen sind aussichtslos, da er nicht einmal ein Gewehr halten kann. Andere Patienten, die das gleiche Los trifft, können gerade erst wieder laufen. Sinn und Zweck des Unternehmens ist es, die Patienten wieder an geregelte geistige Arbeit zu gewöhnen. Unterrichtsstunden in Taktik und Heerwesen sowie eigene Vortragsbeiträge sollen daran erinnern, wozu die Bemühungen um die Wiederherstellung der Gesundheit der Verwundeten erfolgen.

Im Reich beginnt die britische Luftwaffe mit dem verstärkten Bombardement deutscher Städte. Erstes Ziel im März 1942 ist die alte Hansestadt Lübeck. Im Mai wird die Innenstadt von Köln zerstört, Bremen und Danzig folgen im Sommer. Auch Osnabrück mit dem wichtigen Eisenbahnknotenpunkt der Reichsbahn und bedeutenden Industriebetrieben ist für die Alliierten ein Ziel von strategischer Bedeutung. Nur eine kurze Flugstrecke trennt die englischen Militärflughäfen von Osnabrück, was die Bevölkerung mit insgesamt 79 Luftangriffen in den folgenden Jahren bitter zu spüren bekommen wird.

Auch Heinz hört von den schweren Luftangriffen am 20. Juni 1942: „Das muss ja eine ganz böse Nacht für unser armes Osnabrück gewesen sein“, erkundigt er sich bei Franz.

In der Nacht zum 20. Juni waren Spreng- und Brandbomben und zwei Luftminen aus dem Himmel gefallen. 45 Großbrände und rund 400 kleinere Brände zerstörten Wohn- und Geschäftsgebäude vor allem in der Osnabrücker Innenstadt rund um den Nicolaiort. Die NS-Parteigenossen nutzen die *„hinterhältigen und verbrecherischen Angriffe der britischen Luftwaffe“*[64] zu Durchhalteparolen und zur Mahnung an die Bevölkerung, im Glauben an den „Endsieg“ nicht nachzulassen.

Zwei Monate später, am 14. August, wird Osnabrück erneut Zielscheibe eines Bombengroßangriffs. Diesmal werden 180 Sprengbomben und 1.300 Phosphorbomben, 8 Minen und 20.000 Stabbrandbomben abgeworfen. 121 Großbrände und rund 300 kleinere Brände zerstören und beschädigen mehr als 4.000 Wohngebäude, Krankenhäuser und Schulen sowie Produktionsstätten im Hafen. Viele Menschen sterben, werden verschüttet oder erleiden Verbrennungen durch Phosphor. Endgültig ist der Krieg nun auch in der Heimat angekommen. Der Begriff des Soldaten an der „Heimatfront“ wird geprägt, dem – so heißt es im Osnabrücker Tageblatt vom 15. August – *„der gleiche soldatische Mut wie dem Frontsoldaten der eigentlichen Kampffront eignet“*.[65]

Bruder Rolf, der seine Urlaubstage in Osnabrück verbringt, beschreibt seiner Verlobten den schweren Angriff vom 14. August: „Das uns benachbarte Krankenhaus hat einen Volltreffer bekommen durch eine Luftmine. Die Kranken waren aber alle in den Keller gefahren. Wir im Westen der Stadt haben die Hauptsache abbekommen. Als die Bomben einschlugen glaubten wir, es hätte uns erwischt, da alles wackelte, alle Türen aufflogen, die Türfüllungen herausflogen, die Rollläden zersplitterten, alle Scheiben barsten, das Dach fast restlos abgedeckt wurde und im Obergeschoß die Mauern umfielen. Von den zwölf Häusern, die in unserer Straße stehen, sind außer dem unsrigen noch zwei bewohnbar. Es war ein grausiger Anblick, wie es überall brannte und zwischendurch heulte und krachte. Es ist unbeschreiblich.“

Diese Nachrichten verstören zutiefst. Nicht dagegen diejenigen von den zerstörten Städten in der Ukraine, die ja fremd sind und keine Erinnerungen bergen. „Der Westerberg muss ja einen traurigen Eindruck machen. Die Lürmannstraße soll gar nicht wiederzuerkennen sein“, klagt Heinz. Mit dem eigenen Haus ist es zwar gnädig abgelaufen, aber die Villen Schoeller und Philipson und das Haus der Familie Reimerdes sind zerstört. In diesen Häusern ging Heinz ein und aus. Neben dem eigenen Haus bleibt auch das benachbarte Elternhaus von Enno verschont. Es wird erst den Modernisierungsbestrebungen der Nachkriegszeit zum Opfer fallen und einem unansehnlichen Betonklotz weichen.

Todesnachrichten von Familienangehörigen erschüttern Heinz. Gertruds Vetter Richard Kanzler wurde am 1. April in Voronesch am Don schwer verwundet und erlag am 8. Juli 1942 in einem Lazarett in Kursk seinen schweren Verwundungen. Kursk war von November 1941 bis Februar 1943 von der Wehrmacht besetzt. Währenddessen wurden

[64] Wido Spratte: Im Anflug auf Osnabrück. Die Bombenangriffe 1940–1945, Osnabrück 2. Aufl. 2004, S. 28.

[65] Ebd. S. 29

Villa Philipson, 1931

Villa Schoeller, 1931

Lürmannstraße 33, 1931

Lürmannstraße 31, 1931

ca. 3.000 Einwohner erschossen und etwa 10.000 als Zwangsarbeiter ins Deutsche Reich verschleppt. Erst nach der größten Panzerschlacht im Krieg gegen die Sowjetunion im Juli 1943 wendete sich das „Kriegsglück".

Nur ein Jahr zuvor ist Richard Kanzlers ältester Sohn Fritz gefallen. Und ein Jahr später wird auch der zweite Sohn Wolfgang sein Leben im Osten lassen. Zwei weitere sinnlos abgebrochene Biografien. Der verwitweten Tante Lotte bleibt nur noch ein Sohn. Da kann es sie auch nicht trösten, dass ihr Ehemann posthum am 15. November 1942 das „deutsche Kreuz" in Gold erhält und zwei Jahre später, am 4. Juli 1944, posthum zum Generalmajor ernannt wird. Nach dem Krieg wird in Bad Kösen, Naumburg, sogar eine Straße nach ihm benannt. Heinz ist dankbar, „dass trotz seiner vierfachen Verwundung das Schicksal doch noch so gnädig mit ihm gewesen ist."

Todesnachrichten und Berichten von Zerstörungen in der Heimat zum Trotz bleibt der Kampfeswille ungebrochen. Zwar berichtet ein Offizier auf Urlaub, der in Heinz' altem Kampffeld bei Rschew eingesetzt ist, dass die Rote Armee die zuvor unter großen Schwierigkeiten eroberten Gebiete zurückgewonnen hat, doch Heinz bleibt optimistisch: „Von langer Dauer dürfte es indessen wohl kaum sein. Wieweit wir bis zum Winter kommen werden, weiß man auch nicht, hoffentlich bis zum Unterlauf der Wolga."

Unterstützt wird der ungebrochene Patriotismus durch den Auftritt des „Reichsstatthalters" Mutschmann[66], der – so Heinz – „eine ungemein fesselnde und wirklichkeitsnahe Lehrvorführung über den Panzernahkampf in der Dresdner Heide mit Tieffliegerangriffen, brennenden Panzern und viel Knall und Rauch fabelhaft vorbereitet und durchgeführt hat." Ein anderes Mal hält ein hochinteressanter Vortrag über Wehrmachtpropaganda die Motivation der Anwesenden aufrecht. Ein Offizier, der die Mitteilungen für die Truppe verfasst, „lüftet ein wenig den Schleier über verschiedene Vorgänge, die dem einzelnen Landser unbekannt bleiben". Nicht zu Unrecht – so Heinz – bezeichnet dieser Offizier die Propaganda als vierte Waffe neben den drei Wehrmachtsteilen.

Die große Lage zu übersehen sei nicht ganz einfach, lässt sich Heinz vernehmen: „Um Stalingrad wird immer noch hart gekämpft, und es ist kein Ende abzusehen in Russland. Wir sollen ja die Maginotlinie [das Verteidigungssystem entlang der französischen Grenze] nach dem Osten transportieren neuerdings, man hört es ab und zu. Hast Du gelesen, dass die Russen das Angebot der amerikanischen Truppenunterstützung abgelehnt haben. Sie müssen noch immer Menschen genug haben. Woher ihnen nur immer wieder das viele Material kommt? Unbegreiflich ist es uns manchmal."

Der Aufenthalt in Dresden verlängert sich um weitere vier Wochen, da die Wunde am Oberschenkel geeitert hat und aufgeplatzt ist. Auch die Hand benötigt weitere Massagen, um die Gelenkigkeit der Finger herzustellen. So wird Heinz auch Zeuge des ersten Luftalarms über Dresden, ausgelöst durch russische Flugzeuge, die die mondhellen Nächte zum Ausspähen nutzen.

---

66 Martin Mutschmann (1879–1947) war von 1925 bis 1945 NSDAP-Gauleiter von Sachsen, ab 1933 Reichsstatthalter, ab 1935 zudem sächsischer Ministerpräsident.

Dennoch werden langsam auch die erfreulichen Seiten Dresdens entdeckt. Ausflüge in die sächsische Schweiz und zum Schloss Pillnitz mit anschließender Dampferfahrt gehören dazu. Auch ein sehr anregender Wochenendbesuch in Leipzig bei Arndt Wiegandt, Frau Lipsius und Gertrud Känffert findet statt. Die Firma Lorentz ist außerordentlich vergrößert worden, die Gespräche drehen sich um Heinz' zukünftige Tätigkeit.

Zudem werden auch so manche neue Beziehungen geknüpft. Vater Franz gegenüber ist von gebildeten und kultivierten Herren die Rede, der weitere Verlauf der Geschichte bringt allerdings zu Tage, dass Heinz' Interesse ebenso von einer jungen Frau geweckt wurde, die gerade ihrem Elternhaus im westfälischen Soest entkommen ist und ihre erste Stelle als technische Zeichnerin in Dresden angetreten hat. Heinz entdeckt Margarete bei einem sonntäglichen Besuch der Gaststätte Gambrinus am alten Postplatz und beide finden Gefallen aneinander. Theater- und Musikprogramme des Dresdener Opernhauses und des Schauspielhauses aus Margaretes Nachlass belegen ihr kulturelles Interesse, das sich mit dem von Heinz verband: Solisten vom Ballett der „Großen Oper Paris“, die durch die Entwicklung des Tanzes vom 17. bis zum 20. Jahrhundert führten, wählten Dresden als Aufführungsort genauso wie der damals weltbekannte Choreograph und Tänzer Harald Kreutzberg mit einer Tournee im Stile der *Comedia del arte*.

Während Heinz sich brieflich über diese Angelegenheit nicht weiter auslässt, verbringt er während seines Genesungsurlaubs vom 15. Oktober bis zum 6. November, den er nach

Dresden, Blick auf Augustusbrücke und Schlossplatz, um 1900

Abschluss des Offizierslehrgangs antreten darf, ein Wochenende in der alten Hansestadt Soest. Wenig Zeit konnte man sich lassen in Jahren, in denen alles Zukünftige ungewiss war. Und so blieb auch keine Möglichkeit, um sich lange und ausgiebig kennen zu lernen, um zu prüfen und abzuwarten. Fand sich ein Paar, so wurden schnell die entscheidenden Schritte eingeleitet, in diesem Fall der Besuch bei Margaretes Eltern. Friedrich, Holzkaufmann und kaufmännischer Direktor einer großen Furnierfabrik, und seine Ehefrau Ernestine aus angesehener alteingesessener Soester Familie, erwarteten gespannt den Besuch des Auserwählten ihrer Tochter. Ein gediegenes Zweifamilienhaus weit von der Straße zurückliegend mit einem großen Blumen- und Nutzgarten konnte zwar nicht ganz mit der Lürmannstraße konkurrieren, strahlte aber solide gutbürgerliche Wohlhabenheit aus. Was konnten die erfreuten Eltern schon einwenden gegen den charmanten Kriegshelden aus gutem Hause mit den untadeligen Manieren? Worauf sollte man warten? Als verheirateter Offizier konnte Heinz auch auf etwas mehr Urlaub hoffen. Schließlich benötigte das mittlerweile schon stark ausgedünnte Volk dringend Nachwuchs. Also wurde die Verlobung beschlossen und auf den kommenden Dezember angesetzt. Es gab andere, die noch schneller waren. Heinz' Freund Karl-Heinz Welp aus Osnabrücker Zeiten heiratete seine verehrte Eva bereits drei Tage nach der ersten Begegnung. Und es wurde eine glückliche Ehe. Was man von Heinz und Margarete leider nicht sagen kann, aber soweit ist es noch nicht.

Heinz und Margarete in Dresden, 1942

Am 3. Oktober ist die Zeit in Dresden beendet, und Heinz wird zurückversetzt nach Osnabrück in die Scharnhorst-Kaserne, wo die weitere Behandlung seiner Verletzungen im dortigen Reserve-Lazarett erfolgt. Vor Ort erlebt er am 6. Oktober den schwersten Bombenangriff des Jahres 1942, als 400 Sprengbomben und 5.000 Phosphorbrandbomben 40 große und 200 kleine Brände verursachen. 3.500 Wohngebäude werden beschädigt, und ganze Straßenzüge – so auch die nahe gelegene Krahnstraße – gleichen danach Ruinenlandschaften. Ob die Ernennung zum Oberleutnant am 1. Dezember angesichts der Zerstörung seiner Heimatstadt und der zahllosen Toten für Heinz eine uneingeschränkte Freude war, lässt sich bezweifeln.

Verlobung im Dezember 1942

Margarete hält indessen eine Bescheinigung in der Hand, die sie zu einem Erholungsurlaub vom 19. Dezember bis zum 3. Januar 1943 in ihrer Heimatstadt berechtigt. Dort findet Weihnachten 1942 die Verlobung statt. Ein Blick auf die ernsten Gesichter des jungen Paares lässt vermuten, dass dieses Ereignis überschattet ist von der langsamen Erkenntnis, dass auch ihre beiden Heimatstädte nun selbst zum Kriegsgebiet geworden sind. Der einzige Verlobungsglückwunsch, der sich erhalten hat, stammt von Heinz' Vorgesetzten, Major Hermann Tietjen, aus Piskowa bei Sytschewka in Russland. Die Feldpostkarte zeigt zwei windschiefe russische Holzhütten, vor denen zwei zerschossene Kleinlastwagen liegen. Ein recht geeignetes Motiv für einen Glückwunsch an das junge Paar.

Eine Glückwunschkarte aus Russland, 1942

Märchenhaftes Dänemark 1943

Zu Beginn des Jahres 1943 zeichnet sich mit den düsteren Meldungen aus Stalingrad eine Wende des Krieges ab. Alle Verantwortlichen sind sich darüber einig, dass die unfassbar große Sowjetunion nicht zu bezwingen sei, dass die Weiterführung des Feldzuges nur sinnloses Blutvergießen nach sich ziehen würde. Der „Führer" jedoch hatte den Befehl gegeben, Stalingrad auf jeden Fall zu halten. Die höheren Offiziere der Wehrmacht mussten tatenlos zusehen, dass nichts zur Rettung der 6. Armee getan und dass es verboten wurde, sich nach Westen durchzuschlagen. Den Soldaten der Fronttruppen wurde weiterhin eine bevorstehende Befreiung vorgegaukelt. Sie glaubten unerschütterlich an die Genialität des „Führers".

Just zu diesem Zeitpunkt, im Januar 1943, wird Heinz von der Kreispropagandaleitung Euskirchen beauftragt, Vorträge in Köln und der Eifel zu halten. Untergebracht ist er im Hotel Excelsior in Köln und im Kurhotel in Schleiden. Während vierzehn Tagen absolviert er 22 Auftritte vor der HJ, der Frauenschaft und vor verschiedenen Betrieben. Die Vorträge sind gut besucht – bis zu 350 Personen finden sich ein. Wie ihm „von höchster Stelle" versichert wird, trifft er den richtigen Ton und ist sehr erfolgreich.

Über den Inhalt seiner Vorträge ist nichts verzeichnet. Vermutlich wird er Durchhalteparolen und Siegesgewissheit verkündet haben. Kritische Bemerkungen über den „Führer" und den sich abzeichnenden katastrophalen Ausgang des Krieges durften in der Öffentlichkeit nicht laut werden. Nicht einmal die Privatpost war sicher vor der allgegenwärtigen Zensur und private kritische Verlautbarungen wurden von Spitzeln der militärischen Spionageabwehr zugetragen. Nicht nur Degradierung und Entlassung aus der Wehrmacht wären die Folge gewesen, sondern Erschießung wegen politischer Unzuverlässigkeit. So muss auch seine Äußerung gegenüber Margarete, er freue sich dabei zu sein, vor diesem Hintergrund gesehen werden.

Im Anschluss an diese Mission geht es nach Dänemark. Bereits am 31. Januar wird der erste Brief aus Slagelse abgesandt. 34 Stunden hat die Fahrt gedauert, zwei Fährschiffe brachten Fahrzeuge, Geschütze, Pferde und Mannschaften über das Wasser. Im kleinen Ort Slagelse auf der Hauptinsel Seeland lässt es sich gut aushalten, Heinz ist mit drei weiteren Offizieren in einem Hotel untergebracht, sein Zimmer ist gemütlich, verfügt über warmes und kaltes Wasser, Radio, Sofa und Schreibtisch. Die Verpflegungslage ist äußerst erfreulich, man kann fast alles kaufen, es ist nur eine Preisfrage. Dementsprechend machen die Dänen „einen wohlgenährten behäbigen Eindruck". Sie sind allerdings sehr „englandfreundlich", weshalb es beim Verkehr mit dänischen Behörden großer Um- und Vorsicht bedarf. Monatlich dürfen 35 RM umgetauscht werden: „Es soll das Land hier nicht so sehr wie Frankreich bis auf den letzten Sockenhalter ausverkauft werden." Dennoch schickt Heinz – soweit es sein Kassenstand zulässt – seinen Lieben daheim Lebensmittel wie Zucker und Käse, dazu Kerzen und Seife, alles Dinge, die „im Reich" nur noch schwer zu bekommen sind. Zumeist sind es Urlauber aus seiner Kompanie, die die Gaben überbringen.

Zum Dienst, den Heinz versieht, gehört die Aufstellung von Plänen für die Sicherheit der Besatzung und des Landes und die Ausbildung der Rekruten. Diese werden mit einem dreistündigen Nachtmarsch bei strömendem Regen und heftigem Wind auf das Kommende eingestimmt. Nach der Kapitulation der 6. Armee am 2. Februar wird eine Gedenkstunde für die Gefallenen von Stalingrad abgehalten.

Zusammen mit einem Kameraden pflegt Heinz Kontakt zu einer sehr deutschfreundlichen Familie mit zwei älteren Töchtern. Der Vater spricht fließend deutsch, war viel „im Reich“ und ist Ortsgruppenleiter der dänischen NS-Arbeiterpartei. Die Familie bewohnt „ein sehr hübsches und tadellos eingerichtetes Haus“.

Margarete indessen plant, ihre Stellung in Dresden zum 1. April zu kündigen und sich um eine Arbeit in Soest zu bemühen. Vermutlich wird sie es bedauert haben, ihre gerade gewonnene Freiheit und die schöne Stadt Dresden wieder gegen den Einzug ins Elternhaus zu tauschen. Für die beiden ist es jedoch so bedeutend leichter sich zu sehen, wenn Heinz Urlaub erhält. „Zu Heiraten scheint mir im Augenblick unter den neuen und ernsten Verhältnissen wenig opportun, arbeiten muss sie doch weiter, und wenn sie das in Soest tun kann, wo sie ihren ausgedehnten Bekanntenkreis hat, ist es angenehmer für sie“, erläutert Heinz seinem Vater die Pläne.

Neue Töne sind zu vernehmen, wenn Heinz „die neuen und ernsten Verhältnisse“ betrachtet: „Das Leben in Deutschland wird dem Ernst und dem Stadium herannahender Entscheidungen, in das unser Krieg nun getreten ist, entsprechend ernster und noch härter an Arbeit werden. [...] Das ist dann der wirkliche totale Krieg. Diese Entwicklung war in dem Maße nicht vorauszusehen. Die in 25 Jahren ins Gigantische hochgetriebene russische Rüstung material- und menschenmäßig holt jetzt zum entscheidenden Schlage aus. Wer hätte das im ersten russischen Kriegsjahr bei diesen enormen Erfolgen überhaupt für menschenmöglich gehalten? Wenn man bedenkt, dass wir nichtsahnend an der Wolga gestanden haben, ohne zu wissen, was da alles noch heraufkommen sollte, kann es einem noch jetzt kalt über den Rücken laufen. Das bittere Schicksal in Stalingrad, der Heldenkampf unserer tapferen 6. Armee, die unsterbliche Ehre an ihre Fahnen geheftet hat, wird für alle Zeit ein Ruhmesblatt bleiben. [...] Aber wir sind durch die großen Siege dermaßen verwöhnt worden, dass wir einen Rückschlag und eine Niederlage vielleicht allzu ernst nehmen. Aber wir Deutschen haben ja ein festes Herz und werden auch hier durchkommen.“

Diese Feststellung und die daraus gezogenen Schlüsse lassen uns Jahrzehnte später schaudernd zurück. Sie entsprechen der von Josef Goebbels im Februar 1943 im Berliner Sportpalast zu Gehör gebrachten Bekundung, Stalingrad sei der große Alarmruf des Schicksals an die deutsche Nation. Ein Volk, das die Stärke besitze, ein solches Unglück zu ertragen und auch zu überwinden, ja, daraus noch zusätzliche Kraft zu schöpfen, sei unbesiegbar.

Am 17. Februar bedauert Heinz die Räumung der Städte Rostow am Don und Woroschilowgrad [heute Lugansk/Ukraine]. „Das ist sehr schlimm für unsere Kaukasus-Armee. Hoffentlich kommt die Front bald zum Stehen. Unsere Wünsche sind mehr denn je dort.“ Rostow am Don steht für eines der schlimmsten Kriegsverbrechen. Nach wechselseitiger Inbesitznahme der Stadt ließ die SS am 11./12. August 1942 unter dem Kommando des Oberscharführers Walther Bierkamp[67] alle in Rostow lebenden ca. 27.000 Juden zur Smijowskaja Balka (Schlangenschlucht) treiben und erschießen. Erst im Februar 1943 eroberte die Rote Armee nach heftigen Kämpfen Rostow und Woroschilowgrad zurück und befreite sie endgültig.

Ein ähnliches Schicksal erlitt die Stadt Charkow, die im Oktober 1941 von der 6. Armee erobert wurde. Von den Einwohnern der Stadt nach deren stalinistischen Erfahrungen zunächst mit Brot und Salz freudig begrüßt, ließ die Wehrmacht die in der Stadt verbliebenen Juden beim Massaker von Drobyzkyi Jar ermorden, andere Bewohner als Zwangsarbeiter nach Deutschland verschleppen. Ein sowjetischer Befreiungsversuch im Mai 1942 scheiterte. Bis zur endgültigen Befreiung der Stadt durch die Rote Armee im August 1943 fiel ein Großteil der Bevölkerung dem von der NS-Führung angeordneten „Hungerplan", der Beschlagnahmung von Lebensmitteln für die Wehrmacht und das Deutsche Reich, zum Opfer.

Angesichts der augenblicklich für die Wehrmacht verschlechterten militärischen Lage werden die Dänen „ziemlich frech", berichtet Heinz. „Vor 2 Abenden sangen in einem öffentlichen Lokal Dänen in deutscher Sprache das Lied: „Es geht alles vorüber, es geht alles vorbei, der schönste Tag wäre, wenn Danmark ist frei." Heinz organisiert einen Gegenzug, „einen kleinen Propagandamarsch" von ca. 120 Mann durch die Stadt, die mit aufgepflanztem Seitengewehr ein fröhliches und sehr lautes Lied singen. Die Dänen antworten am nächsten Morgen mit einem mit Kreide geschriebenem Aufruf: „Nieder mit Deutschland" und einem Zettel mit „10 Geboten für die Dänen", worin zur Sabotage und Arbeitsverweigerung aufgerufen wird.

Sehnlichst wartet Heinz auf den Eingang der monatlichen 35 RM aus Osnabrück, die in Kronen umgetauscht werden dürfen, um seinen Lieben daheim einiges zukommen zu lassen. „Auch Margarete hat einen interessanten Wunschzettel losgelassen. Haus und Hof müsste ich verkaufen, um alle ihre Wünsche zu befriedigen." Endlich ist das Geld da, aber die Beförderung von Lebensmitteln in die Heimat ist kompliziert. Ein Urlauber nimmt zwei Sendungen mit nach Osnabrück und gibt sie dort in der Gepäckaufbewahrung ab. Hilde, das Hausmädchen, soll die Pakete abholen, denn sie seien schwer.

Mit dem frischen Geld geht es endlich auch nach Kopenhagen: „Es war fabelhaft. Wie Berlin in Friedenszeiten. Große schöne Häuser, elegante Straßen, gut angezogene Menschen. Hervorragende Geschäfte, man kann alles kaufen, wenn man genug Kronen hat. Wir waren alle begeistert." Eine weitere Fahrt mit dem inzwischen auch nach Seeland versetzten Osnabrücker Schulfreund Hans-Gerhard Schmidt nach Kopenhagen findet statt, als dort der bekannte Liedsänger Heinrich Schlusnus auftritt. Der 1943 mit der „Goethe-Medaille für Kunst und Wissenschaft" ausgezeichnete Künstler wurde im August 1944 in

---

[67] Der Jurist und SS-Brigadeführer Walther Bierkamp (1901–1945) war für die Ermordung von zehntausenden Juden im Holocaust verantwortlich und entzog sich seiner Verantwortung durch Suizid am 15. Mai 1945.

die „Gottbegnadeten-Liste“ der wichtigsten Künstler aufgenommen, was ihn von einem Kriegseinsatz auch an der „Heimatfront“ befreite.

Ein unwillkommener Lehrgang

So schnell kann es gehen. „Plötzlich und unerwartet, wie immer bei Preußens“, muss Heinz am 1. März Dänemark für sechs Wochen zu einem Lehrgang an der Heeresnachrichtenschule in Halle verlassen. Hintergrund des plötzlichen Ortswechsels ist seine in Aussicht gestellte Beförderung zum Staffelführer, nachdem der bisherige Hauptmann seines Postens enthoben wurde. Der Befehl kommt an einem Sonntag und schon am Montagmorgen sitzt Heinz im Zug. Die Reise wird unterbrochen durch einen Luftangriff auf Berlin, den Heinz in der S-Bahn am Potsdamer Platz miterlebt. Die Stadt Berlin brennt.

Bruder Rolf beschreibt in einem Brief an seinen Vater einen solchen Angriff: „Ich wohne in einem der wenigen gut erhaltenen Häuser an der Achse. Die Angriffe am Montag und Dienstag, jeweils um 19.30 Uhr fanden bei geschlossener Wolkendecke und teilweise Regen statt. Ich glaube man darf hier, besonders am Montag von einem Bombenteppich sprechen. Es war das tollste, was ich je erlebt habe. Am Dienstag bekamen wir 7 Stabbrandbomben in das Haus. 2 Stck in unsere Wohnung, 3 Stck nebenan und 2 Stck blieben auf dem Boden bzw. in einer Doppelwand im Erker hängen. Der Kaiserdamm war übersät mit Brandbomben. Durch diese Helligkeit wurden wir aufmerksam und sausten trotz Beschuss nach oben. Eine lag in dem mir benachbarten Badezimmer und eine in einer Schlafcouch.

Die O-W-Achse bietet vom A. Hitler Platz bis zum Knie einen trostlosen Anblick. U.a. sind zerstört: das deutsche Opernhaus an der Bismarckstraße, das Picadilly und Oberon, Schillertheater, Techn. Hochschule zum Teil, Theater, Hochschule für Musik zum Teil, der Ufa-Palast am Zoo mit Wilhelmshallen, Cafe Berlin, die Gedächtniskirche, in der wir gemeinsam waren, Gloria [Kino am Kurfürstendamm], viele Cafés und Restaurants am Ku-damm, das Kaufhaus des Westens am Wittenbergplatz, das Berliner Rathaus zum Teil, das Charlottenburger Rathaus, das Haus des Reichsbundes für Leibesübungen, der Ost-Flügel des Charlottenburger Schlosses, das Spandauer Rathaus, Spandauer Bhf., Stettiner Bhf., Potsdamer Bhf. Die Staatsoper, das Zeughaus und das Berliner Schloss sollen ausgebrannt sein. Von den Wohnhäusern ganz zu schweigen. Der starke Wind hat sehr geschadet, wogegen dass bisschen Regen unbedeutend war.

Direkte Fahrverbindung nach Spandau besteht nicht, da die S-Bahn mehrere Treffer hat, und die Straßenbahnen liegen auf allen Strecken zurzeit ausgebrannt. Heute Morgen fuhr gar nichts, so bin ich wieder nach Hause gegangen, da infolge strömenden Regens ein Fußmarsch nicht in Frage kam. Die Züge nach dem Westen fahren ab Wustermark, nach Stettin ab Nauen mit Vorortzug bis Bernau, von da mit der Fernbahn.“

Auch der Zug, der Heinz nach Halle bringt, kann sein Ziel nur über Umwege und mit großer Verzögerung erreichen. Der Lehrgang bringt nicht viel Neues, da Heinz im Fernsprechdienst bereits viele Erfahrungen gesammelt hat und die Vorprüfung gleich als Bester mit 0 Fehlern absolviert. Von Halle ist es nicht weit nach Dresden, und so können die folgenden Wochenenden mit Margarete gemeinsam verbracht werden. Beide freuen sich sehr über „dieses Zufallsgeschenk". Ein weiteres Wochenende verbringen beide in Leipzig, besuchen Gertrud Känffert und übernachten im Hotel Stadt Rom, wo es gleich Fliegeralarm gibt. „In Gollis wurden Bomben abgeworfen, die Hauptlast aber hat Berlin tragen müssen."

Enno und Dieter, 1934

Im März 1943 trifft die Nachricht vom Dieters Tod an der Ostfront ein. Heinz ist zutiefst betroffen: „Er war ein feiner lieber Kerl und mit Enno mein ältester und treuester Gefährte unserer sonnenbeschienenen Kinderzeit. Jetzt fehlen bei den Erinnerungen daran unsere liebe Mutter und beide Freunde, Enno und Dieter. Das ist hart. Und wie leicht hätte auch ich nun dabei sein können." Zehn Jahre zuvor war ein Foto entstanden, das die beiden Freunde mit Schülermützen vor dem Gartenhäuschen zeigt. Stolz hatte Heinz kommentiert: „zwei Abiturienten". Zehn Jahre später stehen diese Fotos für viele weitere sinnlos abgebrochene Biografien.

Im April wird Heinz für weitere sechs Wochen als Leiter eines Lehrgangs für 30 Wachtmeister verpflichtet. Das passt ihm gar nicht, da er der Ansicht ist, „als Truppenausbildungsoffizier [in Dänemark] mehr leisten zu können, als hier Lehrer zu spielen. [...] Aber wie gewohnt werde ich mich auch hier hineinschicken." Der geplante Besuch in Osnabrück zu Vaters Geburtstag muss per Telegramm abgesagt werden. Stattdessen besucht Margarete, die im April 1943 „glücklich aus Dresden heraus ist", ihren zukünftigen Schwiegervater in Osnabrück zu dessen 67. Geburtstag.

Auch zum Osterfest gibt es keinen Urlaub, dafür als Entschädigung fünf Flaschen französischen Sektes erster Güte und zwei Flaschen Rotwein, die allerdings selbst bezahlt werden müssen, aber dennoch gerne angenommen werden. Überraschender Weise findet sich Margarete am Ostersamstag ein, und so wird es doch noch ein schönes Fest. Der Geburtstag des „Führers" am 20. April wird in der Schule mit einem Appell mit Ansprache und einem gemeinsamen Mittagessen unter Ausgabe einer halben Flasche Wein und eines Glases Sekt gefeiert.

Die Aussicht auf die „Sahnetöpfe“ Dänemarks rückt in weite Ferne. Heinz ist mit Arbeit stark ausgelastet, bekommt ständig neue Aufträge, muss sich auf 27 Lehrstunden vorbereiten und vier große Übungen für die letzte Woche organisieren. Alles muss immer schnell gehen.

Urlaub wird weiterhin nicht gewährt, auch ein Wochenende bei Cousine Gerda in Cottbus kann nicht stattfinden, da ausgerechnet am Samstag eine Offiziersbesprechung stattfindet. Heinz ist recht ärgerlich, da immer noch keine Klarheit herrscht über seine mögliche Weiterverwendung in Dänemark. In Soest wartet Margarete sehnsüchtig auf seinen Besuch, um ihm das von ihrem Vater erworbene Schlafzimmer vorzuführen. In Leipzig findet die Taufe des Sohnes von Wendula Lipsius, dessen Patenschaft Heinz übernehmen soll, nicht statt, da der Vater nicht rechtzeitig von der Front zurück ist. Ständig wird geplant und wieder abgesagt, Telegramme geschickt, die die Ankunft verkünden und wieder absagen. Für das letzte Wochenende im Mai ist ein Treffen mit Vater und Rolf in Berlin geplant. Auch das findet nicht statt, dafür kommt Franz nun für zwei Tage nach Halle. Am 31. Mai, nach Abschluss des Lehrgangs, soll es dann endgültig zurück nach Dänemark gehen. Doch auch das verschiebt sich erneut. Ärgerlich schreibt Heinz an Franz: „Es ist eine Ungehörigkeit sondergleichen, mir 5 Stunden vor Abgang meines Zuges, während meine Koffer bereits auf der Bahn sind, mitzuteilen, dass ich nicht fahren kann. Schließlich bin ich kein dummer Junge mehr und habe mich in diesem Sinne auch sehr deutlich ausgedrückt. Jetzt mit einem Mal wissen sie plötzlich, dass nach der Lehrgangspause so viele Artillerie-Lehrgänge laufen, dass ich nicht entlassen werden kann. [...] Ich bin sehr ärgerlich und mache aus meinem Unmut keinen Hehl. Pfingsturlaub gibt es auch nicht.“ Stattdessen will Margarete anreisen, und Heinz hat größte Mühe ein Hotelzimmer für sie ausfindig zu machen, da alle Quartiere überbelegt sind. Doch auch dieser Besuch kann nicht stattfinden, da Heinz nun plötzlich zum Dienst beim Kommando eingeteilt wird. Und schlimmer noch: Wie er der Aufstellung der kommenden Lehrgänge am 11. Juni entnehmen kann, wird bis zum 6. November weiter über ihn in Halle verfügt.

Rückkehr ins „Sahneland“

Dann plötzlich das Wunder: Am 17. Juni geht ein Fernschreiben des OKH ein, das besagt, dass Oberleutnant Oldermann keine weitere Verwendung als Lehrer finden kann und stattdessen umgehend in Marsch nach Dänemark zu setzen sei, da er dort dringend benötigt wird. Heinz’ Kommandeur Fritz Heber ist es gelungen, ihn loszueisen. Nun übernimmt Heinz die in Aussicht gestellte Nachrichten-Ausbildungs-Staffel. Die Unterbringung im so genannten „gelben Haus“ auf der Insel Seeland ist sehr angenehm, Wohnzimmer und Schlafzimmer sind nett eingerichtet. Die Arbeit macht Freude, von Vorteil sind sein guter Draht zu Fritz Heber, dem er bereits in Russland unterstellt war, und die Freundschaft mit Hans-Gerhard Schmidt, dem Mitschüler vom Ratsgymnasium.

Allerdings erscheinen unerfreulich viele Vorgesetzte aus dem Reich im „gesegneten“ Land und halten Heinz und seine Rekruten von der Arbeit ab. Unter dem Vorwand der

Heinz mit Freund Hans-Gerhard Schmidt, 1942

Das Pferd Katja, 1942

Kontrolle irgendeines Aufgabenbereichs finden sie Mängel, die Anlass geben, zu erneuter Kontrolle aufzutauchen. Nebenbei lässt sich gut einkaufen. „Lägen wir in Polen oder im Protektorat, käme kein Mensch zu uns“ ärgert sich Heinz.

Die Freude über die Rückkehr wird zudem getrübt durch die allgemeine militärische Lage. Ein Oberleutnant der Luftwaffe berichtet im Juni 1943 von zunehmenden U-Boot-Versenkungen und von schweren Luftangriffen auf deutsche Städte. Der Feind habe eine Abwehrwaffe entwickelt und zum Einsatz gebracht, wogegen nun ein Gegenmittel eingesetzt werden müsse. Dann gebe es Vergeltung für den „unbeschreiblichen Luftterror“ der Briten. Heinz schreibt in Sorge an seinen Vater: Sollte es zu etwas „Unvorhergesehenem“ zu Hause kommen, sei ein Telefonat nach Dänemark durchaus möglich. Deutschland befände sich – allerdings nur „vorübergehend“ – in Verteidigungsstellung. Urlaubssperre ist angesagt, Ausgangssperre ebenfalls. In Dänemark herrscht kurzfristig Alarmstufe I, und es werden Vorbereitungen zum motorisierten Abmarsch getroffen. Immer mehr Telegramme laufen ein und benachrichtigen über Bombenschäden in Westdeutschland. Nur bei Todesfällen von Angehörigen dürfen die Rekruten nach Hause fahren, sonst würden zu viele auf einmal aufbrechen.

Im Juli kommen sechzig neue Rekruten, Jahrgang 1925, „frische Kerls, die mit dem besten Willen hierher kommen und aus denen viel zu machen ist“, so Heinz. Sie bleiben sechzehn Wochen zur Ausbildung und werden befähigt, Leitungen zu verlegen.

„Mit außerordentlicher Spannung“ werden die Ereignisse im Osten und auf Sizilien verfolgt. „In Russland muss ja eine Materialschlacht allergrößten Ausmaßes toben. Die

Stärkeverhältnisse auf Sizilien sind 200.000 Alliierte gegen 300.000 Italiener und 100.000 Deutsche. Da muss man abwarten."

Anfang August kommt keine Post mehr, was an dem Bombardement der Stadt Hamburg liegt, die am 25. Juli zu 80 Prozent in Schutt und Asche gelegt worden war. „Ist es nicht ein Jammer um diese stolze und schöne Stadt?" Nachdenkliche Töne kommen von Heinz an seinen Vater: „Soll das nun so weiter gehen, und wie viele Monate werden wir das noch aushalten können? Es wird doch auch sehr viel an Industrie zerstört." Auch Major Fritz Heber ist total bombengeschädigt und musste vorübergehend in seine Heimatstadt Remscheid zurückkehren. „Er hat nun auch nichts mehr."

Wohlgemerkt, es ist erst August 1943.

Der Bund fürs Leben

Im Privaten bewegt die Heiratsfrage. Sie soll jetzt doch nicht mehr hinausgeschoben werden. An Margaretes Vater Friedrich hat Heinz bereits geschrieben. Und auch der eigene Vater wird um seine Meinung gebeten. „Ich freue mich doch sehr und glaube, recht zu handeln, wenn ich unsere Heirat nun nicht mehr weiter hinausschiebe." Als Termin wird der 28. August ins Auge gefasst. Ein Urlaub von drei Wochen – vierzehn Tage Erholungsurlaub und sieben Tage Heiratsurlaub – stehen Heinz zu, dazu noch vier Reisetage. Als Urlaubsort wird Zell am See ausgewählt. Trauzeugen sind rar, da alle Freunde entweder gefallen sind oder an der Front stehen, mit Fritz und Wilma Dresing findet sich dann doch noch ein befreundetes Paar. Schwierig wird die Reise. Da das zerstörte Hamburg für die Durchfahrt gesperrt ist, muss ein zusätzlicher Reisetag eingeplant werden. Freund Hans-Gerhard hilft beim Studium der Fahrpläne. Heinz schickt Pakete nach Soest, damit die Gäste einigermaßen bewirtet werden können. Lore wird gebeten, die weißen Handschuhe ausfindig zu machen, die er beim kirchlichen Zeremoniell tragen will. Die Hochzeit soll zwar im kleinen Kreis stattfinden, doch hat Margarete nicht gerade wenig Verwandtschaft aufzuweisen, die alle dabei sein möchten.

Noch einmal ist die Familie in Soest nahezu vollständig versammelt. Mutter Ernestines Geschwister, Großvater August und Cousine Ursula. Heinz mit den Trauzeugen, seinen Geschwistern Lore und Rolf und neben Franz auch noch Tante Irmgard mit dem Gatten Alfred aus Breslau. Auf dem Familienfoto gefällt sich Ernestine zwischen Heinz und Vater Franz, Friedrich hat Mühe hinter Margaretes Schleier hervor zu blicken. Das Brautpaar tauscht einen ernsthaften entschlossenen Blick, wobei Margarete noch ein wenig zweifelnd und fragend ob des neuen Status schaut.

Fünf Postkarten an die Eltern und zahlreiche Fotos zeugen von einem sicherlich sehr erfreulichen kurzen Beisammensein. Dann steht Heinz wieder vor seinen Rekruten. Margarete schreibt, nun sei eigentlich alles wieder so, wie es war. Sie sei wieder „artige Tochter" geworden und habe ihr Mädchenzimmer im zart grünen Schleiflack bezogen. Das Neue sei lediglich, dass sie nun einen anderen Namen trüge. Heinz kommentiert: „Der Krieg ist schon eine dumme Sache, der sich mehr oder weniger aus Trennung und Abschied zusam-

Hochzeit in Soest, 1943

Die Familie von Braut und Bräutigam, 1943

mensetzt." Immerhin erhält Margarete als junge Frau jetzt eine Raucherkarte, die ihr als Tauschmittel sehr willkommen ist. Heißt es nicht: Deutsche Frau raucht nicht?

In den vom Oberkommando der Wehrmacht herausgegebenen Mitteilungen für das Offizierskorps vom Juli 1943 ist ein zweispaltiger Text über „Die Offiziersfrau" abgedruckt. Dieses Blatt liegt Heinz' Briefen bei. Da heißt es u.a.:

„Die Wahl der Frau ist einer der entscheidendsten Schritte im Leben eines Mannes. Denn das persönliche und das berufliche Leben sind nicht voneinander zu trennen. [...] Je größer der Pflichtenkreis und je höher das Maß der Verantwortung ist für einen Mann, umso größer werden auch die Pflichten seiner Frau. [...] Weil der deutsche Offizier in einer Geschichtsepoche gewaltiger Entscheidungen als Führer, Ausbilder und Vorbild seiner Unteroffiziere und Mannschaften eine Lebensaufgabe zu erfüllen hat, größer als je zuvor, darum kommt es für die Offiziersfrau darauf an, durch ihre Lebensauffassung und Lebensgestaltung das Ansehen des Offizierskorps auch ihrerseits immer noch mehr zu befestigen.

Das Volk schaut auf seine Offiziere, im Krieg noch viel mehr als im Frieden. [...] Ein Krieg überprüft ein Volk auf seinen innersten Wert; unerbittlich ist diese Prüfung, hart und nötigenfalls grausam gerecht. Wer sich bewährt, ist ein Garant für Sieg und Zukunft, der Versager ist ein Schädling. [...]

Wir denken an manches große Vorbild, das eine Offiziersfrau gibt. Da ist die eine, die nach dem Soldatentod ihres Mannes als Angestellte vom frühen Morgen bis zur sinkenden

Hochzeitsreise nach Zell am See, 1943

Margarete, 1943

Nacht Maschine schreibt, anmeldet oder Diktate aufnimmt und die trotzdem für jeden ein freundliches Wort hat. Oder an Frau X., die seit der Mobilmachung als Schwester tätig, nun schon seit Jahr und Tag oft noch mitten in der Nacht bei schweren Operationen als unentbehrliche Gehilfin des Chirurgen am Werk ist. Auch Frau Z. ist im Kriegseinsatz, indem sie 5 kleine Kinder ganz allein betreut, die Wirtschaft führt und an den Abenden noch als Zellenwalter der Partei Dienst tut. [...] *Frauen dieser Art zeigen Weg und Ziel für alle anderen.* [...] *In noch einer Hinsicht hat eine Offiziersehe unserem Volk etwas zu geben. Der Krieg mit seiner oft so sehr langen Trennung ist namentlich für eine junge Ehe eine Belastung, besser gesagt eine besondere Aufgabe. Die in feierlicher Stunde einander gelobte Treue makellos zu halten, ist zwar selbstverständlich, aber in einer Zeit, die uns die Überwindung des Chaos zur harten und schweren Pflicht macht, ist gerade das Selbstverständliche oft nicht einfach, jedoch besonders wesentlich.* [...]

So wie ihr Mann an der Front seine Soldaten in kritischen Augenblicken hochreißt, so muss sie helfend und tröstend zupacken und durch das Beispiel immer sich gleich bleibender Zuversicht und Tapferkeit dem Volk und dem Sieg dienen."

Heinz und Margarete werden diesen mit der Beschwörung von Treue, Ehre und Pflichterfüllung triefenden Erguss wohl kaum ernst genommen haben. Vielmehr werden sie sich über diesen Text mit einem Augenzwinkern verständigt haben. Den Nachgeborenen jedoch wird die ungeheure ideologische Infiltration des NS-Gedankenguts in das persönliche Leben deutlich, von der dieser Auszug nur ein kleines Beispiel gibt.

Die „Vergeltung"

Vom Urlaub zurück in Dänemark berichtet Heinz seinem Vater, dass „die große Lage gekennzeichnet ist durch Absetzbewegungen und Räumungen". „Im Osten am Dnjepr scheint sich die Front ja allmählich zu stabilisieren. Die russischen Massenangriffe übersteigen die Vorstellungskraft. [...] Viele bekannte Kameraden sind inzwischen aus meinem Feldregiment gefallen." So auch der Kamerad Rosendahl, mit dem Heinz erfreuliche Tage in Frankreich verlebt hatte.

„Man rechnet auch mit neuen Landungen des Feindes in Italien, beruhigend für mich ist die Anwesenheit Rommels in Oberitalien dabei. Er wird's schon machen. Tatsächlich ist das ja die von uns so oft heraufbeschworene zweite Front, die uns sehr belastet. Eine Schande ist es nur, dass Deutsche für dies Italien ihre Haut zu Markte tragen müssen. Die Alliierten werden sehr viel Blut verloren haben, wenn sie an unserer endgültigen Stellung angekommen sind. Man rechnet in Kürze mit Vergeltung."

Die Frage nach dem Beginn der „Vergeltung" beschäftigt nun in jedem weiteren Brief. Gemeint sind die ferngesteuerten Vergeltungswaffen V1 und V2, die „Fieseler Fi 103", die ersten Marschflugkörper der Kriegsgeschichte. Sie sollen „Vergeltung" an der britischen Zivilbevölkerung üben für die alliierten Luftangriffe auf deutsche Städte. Vergeltung für Vergeltung. Der „Führer" und Goebbels hatten die Wunderwaffen, mit denen sie im fünften Kriegsjahr das Blatt wenden und den „Endsieg“ erringen wollten, schon seit Langem angekündigt.

Als sich Gertruds Todestag nähert, erinnert sich der Sohn seiner Mutter: „Sie hat doch so viel in uns eingepflanzt an Gutem durch die große Reinheit ihres Wesens und Herzens und durch ihre Klarheit im Denken und Handeln. Das merkt man alles erst später, und dieses Erbe zu bewahren und zu pflegen, ist unsere Dankbarkeit gegen sie. Was Dir, lieber Vater, durch Mutters Heimgang an Leid widerfahren ist, vermag ich vielleicht von uns am meisten zu ermessen und zu fühlen. Und ich fühle mich verpflichtet, Dir gerade zum heutigen Tage zu sagen, dass das Vorbild, das uns Eure Ehe gegeben hat, auch für Margarete und mich ein Maßstab sein soll, und dass wir unsere Ehe so führen wollen, wie Ihr es in Freud und Leid getan habt.“ Das sind große, mit Sicherheit ernst gemeinte Worte und Wünsche, die sich aus späterer Perspektive mit Bedauern und Wehmut lesen. Wie wenig können gute Absichten ausrichten, wenn das Schicksal einen anderen Weg nimmt.

Margarete besucht ihren Schwiegervater zu Gertruds Todestag. Zuvor schickt Heinz einen Koffer mit Kleidung nach Osnabrück, den Margarete dann mitnehmen soll. „Im Falle eines Falles“, schreibt Heinz, würden die Sachen ihn hier zu sehr behindern.

Im Falle eines Falles bedeutet, die Lage ist sehr angespannt. Im Oktober 1943 wird die Bombardierung Gotenhafens [heute Gdynia] von Dänemark aus verfolgt. Allein 160 viermotorige Bomber überfliegen Heinz’ Stellung auf Seeland. Im November erwartet man „Besuch aus dem Westen“. In den Häfen an der englischen Ostküste werden offenbar Vorbereitungen für eine Landung im dänischen Raum getroffen. Jütland wird jetzt besonders verstärkt. Hinzu kommen von Tag zu Tag mehr Sabotageaktionen: eine Fähre wird in Brand gesetzt; die drei Toten und 18 Verletzten sind Dänen. Ein Hotel, in dem sich eine deutsche Dienststelle befindet, wird von einer Bombe getroffen, ein großer Ausladekran in die Luft gesprengt. Englische Flieger haben Minen in das Kattegatt gelegt. „So tut sich hier schon einiges, und es nimmt kein gutes Ende“, befürchtet Heinz. „Möge der Himmel unser gutes Osnabrück verschonen, man lebt ja auch hier in ständiger Sorge, dass Osnabrück oder Soest einmal betroffen werden. Hoffentlich ist bald der Tag der berühmten Vergeltung da.“

Im Dezember 1943 bezieht die Besatzungsmacht einen neuen Standort in Ulfborg auf Jütland „an einer dem Feinde ungünstigen Stelle“. „Die Gegend, die zu der am dünnsten besiedelten in Dänemark gehört, ist trostlos, flach, versumpft, und die starken Winde des unfernen nördlichen Meeres wehen ständig stark aus Westen.“ Heinz’ Aufgabe ist eine doppelte: Ausbildung und Einsatz, falls eine Invasion droht. Das bringt sehr viel Arbeit mit sich. Außerdem ist Heinz’ Einheit Reserve-Division geworden. An Urlaub ist nicht zu denken, Margarete mag er das gar nicht schreiben. „So ganz viel habe ich von meiner Frau noch nicht gehabt. Müssen eben warten.“

Auch die Einkaufsmöglichkeiten haben sich verschlechtert, es muss alles aus Ringsted auf Seeland beschafft werden. Heinz bemüht sich dennoch, zu Weihnachten Speck und Eier nach Hause zu schicken. Die Pakete, die jetzt mit dem Haushalt in Soest geteilt werden sollen, werden einem Urlauber mitgegeben.

Es ist das vierte Weihnachtsfest, das Heinz nur aus der Ferne begleiten kann. „Möge das nächste Weihnachtsfest uns mehr Freude und Gewissheit bringen als das diesjährige.“ In Ulfborg wird zu diesem Anlass ein kleines Abendessen mit vierzehn Offizieren im Hotel veranstaltet. Niemand hat Urlaub. Am 2. Feiertag muss bereits wieder marschiert werden, die Truppe wird weiter in den Norden verlegt.

Einem Lagebericht zu Weihnachten 1943 lässt sich zunehmendes Unverständnis an der Durchführung des Einsatzes in Dänemark entnehmen. Deutlich wird Heinz' Kritik an der mangelhaften Planung und Vorausschau der „Oberen“: „Die Sache ist die, dass man seit der Besetzung des Landes fröhlich geschlafen hat. Die Möglichkeit einer englischen Landung in Dänemark war immer da, ja für den Gegner sogar eine durchaus verlockende Angelegenheit. Mit der Zeit hat man dann wohl eingesehen, dass mit großen Worten allein die Atlantikkanäle und der Schutz der Nordküsten nicht aufgebaut werden. So hat man in diesem Jahr schon begonnen, Befestigungsanlagen zu bauen. Marschall Rommel hat kürzlich bei seiner Besichtigungsfahrt nach Dänemark wohl kaum seine Zufriedenheit geäußert über den Stand der Dinge hier, sondern er hat mordsmäßig Krach geschlagen. Jetzt wird fieberhaft mit Tausenden dänischen Arbeitern gearbeitet, Gräben und Sperren gebaut. Konnte man sich nicht gleich überlegen, wohin man die Artillerie stecken wollte? Nein. Erst müssen wir hier nach Ulfborg (Stab und Staffel) und Umgebung verfrachtet werden, um drei Wochen später an die richtige Stelle zu kommen. Nun nämlich werden wir als Küstenartillerie eingesetzt, um den landenden Feind unter Feuer zu nehmen. Kilometerweit auseinander liegen die Batterien, die Trosse 15 km rückwärts, wie in Russland. Meine Staffel liegt in Starboöre einem Kirchspiel westlich Lemvig. Diese Tätigkeit beginnt wie gesagt am 26.12. Von Lemvig nach Thyboron führt eine Kleinbahn. Dort oben ist es äußerst windig, die vordere Linie ist die Nordsee. Der Bürgermeister von Starboöre erklärte, hier würde der Tommy infolge der sehr starken Brandung nie landen. Er unterschätzt aber bei weitem die Landungstechnik der Engländer, von denen wir Proben aus Sizilien und Italien kennen. Freund Hans-Gerhard bleibt mit dem Kommando in greifbarer Nähe, in einem kleinen Ort südlich von mir. Ich selbst liege mit einer Batterie zusammen, werde aber doch wohl mehr oder weniger allein sein. [...] Wie schön waren unsere Weihnachtsfeiern zu Hause, diesmal sitzen wir auf gepackten Koffern. [...] Wir überlegen hier alle krampfhaft, in welcher Form die angekündigte Vergeltung nun kommen soll, vor allem wann. Dass es ein 100 Prozent Erfolg werden wird, daran zweifle ich keinen Augenblick.“

Mit guten Wünschen für 1944, „welches uns nach der Vergeltung den Frieden bringt“, sendet Heinz gleichzeitig einen Auszug aus dem „Dänischen Dienst“ vom 4. Dezember 1943 zum Thema Vergeltung, den er seinem Vater zur Lektüre empfiehlt:

„Vor einigen Tagen erklärte ein Sprecher der deutschen Heeresführung der ausländischen Presse gegenüber, dass der Bombenkrieg nunmehr einen derartigen Umfang angenommen habe, dass Deutschland sich gezwungen sehe, seine Vergeltungswaffe einzusetzen. [...] *Die Vergeltung wird so nachdrücklich wie nur irgend möglich und in einem psycholo-*

gisch richtigen Augenblick durchgeführt, dass sie Einfluss auf die eigentliche Entwicklung des Krieges bekommt. Es wäre ein überflüssiges Vorhaben, Ruinen mit Ruinen vergelten zu wollen. Der Zweck des Unternehmens wird sich in gänzlich anderer Weise erfüllen. Er wird sowohl geistig als auch politisch eine große Überraschung bringen. Der Krieg wird eine vollkommen neue Perspektive erhalten, die leitenden Männer im Lager des Gegners werden einer öffentlichen Meinung in ihren Ländern gegenüberstehen, die ganz andere Fragen als bisher stellen wird. Kein Manöver von Seiten des Gegners, kein noch so dreistes Unternehmen des Gegners kann verhindern oder verzögern, dass der Vergeltungskrieg seinen Lauf nehmen wird. Bomben-Terror wird durch einen einzigen Schlag zum Stillstand gebracht. […]“

All diese mysteriösen und verschleierten Ankündigungen kommentiert Heinz mit Frage- und Ausrufungszeichen. „Es wird viel spekuliert, schreibt er, aber keiner weiß genaueres.“

Umstritten ist die Frage, ob die in den 1930er Jahren entdeckte Kernspaltung von den Nazis zum Einsatz einer Atombombe missbraucht werden sollte. Die Formulierungen aus dem „Dänischen Dienst“ könnten dafür sprechen. „Ein einziger Schlag“ hätte tatsächlich alles zum Stillstand gebracht.

7. Das unaufhaltsame Ende

Verteidigung der Nordgrenze 1944

Das Jahr 1944 steht unter dem Eindruck einer befürchteten englischen Invasion an der dänischen Front und daraus erfolgender Schutzmaßnahmen. Mit Freund Hans-Gerhard zusammen ist Heinz tagelang im Einsatz, um auf einer Strecke von 17 km das Nachrichtennetz in Verbindung mit den Divisions-Nachrichtenzügen zu verlegen. Das Brausen des Windes übertönt die Brandung des Meeres. Alle 24 Stunden geht eine ans Ufer getriebene losgerissene Mine mit lautem Krachen hoch. Über 60 km Kabel werden bei Sturmwind mit Windstärke 11 ausgelegt, anschließend Unterstände gebaut. Da Jütland sehr waldarm ist, ist Holz teuer und schwer zu beschaffen. Ein weiteres Problem ist die Feuchtigkeit des Landes. Einen Spatenstich tief, und das Grundwasser zeigt sich. Die Schutzgräben müssen daher über der Erde gebaut und mit Erde und Sand angeschüttet werden, die aber immer wieder zusammenfallen.

Bei der Besichtigung der Rekruten zeigt sich Kommandant Fritz Heber außerordentlich zufrieden. Die „jungen Knaben“ fahren anschließend „auf Urlaub zu Muttern“, so Heinz. Die neuen Rekruten setzen sich aus älteren Männern zusammen, die sich jedoch gegen alle Erwartung recht gut machen. Auf sie ist viel mehr Verlass als auf die jungen Leute, und sie sind auch viel aufnahmefähiger, urteilt Heinz.

Im Februar ist ein Umzug nach Bonnet, einem Kirchspiel bei Ramme südwestlich von Lemvig auf Jütland, angesagt. Der Stellungswechsel ist mit viel Arbeit verbunden. „Immer wieder muss man von vorn anfangen. Aber wen interessiert das oben schon?“ ärgert sich Heinz. „Jetzt, wo dringende Verteidigungsaufgaben im Vordergrund stehen, werden nicht nur Batterien noch verschoben, sondern es kommt zudem noch ein hoher General, um den Stand der Ausbildung zu begutachten. Man hält das alles nicht für möglich.“

Das neue Quartier befindet sich bei einem Eiergroßhändler, weshalb Heinz gleich 145 Eier nach Osnabrück sendet mit der Bitte, die Sendung mit dem Hause Soest zu teilen. Heinz’ Abteilung ist sehr breit aufgestellt, was wegen der Nachrichtenverbindung viel Arbeit macht. „Material ist kaum vorhanden, aber fertig werden soll alles, möglichst schon bis gestern. […] Im Übrigen werden auch von höherer Stelle einfach unausführbare Befehle gegeben. Das erklärt sich sehr einfach aus der Tatsache, dass man vier lange Jahre für die Verteidigung Dänemarks auch keinen Finger gerührt hat, und jetzt, wo ihnen das Wasser bereits am Hals steht, muss alles wie durch Heinzelmännchen plötzlich fertig sein.“

Erfreut zeigen sich alle über den Abschuss von 136 Flugzeugen und warten voller Hoffnung auf das Große, das in sechs Wochen passieren soll. Ein Hauptwachtmeister, der an diesem Tag in Minden war, berichtet von 900 „Viermotorern“ innerhalb von 30 Minuten, „auf die sich acht deutsche Jäger mit unerhörtem Schneid gestürzt haben.“

Bereits zum Jahreswechsel verstörte ein Bericht aus Leipzig: Nach dem Bombardement der Stadt steht in der Innenstadt keine Buchhandlung mehr, alle Verlage und Großdruckereien sind ausgebrannt. Die Firma Lorentz ist total zerstört. Heinz' berufliche Zukunft entschwindet in weite Ferne. Auch das Haus, in dem Arndt Wiegandts Mutter wohnte, ist einer Sprengbombe zum Opfer gefallen und die Mutter grausam umgekommen. Der Ehemann von Wendula Lipsius, deren zehn Monate alter Sohn Heinz' Patenkind werden sollte, ist an der Ostfront gefallen.

Tief erschüttert ist Heinz auch über den dritten Verlust von Tante Lotte Kanzler, deren zweiter Sohn Wolfgang nun nach dem ersten Sohn Fritz und Ehemann Richard im Dezember ebenfalls gefallen ist. Er war gerade 18 Jahre alt. Heinz spricht „von einem niederdrückenden Schicksal, an deren Sinn zunächst zu verzweifeln man niemandem verübeln darf. Gerade in Zeiten des Krieges sei es besonders schwer an der Deutung eines Lebenssinnes festzuhalten."

Welchen Sinn des Lebens in Kriegszeiten er noch sieht, wird nicht weiter ausgeführt. Sollen die Broschüren über die „Welteislehre", die Franz schickt, dabei helfen? Die Welteislehre war eine pseudowissenschaftliche These, nach der die meisten Körper des Weltalls bis auf die Erde aus Eis oder Metall bestehen, was grundlegenden, auch zur damaligen Zeit schon lange bekannten astronomischen und physikalischen Erkenntnissen widersprach. Im „Dritten Reich" erfuhr die Theorie eine politische Aufwertung, da mit ihr eine vermeintliche Wirkung auf das Deutsche Ahnenerbe nachgewiesen werden sollte. Heinz schätzt es, mit Freund Hans-Gerhard, der auch ein Anhänger dieser Lehre geworden ist, abends in Ruhe darüber zu diskutieren.

Im Februar trifft ein „herzzerreißender Brief" von der Frau von Helmuth Rolf ein, mit dem Heinz in Mohrungen die Stube geteilt und eine leseintensive Zeit verlebt hat. Er ist im Osten als vermisst gemeldet, hinterlässt zwei Kinder und eine „ganz reizende" Frau. „Kann man Hoffnung haben und machen?"

Nein, kann man nicht, aber selbst die Tatsache, dass ein Freund nach dem anderen im Osten fällt, führt nicht zur Überprüfung der inneren Einstellung. Die Frage nach der Sinnhaftigkeit der weiteren Kriegsführung wird – trotz zunehmender Kritik an den Maßnahmen der Oberen – offensichtlich nicht gestellt oder durch das soldatische Pflichtgefühl und den militärischen Ehrenkodex in den Hintergrund gedrängt. Das Vaterland zu verteidigen in dem „uns aufgezwungenen Krieg" ist die Sichtweise, die jahrelang durch die Wehrmachtsberichte vorgegeben wurde. Der Krieg galt als berechtigt. Andere Deutungen standen – zumal an der Front – nicht zur Verfügung.

Urlaubspläne

Mit großer Anteilnahme verfolgen Heinz und seine Kameraden die schweren Tages- und Nachtangriffe auf Deutschland, die „fraglos die sicheren Vorboten einer kommenden Invasion" sind. Wahrscheinlich sei es, so Heinz, dass diese in Holland oder Belgien stattfindet, „weil die Feinde hier ein freundlich gesonnenes Hinterland haben."

Hilde, die Frau von Hans-Gerhard, berichtet von der Bombardierung Osnabrücks. Am 23. März 1944 hatte selbst eine dichte Wolkendecke über der Stadt keinen Schutz gegen die Fliegerangriffe geboten. 150 Sprengbomben und 200 Stabbrandbomben prasselten auf die Stadt nieder. Unter den bei den Angriffen Getöteten waren zahlreiche „Fremdarbeiter" und Kriegsgefangene, denen man das Aufsuchen von Schutzräumen verwehrt hatte, und die grausam umkamen.[68]

Sorgen bereitet zudem der Osten. „Man muss schon ein großes Vertrauen zur Führung haben, um den Mut nicht zu verlieren. Die Stimmen, die von dort zu uns kommen, sind sehr unterschiedlich, so dass man sich kein rechtes Bild machen kann", lässt sich Heinz vernehmen. Unverständlich sei es, warum im Osten nicht mehr Land gehalten werden kann. „In Italien haben wir doch fabelhafte Abwehrerfolge unter Kesselring[69] zu verzeichnen. Aber die Russen bekommen offenbar unheimlich viel Material von den USA. Wer könnte denn eine solch lange Offensive einen ganzen Sommer, Winter und Frühjahr über aushalten?"

Heinz' Urlaub, der am 10. März beginnen sollte, wird um eine Woche verschoben. Margarete freut sich schon schrecklich auf Heinz' Besuch im März, wie sie an Franz schreibt. Sie hat mittlerweile den Kontakt zu ihrem Schwiegervater intensiviert und nimmt an allen familiären Dingen regen Anteil. Zum Weihnachtsfest macht sie einen Besuch in Osnabrück. Im Januar erkundigt sie sich nach dem Verlauf der Grippe, an der die Bewohner der Lürmannstraße erkrankt sind und gratuliert zur Verlobung von Schwager Rolf mit Traudel aus Berlin. Auch Heinz freut sich über das junge Glück, das zusammen in München leben wird und sich nicht trennen muss – so wie er und Margarete.

Die Urlaubsfrage ist deshalb so schwer zu lösen, weil ein Vertreter gestellt werden muss, was bei dem allgemeinen Offiziersmangel schwierig ist. Wenn Kommandant Fritz Heber zurück sein wird, fährt zunächst Freund Hans-Gerhard auf Urlaub, der bereits zwei Kinder hat. Heinz plant, seinen Urlaub zwischen Osnabrück und Soest zu teilen, und freut sich im Übrigen darauf, Onkel Ottos neue Frau kennenzulernen. Pläne über Pläne: „Hoffentlich machen mir die Verhältnisse keinen Strich durch unsere Rechnung. Es liegt ja so allerlei in der Luft." Und „Das viele Hin und Her bei der Abteilung wegen Urlaubs bin ich allmählich leid."

Und so zerschlagen sich auch die neuen Urlaubshoffnungen. Der neue General verordnet, dass alle Offiziere bis zum 1. April wieder zur Stelle sein müssen und von da an der Urlaub für alle gesperrt ist. Ein Wiedersehen zu Franz' Geburtstag am 7. April ist somit ausgeschlossen. Nun hoffen alle auf Ostern, wo auch Rolf und seine Verlobte erwartet

---

[68] Spratte, Im Anflug (wie Anm. 64), S. 51f.

[69] Generalfeldmarschall Albert Kesselring (1885–1960) war als Oberbefehlshaber in Italien für mehrere so genannte „Sühnemaßnahmen" gegen die italienische Zivilbevölkerung verantwortlich, nachdem die italienische Resistenza Angehörige der Wehrmacht angegriffen hatte. Nach einem Attentat in Rom im März 1944 ließ er 335 unbeteiligte italienische Zivilisten in den Ardeatinischen Höhlen erschießen. Nach Kriegsende wurde er von einem britischen Militärgericht in Italien als Kriegsverbrecher zum Tode verurteilt und später begnadigt. Bis zu seinem Tode distanzierte er sich nicht von seinen Taten und seiner bedingungslosen Loyalität zum „Führer".

werden. Wie traurig es ist, Margarete immer wieder hinhalten zu müssen, zu vertrösten und neue Hoffnungen zu erwecken, ist vorstellbar. Jeder weitere Brief endet mit der Hoffnung auf ein baldiges Wiedersehen.

Auch zu Ostern fährt Margarete nach Osnabrück und wartet dort vergebens auf Heinz. Gemeinsam mit der Familie ihres Mannes muss sie am ersten Ostertag allein viermal die Schutzräume unter dem Stadtkrankenhaus aufsuchen. Eingänge zum „Krankenhausstollen" befanden sich am Natruper-Tor-Wall und an der Lürmannstraße. Als weiterer Termin für den Urlaub wird der 22. April ins Auge gefasst, an dem Heinz gleich nach Soest durchfahren will, damit Margarete nicht eventuell erneut vergebens nach Osnabrück kommen muss. Doch auch dieser Termin wird nicht gehalten, nun soll es der 28. April sein. „Man kann ja sehr vieles mit dem Krieg entschuldigen, aber mit ein klein wenig gutem Willen wäre das m.E. alles wohl zu machen gewesen", ärgert sich Heinz über seinen Vorgesetzten. „Aber was kümmert das schon den Kommandeur!"

Endlich ist der lang ersehnte Urlaub da. Mehr als sieben Monate hat sich das frisch verheiratete Ehepaar nicht gesehen. Ein gemeinsames Zuhause gibt es noch nicht. Also findet das Wiedersehen bei den Schwiegereltern in Soest statt. Erfreut berichtet Heinz seinem Vater am 3. Mai, die Reise nach Soest sei planmäßig verlaufen und die Züge wären fabelhaft pünktlich gewesen. „Soest erwartete mich in einem herrlichen Blütenkleid, während sich in Dänemark gerade erst die ersten grünen Spitzen herauswagten." Von Luftangriffen blieb das junge Paar zum Glück verschont. Dass Margarete sich bereits in die familiären Verhältnisse eingelebt hat, zeigt, dass sie mit Heinz nach Bad Rothenfelde fahren möchte, wo Heinz' Großeltern und seine Mutter begraben liegen.

Lürmannstraße, unversehrt die Bergkirche, 1944

Zurück in Dänemark muten Heinz die sonnigen Tage zu Hause wie ein Wunder an. Für den Rückkehrer findet ein Begrüßungsessen statt, bei dem auch Freund Hans-Gerhard anwesend ist, „dem ich eine Sorge von seinen Schultern nehmen konnte, da er bislang noch ohne Nachricht von Osnabrück war." Doch schon am 13. Mai 1944, dem schwärzesten Tag dieses Krieges für Osnabrück, kommen allein 241 Menschen, darunter 49 Kriegsgefangene, ums Leben.[70] Nur mit Mühe gelingt es Hans-Gerhards Ehefrau Hilde mit ihren beiden Kleinkindern, einen der beiden Zugänge zum Natruper-Stollen

[70] Spratte, Im Anflug, S. 59ff.

zu erreichen. Das Gedränge ist so enorm, dass ihr beinahe der Kinderwagen entrissen und umgeworfen worden wäre. Schwer getroffen wird das Gebäude des Marienhospitals, alle Patienten müssen ausquartiert werden. In Heinz' Elternhaus werden nun ausgebombte Menschen einquartiert. Franz nimmt ein befreundetes Ehepaar auf; Sophiechen Krochmann war eine langjährige gute Freundin von Gertrud. Heinz schickt seine Heizplatte, um eine zweite Kochmöglichkeit im Hause zu schaffen.

Weiterhin hat Heinz viel zu tun: Neben der Ausbildung immer neuer Mengen von Rekruten sind noch alle nachrichtendienstlichen Einsatzaufgaben zu erledigen. Daneben gibt es eine 24-stündige Divisions-Alarmübung, „die anstrengend und ergiebig war". Immerhin fällt die Überprüfung seiner Rekruten und die Besichtigung des Trosses jedes Mal „ganz vorzüglich" aus.

Eine neue Front im Westen

Am Morgen des 6. Juni 1944 beginnt mit dem Unternehmen „Overlord" die Alliierte Invasion an der französischen Kanalküste. 6.400 Schiffe landen mit massiver Luftunterstützung in der Normandie. Bis zum 30. Juni gehen 850.000 Mann an Land und befördern 104.000 Tonnen Material und 54.000 Fahrzeuge an die Küste. Die erfolgreiche Landung bringt der Roten Armee die gewünschte Entlastung im Kampf gegen die Wehrmacht.

Am 14. Juni schreibt Heinz: „Die Welt hält den Atem an", die Invasion im Westen hat begonnen. „Wann wir unsere Karten ausspielen werden, steht wohl noch lange nicht fest." Zunächst muss sich ein Landungsschwerpunkt herausbilden, danach wird es wohl zu noch weit größeren Landungen kommen, so seine Einschätzung. „Die rücksichtlosen Menscheneinsätze muten geradezu russisch an. Es scheint den Alliierten doch wohl ernst zu sein." Es seien dies die entscheidenden Ereignisse des Krieges: „Die Invasion und die Vergeltung".

Am 15. Juni ist der Tag der „Vergeltung" da: Deutsche Flaksoldaten feuern von der französischen Kanalküste aus die ersten ferngesteuerten Bomben V1 gegen England ab. Die Attacken pilotenloser Flugzeuge richten sich gegen den Großraum der britischen Hauptstadt und dauern mehrere Wochen. Hunderte Menschen in London sterben. Dazu Heinz am 17. Juni: „Es ist nun wie eine Selbstverständlichkeit ohne viel Reden die Vergeltung angebrochen. Möge sie die Erwartungen erfüllen, die die Führung und das ganze Volk an sie im Laufe der Zeit geknüpft haben."

Zeitgleich richtet sich ein erneuter Bombenangriff auf das für die Briten strategisch günstig gelegene Osnabrück. Eine Eilkarte seines Vaters unterrichtet Heinz über Schäden am Haus. Schlimmer hat es die Familie von Hans-Gerhard an der Natruperstraße getroffen, in deren Wohnhaus sämtliche Fensterscheiben zu Bruch gingen. Zwanzig mit Phosphor gefüllte Flüssigkeitsbomben, die dort in der Nähe des Sedanplatzes fielen, richteten Totalschäden an. Bei der Entschärfung eines Blindgängers im gegenüberliegenden Haus wurden zwei Kriegsgefangene zerfetzt.[71] Getroffen wurde auch der Luftschutzstollen an

[71] Ebd. S. 67.

der Litzmannstraße [heute Schoellerstraße], der so genannte Natruper-Stollen, der 1.000 Schutzplätze bot. Hilde gehörte zum Glück diesmal nicht zu den dort Schutz Suchenden. Sie hatte sich mit ihren beiden Kindern zu Verwandten auf das Land geflüchtet. Von dort sieht sie ein brennendes Osnabrück vor rotgefärbtem Himmel. Als sie zurückkehrt findet sie ihren verzweifelten Vater, der durch die Trümmer seines Hauses irrt.

In Dänemark herrscht Urlaubssperre und Bereitschaft. Die jungen Rekruten werden zur Front abgestellt. Nach der Vorbereitung auf das Töten beginnt für sie nun das Töten oder das Getötet-Werden. Die jahrelang in der Schule und beim Sport eingebläute Parole „durchhalten und aufopfern“ müssen die jungen Männer nun in die Tat umsetzen.

Am 1. Juli heiraten Rolf und Traudel, auch Margarete als neues Familienmitglied ist anwesend. Nicht so Heinz, der es sehr bedauert, an der Feier nicht teilnehmen zu können. Er wünscht den beiden viel Glück in ihrer Ehe, „mögen sie sich so ausgleichen wie es bei Margarete und mir der Fall ist.“ Margarete berichtet Heinz voller Erstaunen, dass bei Rolf „nicht das Mindeste an Verliebtheit“ zu bemerken gewesen sei. Heinz erklärt, dass man das bei Rolf, der wegen seiner Sachlichkeit und Nüchternheit in der Familie bekannt ist, wohl nie im Leben wird bemerken können.

Allzu früh hat Heinz seinem Vater die frohe Botschaft von einem Nachkommen verkündet, der auf dem Wege sei, das Licht der Welt zu erblicken. „Ich freue mich unbeschreiblich darüber und möchte es Dir nicht vorenthalten.“ Wenig später die Nachricht, dass Margarete an einer Nierenbeckenentzündung leidet, die aber wohl in diesem Stadium nicht besorgniserregend sei, bei der Geburt selbst indessen gefährlich sein würde. Heinz ist in Sorge und berät sich mit seinem Kameraden Dr. Assmann, der Oberarzt und Spezialist für Geburtshilfe ist. Doch dann kommt die schmerzliche Nachricht. „Vielleicht darf man den Standpunkt einnehmen, dass die Natur hier von sich aus das Richtige getan hat, um vielleicht noch größeres Unheil zu vermeiden“, versucht Heinz seinen Kummer zu rationalisieren. „Doch für Margarete tut es mir besonders leid, die sich so mit mir gefreut hatte.“ Es rührt ihn, dass es ihre größte Sorge ist, Heinz könne ihr böse sein. Dankbar ist er, dass Franz zu einem Besuch nach Soest fährt, was Heinz nicht möglich ist. Die Familie hält zusammen. Von Margarete hört er, dass sie überwiegend liegt und noch sehr schwach ist. Es geht ihr gar nicht gut, sie klagt über Herzbeschwerden. Eine Herzmuskelschwäche wird festgestellt, weshalb sie erneut das Krankenhaus aufsucht. Größte Schonung wird verordnet, eine weitere Schwangerschaft während des folgenden Jahres ist nicht wünschenswert. Dr. Assmann vermutet, dass sich Margarete eine Sepsis zugezogen hat, worauf die Herzbeschwerden hindeuteten. Heinz ist verzweifelt, weil er nichts für sie tun kann. Lediglich ein Paket kann er schicken, damit seine Frau „etwas Anständiges“ zu essen bekommt. Aber die Weiterbeförderung nach Soest wird immer schwieriger. „Die Lage wird zweifellos immer ernster, während man in Berlin anscheinend immer noch bester Stimmung und Laune ist“, so seine Einschätzung am 20. August. Franz gelingt es, das Paket weiter transportieren zu lassen, so dass es am 24. August zusammen mit seinen Glückwünschen zum ersten Hochzeitstag in Soest ankommt. Heinz übersendet durch seinen Hauptwachtmeister ein weiteres Päckchen mit einer „entzückenden“ Uhr. Margarete ist glücklich über so viel Aufmerksamkeit. Franz gelingt es mit seinen Beziehungen, einen Kurplatz für sie in Bad Pyrmont zu beschaffen, damit sie sich erholen kann.

Zeitgleich zu dem privaten Unglück scheiterte am 20. Juli das Attentat auf den „Führer". „Allmählich haben wir uns von dem Schrecken erholt, den uns der Anschlag auf den Führer beigebracht hat. Sehr deprimierend, dass es von Seiten der Wehrmacht (Ersatzheer) ausgeht. Welche Kreise mag es noch weiterhin umfassen?"

Stellte sich wirklich kein Gedanke ein, dass die Tat dieser Beherzten – wäre sie gelungen – ein weiteres Inferno hätte verhindern können? Dass Millionen Menschenleben gerettet und viele Städte vor der totalen Verwüstung hätten bewahrt werden können? So nahe am militärischen Geschehen, war da nicht Heinz und seinen Mitstreitern schon längst klar, dass dieses Blutbad an mehreren Fronten nicht mehr zu gewinnen war? Wenn dem so war, so lässt Heinz diese Ansicht nicht nach außen dringen. Gefangen in seinem Pflichtbewusstsein, konstatiert er lediglich die unangenehmen Folgen für seine Rekruten, „für die es ein schlechtes Zeichen ist, wenn schon die Generäle den Mut verlieren." Verfiel niemand auf den gegenteiligen Gedanken, dass kein Mut verloren, sondern Mut bewiesen wurde, um dem blutigen Regime die Stirn zu bieten?

In den nun folgenden Monaten wird allerdings der Zweifel immer deutlicher, die Verzweiflung immer greifbarer. Es ist der Zweifel an der Kompetenz der Führung, der Zweifel am rechtzeitigen Einsatz der immer wieder beschworenen Wunderwaffe, der Zweifel am Glauben an ein bevorstehendes gutes Ende im Frieden.

Am 3. August räsoniert Heinz: „Man hat den Eindruck, dass die Alliierten unter Inkaufnahme großer Verluste eine Entscheidung erzwingen wollen, ehe unsere neuen Waffen, vor denen sie offenbar schwere Angst haben, zum Einsatz kommen, womit man wohl mit dem beginnenden Herbst rechnet."

Militärische Fachleute sind sich zu diesem Zeitpunkt einig darüber, dass die viel beschworenen Wunderwaffen, die V1 und die V2, keine Wende des Krieges mehr herbeizuführen vermögen. Im Westen nähern sich die Alliierten der deutschen Westgrenze, im Osten steht die Rote Armee an der Grenze Ostpreußens. Vielen ist klar, dass es kein Entrinnen mehr gibt.

Als am 30. August die Nachricht kommt, dass seit einiger Zeit auch in Dänemark erhöhte feindliche Lufttätigkeit festzustellen ist, ein Flugplatz zerstört und die Eisenbahnstrecken unterbrochen sind, wird die Lage als sehr gefährlich, aber nicht aussichtslos bezeichnet, was sich in den nächsten Wochen beweisen wird. Und fast gebetsmühlenartig folgt die immer wieder beschworene Devise: „Wir dürfen nur den Glauben nicht verlieren." Heinz: „Mit welch großer Spannung blicken wir alle nach dem Westen, wo die Lage zweifelsohne dramatisch ist. Ob wir mit unseren neuen Waffen produktionsmäßig schon so weit sind, wie wir sein müssen, um der Gefahr mit Nachdruck und Erfolg begegnen zu können, wollen wir hoffen. Unsere Führung und öffentliche Meinung sind ja von einer unglaublichen Gelassenheit und Zuversicht. Wir müssen vermehrt hier nationalpolitischen Unterricht abhalten, und es ist nicht immer leicht, das richtige Wort zu finden."

Bomben auf Osnabrück

Aus dem Zweifel wird Verzweiflung, wenn Heinz am 14. September schreibt: „Mit Schrecken höre ich heute von einem neuen Terrorangriff auf Osnabrück." Am 13. September wurde die Stadt fast vollständig zerstört. Eine ungeheure Menge an Bomben und Minen hatte riesige Flächen- und Feuerstürme entfacht und die Stadt in ein Trümmerfeld verwandelt. Fast alle historischen Baudenkmäler versanken in Schutt und Asche oder wurden schwer beschädigt. Es war das Ende des alten Osnabrücks mit seinen reich verzierten Fachwerkhäusern, seinen barocken Bürgerhäusern, den klassizistischen Adelshöfen und den alten Kirchen. Große Zerstörungen richteten die Bomben an der Natruperstraße an. Und auch das Westerbergviertel, in dem sich die Lürmannstraße befindet, wurde von vielen Bomben getroffen.[72] Heinz: „Ich bin in großer Sorge um Euch, hoffentlich seid Ihr gesund geblieben. Die Angriffe auf unsere Städte sind ja in einer Weise gestiegen, die kaum mehr tragbar ist. Wenn doch endlich die prophezeite Wende darin kommen möchte. Aber wir müssen uns in Geduld fassen und die Ruhe und den Glauben nicht verlieren."

Es ist die gleiche Verzweiflung, die wenige Jahre zuvor die Menschen in den polnischen, litauischen, weißrussischen und ukrainischen Städten und Dörfern erfahren haben. Damals allerdings traf es die verzweifelten Menschen überraschend und unvorhersehbar, die jetzt Verzweifelten sind sehenden Auges in ihr Schicksal gerannt. „Die Angriffe der Alliierten sind kaum noch tragbar", klagt Heinz.

Zu Hause sind sie nicht tragbar, anderswo dagegen schon. Dreieinhalb Jahre zuvor schrieb er über die Stadt Polazk im heutigen Belarus: „Eine ganze brennende Stadt, ein schauerlicher Anblick."

Von Hans-Gerhard hört Heinz, „dass die Innenstadt hin ist, dass das Schmuckstück, unsere ehrwürdige Marienkirche, und auch der Dom in Schutt und Asche gesunken sind. Und die Bierstraße, all das, warum wir Osnabrück liebten, ist in 5 Minuten eingestürzt, das ist zum Weinen. Ich war ganz erschlagen, als ich davon hörte."

Das Dach und die Türme des Doms wurden von Brandbomben getroffen und stürzten in sich zusammen. In der Marienkirche wurde nicht nur der Turm zerstört, auch die gesamte Inneneinrichtung verbrannte. Das Rathaus und die alten Fachwerkhäuser in der Krahn- und Bierstraße brannten und am Markt verloderten die alten Giebelhäuser bis auf die Fassaden. Franz und Lore blicken vom Balkonzimmer aus fassungslos auf eine Altstadt, die in Rauch und Feuer versinkt. Tagelang gibt es kein Wasser, kein Gas und keinen Strom.

Am 30. September fühlt Heinz mit seinem Vater: „Welch schwere Tage habt Ihr durchmachen müssen. In Gedanken bin ich viel bei Dir, weil Dir in Deinen alten Tagen all das Leid und das Schwere, das über unser Land und unsere Städte gekommen ist, nicht erspart geblieben ist, wo ich Dir so von Herzen einen beschaulichen und ruhigen Lebensabend gegönnt hätte. Wir wollen nur hoffen und daran glauben, dass es der alte Hergott

---

[72] Ebd. S. 76.

Blick auf Osnabrück vom Balkonzimmer in Friedenszeiten, vor 1939

doch noch gut mit uns meinen wird, wenn es um das Allerletzte geht. Und dass diese Stunde bald kommen wird, das glaube ich nach allem, was man so hört. Die Leistungen unserer Truppen im Westen grenzen ans Wunderbare im Vergleich zu der menschen- und materialmäßigen haushohen Überlegenheit der anderen. Wir tun hier auf unserem Posten alles, um kampffähige, gut ausgebildete Soldaten zu liefern und arbeiten bis in die Nacht. Wir Chefs müssen 2 x wöchentlich einen nationalpolitischen Unterricht abhalten, um die Jungen zu unbedingten Soldaten des Führers zu erziehen. Die jungen Leute sind meistens einwandfrei, die älteren aber, die Kritischen, die schon allerlei durchgemacht haben, müssen herangeholt werden."

Wie schafft Heinz es, Menschen „heranzuholen", deren Glaube an die Wunderwaffe verbraucht ist, die ihr Schicksal bereits besiegelt sehen? Wie ist es ihm möglich, die unerfahrenen jungen Leute weiterhin auf ein völlig hoffnungsloses Unternehmen und einen vom Größenwahn befallenen „Führer" einzuschwören? Wie konnte die Parole „durchhalten und aufopfern" junge Rekruten so lange in ihren Bann ziehen?

Auch Soest soll angegriffen worden sein. Heinz hat von dort noch keine Nachricht. Margarete berichtet ihrem Schwiegervater: „Am letzten Dienstag hatten wir einen Tagesangriff auf den Verschiebebahnhof. Es sieht dort böse aus! Die Strecke nach Sassendorf (Lippstadt) musste durch Autobusse aufrecht erhalten werden. Am Freitag war wieder ein so kritischer Tag, es ging aber noch gut! Alarm werdet Ihr genauso oft haben, wie wir hier. Es ist an manchen Tagen doch recht schlimm. Vor einer Woche hatten wir 3 Flüchtlinge aus Aachen für 2 Nächte hier. Ein älteres Ehepaar mit Tochter. Die armen Menschen hatten viel mitgemacht. Zuerst totalen Bombenschaden im vorigen Jahr

Osnabrück während eines Bombenangriffs, 1944

und nun noch flüchten! [...] Trotz Krieg und dauerndem Alarm will ich die Reise nach Pyrmont wagen. Gestern war ich zum ersten Mal nach mehr als 2 Monaten wieder im Kino."

Trotz aller Gefahren und Schrecken der Versuch, etwas privates Leben aufrecht zu erhalten.

Am 1. Oktober schreibt Margarete aus Pyrmont an ihren Schwiegervater: „Die Anfahrt nach hier dauerte recht lange. Durch Fliegeralarm mussten wir auf der Strecke warten, dann waren die Anschlusszüge fort usw. Hier im Haus Kuntze sind wir gut untergekommen. Es wird sogar schon auf den Zimmern geheizt. Die Verpflegung ist zeitgemäß, aber gut! Etwa 35 Gäste sind im Hause. [...] In Pyrmont selbst ist noch viel Betrieb. Unendlich viele Lazarette und viele Verwundete, die hier Heilung suchen von ihren Verwundungen. Der Kurpark ist kahl und leer geworden, die schönen Palmen halten schon ihren Winterschlaf. Hoffentlich bringt der Oktober noch schöne, sonnige Tage. Gestern habe ich mein erstes Stahlbad [ein Bad mit eisenhaltigem Heilwasser] genommen, welches mich aber sehr angestrengt hat. [...] Osnabrück muss ja fürchterlich aussehen, und wie mag es nun noch nach dem letzten Angriff sein?“

Auch Heinz erhält beruhigende Briefe aus Pyrmont, bleibt aber skeptisch. „So hat mir das erste Jahr meiner Ehe schon rechte Sorgen gebracht. Unter dem Gesichtspunkt, dass sich die Lage derart zugespitzt hat, ist es vielleicht doch ganz gut, wenn uns im Augenblick die Hoffnung auf ein Kind genommen ist.“ Ab November arbeitet Margarete wieder, es geht ihr aber noch nicht richtig gut. Im Dezember aber hat er günstige Nachrichten von ihr: „Sie hat sich einen neuen Hut mit Schleier gekauft. Das ist ein gutes Zeichen für erwachenden Lebensmut!“

„Den Glauben nicht verlieren“

Am 8. Oktober wird die erste Großrakete der Welt, die V2, gegen England abgefeuert, die zwar größere Schäden in London anrichtet, aber keine Kriegswende herbeizuführen vermag. Am gleichen Tag beginnt die 9. US-Armee mit der Belagerung von Aachen, die am 21. Oktober als erste deutsche Stadt erobert wird. Im Osten stürmen sowjetische Truppen zum Kurischen Haff vor und schließen die Stadt Memel ein. Es mehren sich die Vorzeichen des endgültigen Zusammenbruchs der Naziherrschaft. Am 12. Oktober vernichten amerikanische Bomber die Quartiere der Großindustrie und die Reichsbahn in Osnabrück sowie alles, was von den historischen Stadtquartieren noch übrig geblieben ist. 24 Häftlinge, „Fremdarbeiter“ und politische Gefangene wurden von den Trümmern der Gefängnismauern erschlagen, da sie keine Schutzräume aufsuchen durften.[73]

Heinz dazu am 16. Oktober: „Die Lage ist im großen und ganzen recht undurchsichtig, insofern als man von den Ankündigungen betr. neue Waffen nicht mehr viel hört. Im Augenblick lautet die Devise, durchhalten bis zum Frühjahr. So wird man immer weiter vertröstet. Wenn wir es solange noch durchzuhalten in der Lage sind.“

29. Oktober: „Ein ruhiges Leben im Frieden kann man sich fast gar nicht mehr richtig vorstellen. Dazu aber haben wir den Sieg nötig. Wenn man sich auf der Karte den kleinen roten Fleck, der Deutschland darstellt, ansieht und die großen Reiche der Anderen, muss man sich sehr wundern. Dass wir in diesem Kriege durch derartige Tiefen hindurch

[73] Ebd. S. 89.

müssen, haben wir alle nicht gedacht. Altersmäßig gehört nun selbst Margaretes Vater zum Volkssturm. Was sind das für Zeiten." Friedrich hätte noch mit 58 Jahren – wie alle waffenfähigen Männer im Alter von 16 bis 60 Jahren – eingezogen werden können, um den „Heimatboden" des „Deutschen Reiches" zu verteidigen.

Am 11. November resümiert Heinz immer noch hoffnungsfroh: „Dieser Monat Oktober wird vielleicht einmal als der wichtigste in diesem Krieg gelten, weil es uns gelungen ist, den Feind an den wichtigen Stellen aufzuhalten, um somit die berühmte Zeit zu gewinnen, die wir nötig haben. Die V2 wird in nächster Zeit wohl in größerem Umfang an der Front unmittelbar eingesetzt werden, was den Alliierten keineswegs angenehm sein dürfte. Der November wird vielleicht schon die Früchte tragen. Wir sind alle sehr guten Mutes und glauben fest daran, dass Hitler noch so einiges im Ärmel hat. Damit kann dann wohl der große Umschwung einsetzen, der hoffentlich die Luftüberlegenheit beseitigt, unter der Ihr Armen so leiden müsst."

Für seinen hervorragenden Einsatz in der Funkausbildung wird Heinz rückwirkend zum 1. September bevorzugt zum Hauptmann befördert. Anschließend wird er zum Regiments-Stab treten. „Auch Oberleutnant Schmidt ist jetzt Regiments-Adjutant geworden, weil auch er mehr gearbeitet hat und mehr geleistet hat als die anderen. Wir beiden alten Ratsgymnasiasten sind natürlich durchaus stolz auf die Anerkennungen, die uns in jüngster Zeit zuteil geworden sind."

Am 11. November geht er in sein 8. Dienstjahr, was er seinerzeit für unmöglich gehalten hätte. Auch Gertruds Todestag jährt sich zum 3. Mal. „Wie viel hat sie uns für's Leben mitgegeben, was uns nichts in der Welt nehmen kann. Und deshalb lebt sie auch immer so stark in uns allen weiter."

Ist es der Glaube an die Kompetenz von Autoritäten und das daraus erwachsene unfassbare Vertrauen in „die Oberen" – auch wenn ringsum die Welt in Schutt und Asche sinkt – der den Kindern eingepflanzt wurde?

Am 21. November bekennt er: „Es ist schon so, dass wir nicht imstande sind, den Schleier über der Zukunft zu lüften, sondern wir müssen ein sehr starkes Herz haben. Ich persönlich habe eigentlich gute Hoffnungen, wenn wir nur erst diesen Winter hinter uns gebracht haben." Nicht alle scheinen das so zu sehen wie Heinz, der im gleichen Brief berichtet, dass der „nationalpolitische" Unterricht jetzt nicht mehr zweimal wöchentlich, sondern täglich für 30 Minuten gegeben werden muss, und zusätzlich eine Stunde pro Woche zu einem speziellen Thema. „Die Anforderungen an die Rekruten sind jetzt besonders hoch, da sie in kürzester Zeit vom Heer dringend benötigt werden." Und da sie wohl ahnen, was ihnen bevorsteht, möchte man hinzufügen.

Die Luftangriffe der Alliierten haben jetzt verstärkt das Ziel, die Zivilbevölkerung durch Zerstörung ihrer Wohngebiete zu zermürben. Damit hat sich das Kriegsgeschehen endgültig von der Front in die Heimat verlegt. Anstelle der Vereinnahmung fremder Territorien tritt nun die Verteidigung des eigenen Territoriums. 12. Dezember: „Es ist hier inzwischen durchgedrungen, dass der Angriff auf Osnabrück am 6. Dezember sehr schwer gewesen sein soll. Oberleutnant Schmidt an der Natruperstraße hat Totalschaden.

Soest, im Hintergrund die Wiesenkirche, 1944

Gestern kam das Telegramm. So wartet man auch selbst von Tag zu Tag auf das gelbe Telegrammblatt.“

Groß ist auch die Sorge um Margarete in Soest. Am 5. Dezember 1944 legt eine Bombenladung von 473 Flugzeugen die ganze Stadt in Schutt und Asche und tötet unmittelbar 220 Soester. Am Ende der Katastrophe ist 65 Prozent von Soests mittelalterlicher Bausubstanz vernichtet. Auch diese Stadt hat ihr Gesicht verloren.

17. Dezember: „Gestern ist unser armes Osnabrück wieder im Heeresbericht genannt! Aus Soest habe ich auch heute endlich Nachricht. Bombenalarm B. Das Dach ist ab, Fenster und Türen heraus, aber bewohnbar. So freut man sich von Herzen, wenn alles am Leben geblieben ist. Hans-Gerhard, der morgen wegen Bombenschaden C in Urlaub fährt, nimmt Dir diesen Brief mit und 2 Pfund Butter, damit Ihr Weihnachten nicht so zu rech-

nen braucht. [...] Empörend ist es, dass sie nicht einmal vor Friedhöfen zurückschrecken und selbst unsere Toten nicht in Ruhe lassen."

Am 23. September hatte es Einschläge auf dem Hasefriedhof gegeben, was für besondere Empörung sorgte. Zertrümmerte Särge und Leichenteile wurden bis in die Bäume des Bürgerparks geschleudert.[74]

„Nun ist bald Weihnachten. Da gehen meine Gedanken gern in die Vergangenheit unserer Kindheit zurück. Welch schöne und erwartungsvolle Stimmung lag über der Adventszeit, wenn wir mit Mutter vor der Adventsuhr sangen allabendlich. Mit wie viel Liebe hattet Ihr das Weihnachtszimmer hergerichtet, wie schön war Mutters Krippe. Wir wollen nun hoffen, dass dies das letzte Kriegsweihnachten ist, das wir erleben müssen. [...] Was ist aus unserem schönen Deutschland geworden, was aus unseren schönen Städten! Das kann ja alles gar nicht wieder gutgemacht werden, was dem Terror zum Opfer gefallen ist. Was wiedererstehen wird, werden nüchterne kalte Fassaden sein."

Mit 36 Angriffen in zwölf Monaten gehörte Osnabrück am Ende des Jahres 1944 zu den am meisten zerstörten Städten Deutschlands. Niemand glaubte dort mehr an einen Sieg, man hoffte nur noch darauf, das Ende zu erreichen ohne von einer Bombe getroffen zu werden.

Heinz jedoch verbreitet auch noch in seinem letzten Brief an Franz vom 26. Dezember 1944 Optimismus: „Was sagst Du zu unserer Offensive im Westen?" Der „Führer" hatte zum Jahreswechsel mit dem Unternehmen „Nordwind" eine Offensive im Unterelsass gestartet, die jedoch ebenso wie die Ardennenoffensive scheiterte. „So etwas hätte man nach Lage der Dinge für unmöglich halten müssen. Es ist das Weihnachtsgeschenk des Führers an sein Volk. Hoffentlich steht ein weiterer günstiger Stern über der Offensive." Welch eine durch nichts zu erschütternde Zuversicht. Vielleicht steht dahinter auch der Wunsch, dass nicht alles umsonst gewesen sein möge, dass nicht acht Lebensjahre vergeudet worden seien.

im Januar fährt Heinz noch einmal nach Soest. Er hat Sonderurlaub beantragt, nachdem von dort eine Eilkarte mit beglaubigtem Bombenschaden B eingetroffen war. Anschließend wird er an die südliche Westfront beordert. Den letzten und zugleich schwersten Bombenangriff auf Osnabrück am 25. März, dem Palmsonntag 1945, mit Hunderten Toten erlebt Heinz nicht. Dieser Angriff brachte das endgültige Ende der historischen Altstadt und der Wohngebiete der Neustadt. Der von vielen begeistert bejahte „Totale Krieg" hatte zur totalen Zerstörung geführt.

Am 4. April, drei Tage vor Franz' 69. Geburtstag, rücken in Osnabrück britische Besatzungstruppen ein. Vier Wochen vor der offiziellen Kapitulation schweigen auch in Soest die Sirenen, können Menschen nachts wieder schlafen.

Eine letzte Mitteilung von Heinz erhalten Franz und Margarete Anfang März 1945 von der Westfront. Der „Endkampf um das Germanentum" hatte Heinz' Regiment in die Gemeinde Feldberg im Breisgau geführt. Am 27. April geriet Heinz in Donaueschingen in französische Gefangenschaft.

---

[74] Ebd. S. 80.

Kriegsgefangenschaft 1945–1946

Zehn Monate vergehen, in denen Franz und Margarete ohne Nachricht von Heinz sind. Eine erste Feldpostkarte aus der Gefangenschaft trifft erst Anfang Januar 1946 in Soest ein. Postsendungen zwischen den einzelnen Besatzungszonen sind zunächst nicht möglich, daher kann Margarete erst am 12. November 1945 eine Anfrage beim Bürgermeister der Gemeinde Feldberg stellen. Eine weitere Nachfrage von Franz am 20. November erbringt am 5. Dezember die Antwort, dass die Festungs-Artillerie-Abteilung des Hauptmanns Oldermann 14 Tage vor dem Einmarsch der Franzosen in Richtung Freiburg i. Br. abgezogen wurde. In Kämpfe sei diese Abteilung hier nicht gekommen. Auch in der Gegend von Freiburg hätten keine Kämpfe mehr statt gefunden. „Ausfälle an Offizieren" habe es keine gegeben. Weiter heißt es an Margarete: „Im Gasthaus zum Ochsen hier hat Ihr Mann verkehrt und ist dort bekannt. Vermutlich wird er im Schwarzwald irgendwo in Gefangenschaft gekommen sein, denn der Schwarzwald wurde im Osten durch die Franzosen abgeriegelt. Weitere Angaben kann ich Ihnen zu meinem Bedauern nicht machen. Am besten wenden Sie sich an das Rote Kreuz."

In einem kleinen Notizbuch hält Heinz – wie zuvor in Russland – stichwortartig den Verlauf seiner unbeabsichtigten Rückkehr nach Frankreich fest: Die Gefangennahme erfolgte abends um 21.50 Uhr in einer Scheune in Donaueschingen. Zunächst per Omnibus, dann zu Fuß ging es in den folgenden Tagen in das ehemalige „Russenlager" Schwenningen[75], anschließend teils mit der Bahn teils per LKW nach Kehl und von dort zu Fuß nach Straßburg. Am 6. Mai wird mit der Bahn Vaucouleurs in Lothringen erreicht. Zehn Tage später endet die Reise in der Bretagne, in Lamballe, von wo es 22 km zu Fuß in das Offiziers-Camp Erquy, Cotes du Nord, geht.

Während des Transports, am 7. Mai, wird in Reims der Waffenstillstand verkündet. „Es herrscht Frieden!", notiert Heinz.

Erquy liegt direkt an der bretonischen Küste, ein Ort, der durch den rosafarbenen Sandstein besticht, mit dem seine Gassen gepflastert sind. Von November bis März werden hier Venus- und Jacobsmuscheln säckeweise verkauft. Vom Charme der Küste und des überall blühenden Heidekrauts bekommt Heinz nichts mit. Er befindet sich im Offizierslager No. 119.

Am Tag nach der Ankunft, 20. Mai, ist Pfingsten. Am Sonntag nach Pfingsten feiert ein mitgefangener Pastor namens Dehmel einen evangelischen Gottesdienst. Am 2. Juni 1945, Heinzens 31. Geburtstag, hat er das erste Mal Gelegenheit, eine Nachricht an seine Frau zu senden. Dieser und die folgenden sechs Briefe sind mit Bleistift und in Schönschrift geschrieben, damit die französischen Militärs die Möglichkeit zur Kontrolle haben.

---

[75] Villingen-Schwenningen war in den Jahren 1940 bis 1945 Stammlager für überwiegend russische Kriegsgefangene im Wehrkreis V der Wehrmacht.

„Liebste Margi! An meinem Geburtstag kann ich Dir meinen ersten Gruss aus französischer Kriegsgefangenschaft (Beginn 27.4.45 in Donaueschingen) senden. Die wichtigsten Fragen: Lebt Ihr alle, stehen unsere Häuser in Soest u. Osnabrück, sind unsere Sachen, meine Koffer usw. noch alle in Deinem Besitz? Habt Ihr zu leben? Beantworte diese Fragen nebenstehend mehrmals, falls ein Brief mal verloren geht. Du kannst Briefe bis zu einem Gewicht von 2 Kilo schicken, Pakete bis 5 Kilo, aber nur mit Paketkarten von mir. Vorher Bestimmungen einsehen beim Postamt. Ich brauche: 1 Stck Seife, Rasierseife und – Klingen, Salz, Nähzeug, Zahncreme. An Esswaren nur, was Ihr entbehren könnt, unverderbliche Sachen in Büchsen wenn möglich. Käse, Kuchen, Zigaretten nur in kleinen Mengen. Paketkarte nicht für Briefe erforderlich. Marmelade sehr erwünscht. Am 21., Deinem Geburtstag denke ich besonders an Dich. Grüsse Alle von mir. Dir selbst tausend Küsse, bis wir uns wiedersehen. Schreib an Vater in Osnabrück. Herzlichst in viel Sehnsucht Dein Heinz."

Der Gruß erreicht Margarete acht Monate später am 9. Februar 1946.

In den folgenden Wochen verzeichnet Heinz minutiös die geringen Rationen an Zucker, Butter und Käse, die an die Gefangenen ausgeteilt werden: 18 g Käse und 30 g Zucker gibt es am 7. Juni, die nächste Ration von 40 g Zucker erst wieder am 18. Juni, und 30 g Butter am 19. Juni.

Die Tage müssen mit „geistiger Nahrung" gefüllt werden. Also hält an jedem Tag der Woche einer der mitgefangenen Offiziere einen Vortrag über sein berufliches Sachgebiet: Im Monat Juni spricht Richter über das Brot, Ackermann über den Buchhandel, Kindl über den „Reichsnährstand", Tietz über die sibirische Gefangenschaft, Paulus über Wechsel- und Scheiderecht, Messerknecht über Lernzubereitung, Stock über das Gerichtswesen in Deutschland, Meroko über das Versicherungswesen, Dehmel über Goethes Faust, Wells über Glasherstellung, Heinz selbst über Literatur, Schwarzer über das Schulwesen, Richter über Alkohol, Sälter über den Ursprung der Sprachen, Hinterthür über eine Donau-Reise, Schäfer über Architektur und Musik, Pisschl über die Kneip-Kur, Wels über Autorennen, Telzer über Architektur. Es ist eine bunte Mischung, die vorgetragen wird, aber so erhält der Tag eine Struktur, vergeht die Zeit, und das Gehirn bleibt in Bewegung. Jeden Sonntag predigt Pastor Dehmel.

Briefe an Margarete und Franz bleiben unbeantwortet, weil sie nicht zugestellt werden. Die ersehnten Pakete bleiben aus. Die Offiziere hungern. Am Sonntag, den 17. Juni, gibt es eine Kartoffelsuppe (dick unterstrichen), an anderen Tagen heißt es enttäuscht: keine Kartoffeln. Am 10. Juli werden die Gefangenen entlaust. Am 16. Juli ist das Essen schlecht, am 17. Juli gibt es gar kein Mittagessen. Der Eintrag lautet: „Hunger".

Am 18. Juli 1945 schreibt er:

„Liebe Margarethe! Mein dritter Gruß (2.6.,2.7.). Ich habe noch keine Nachricht von Dir. Pakete dürfen nicht geschickt werden. Wie mag es Euch gehen, gesundheitlich, wirtschaftlich. Ich denke immerzu an Dich. Einmal hat ja alles ein Ende. Halt den Kopf hoch, wir

müssen uns jetzt bewähren, Liebste. Das Äußere fällt ab wie ein leeres Blatt. Ich umarme u. küsse Dich, grüß' Eltern, Dein Heinz."

Margarete erhält diesen Brief am 1. Februar 1946

Am 18. Juli erleidet Heinz einen Zusammenbruch. Mit 39 Grad Fieber und starken Kopfschmerzen liegt er inmitten der lärmenden Kameraden und erleidet Frost und Hitze im Wechsel. Abends kommt er mit Typhusverdacht ins Revier-Lazarett. Am 22. Juli wird er entlassen, fühlt sich aber sehr schwach. Am 31. Juli, Lores Geburtstag, heißt es zum ersten Mal: „Satt gewesen."

Unruhe und Besorgnis herrschen im August. Am 30. Juli wurden fünf Einheiten nach Rennes verlegt. Geht es zum Minensuchen? Zur Fremdenlegion? Am 3. August kommt die Nachricht von der Dreimächtekonferenz in Potsdam:[76] „12 Millionen Evakuierte!!", notiert Heinz.

Dreimal wird die Ausgabe einer Bohnensuppe als Besonderheit erwähnt. Wegen Meuterei, vermutlich wegen der schlechten Verpflegung, landen Heinz und die Mitgefangenen Sälter und Petzold für zwei Tage im Gefängnis. Anders als russische Kriegsgefangene, die am Hunger starben, bleiben Heinz und seine Kameraden immerhin am Leben. Allein Pastor Dehmel versucht die Stimmung aufrecht zu halten und referiert über den theologischen Gottesbegriff, über Pascal und Faust.

Am 13. August beginnt die Verlegung von Erquy in das nahe Le Mans gelegene Camp D'Auvours. 24.000 Mann liegen hier, „die laufend abgehen". Zehn Tag gibt es nur Brot, keine Kartoffeln und kein Fett. Heinz verfasst eine Eingabe an das Rote Kreuz, die abgelehnt wird. Als Folge wird er wegen Meuterei mit Stubenarrest und der Verrichtung von Arbeiten bestraft. Arbeiten war für Offiziere unüblich und wurde als besonders beleidigend empfunden. Zu allem Überfluss meldet sich sehr schmerzhaft der Zahn!

Am 4. September referiert Heinz über einen Text „Und die Sonne Homers siehe, sie lächelt auch uns", am 13. September über das Nibelungenlied. Die Verpflegung scheint besser zu werden. Für den Sonntag wird eine Kaffeetafel erwähnt, bei der es norwegischen Bohnenkaffee, amerikanische Zigaretten sowie Schokolade mit Zucker und Brot gab. Man saß gemütlich beisammen. Ein paar Tage später werden 40 g Tabak und Kaffee verteilt. Eine Reihen-Untersuchung am 18. September nährt die Hoffnung auf Freilassung. „Schön wär's ja!" Offensichtlich gibt es im neuen Lager Literatur zum Ausleihen. Auf die Lektüre von Henryk Sienkiewicz' „Quo vadis?" folgt John Knittels „Via mala". Heinz zählt die Monate seiner Gefangenschaft. Am 27. September sind es bereits fünf Monate. An diesem Tag müssen die Männer zu einer Holz-Aktion antreten.

Anfang Oktober sterben zwei Inhaftierte: Oberleutnant Richter und Oberleutnant Meroco. Neue Verpflegungssätze bringen eine verbesserte Verpflegung. Abends gibt es

[76] Während der Dreimächtekonferenz im Schloss Cecilienhof bei Potsdam vom 17. Juli bis zum 2. August 1945 berieten die drei Hauptalliierten des Zweiten Weltkrieges nach dem Ende der Kampfhandlungen in Europa auf höchster Ebene über das weitere Vorgehen.

„einen halben warmen Schlag" und Obst. Am 8. Oktober liefert das Rote Kreuz 30 Tonnen Lebensmittel. Von nun an werden ausschließlich die Essensrationen notiert: Gebundene Suppe, 1/3 Brot, Äpfel, 45 g Margarine, 9 Keks, Seife, 4 Äpfel, 340 g Zucker, 200 g Hackfleisch, Kakao-Suppe! Am 15. Oktober werden 280 g meat & stew und 30 g Fett ausgegeben. Am 18. Oktober gibt es die letzte amerikanische Zigarette, Lucky Strike, und 7 Aprikosen, und ab dem 24. Oktober Maronen und Birnen. Am Reformationsfest ist es sommerlich warm, es gibt 25 g Schoko, 55 g Zucker, 450 g Brot.

Lager Mulsanne sur Sarthe, 1946

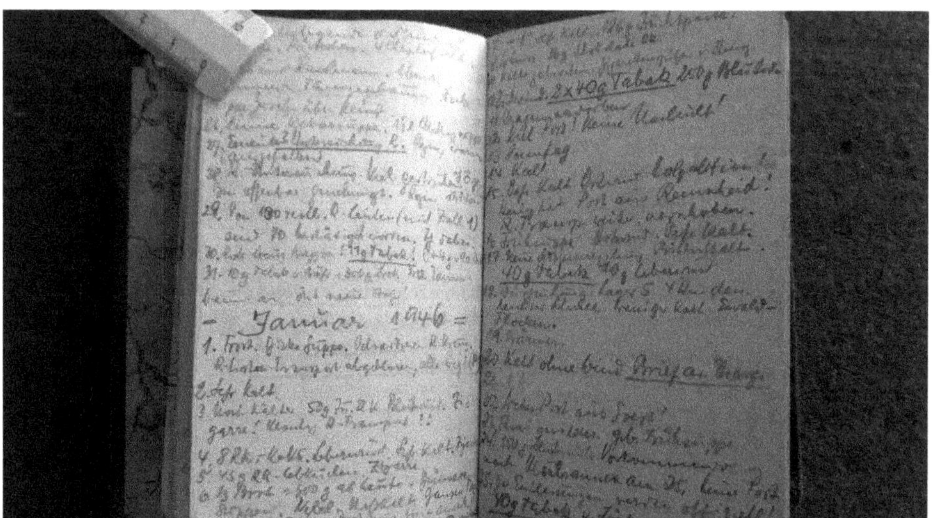

Kriegstagebuch, 1945–1946

Während des Monats Oktober notiert Heinz mehrfach die Ausgabe von jeweils 130 bis 260 Gramm *Hash*, wobei es sich offensichtlich um Pervitin handelte, ein Rauschmittel, das dem körpereigenen Adrenalin ähnelt und das nicht müde, sondern munter machte, den Hunger vertrieb und stattdessen Sattheit suggerierte. Ohne müde zu werden konnten die Soldaten durch die Droge Tag und Nacht marschieren, ohne dass sie ihren Optimismus verloren oder Hunger verspürten. Auch unter den Kriegsgefangenen sollte die Droge für Ruhe und Zuversicht sorgen.

Im November werden die Nächte kälter und die Suppen wieder dünner. Es verdichten sich die Nachrichten vom Rücktransport einiger Kriegsgefangener. Die Situation ist unklar. Geht es zum Ami oder zu den Franzosen? fragt sich Heinz. 83 Mann gehen weg. Keiner weiß, wohin. Eine erste Rücktransportliste soll genehmigt sein, heißt es am 18. November. Am 24. November die Nachricht, dass die Engländer und die Amerikaner Offiziere entlassen haben sollen. Am 27. November gehen die Österreicher fort. An diesem Tag dauert die Gefangenschaft für Heinz sieben Monate, es herrscht Frost, und der Tabak ist aufgebraucht.

Im Dezember werden zwei Kameraden, Gutsek und Paulus, vom Sicherheitsdienst zur Isle de Ré abtransportiert. Es mangelt an Fett, Wurst und Tabak.

Am 17. November 1945 schickt Heinz einen Gruß an Franz:

„Lieber Vater! Mein Lebenszeichen trifft Dich und Lore hoffentlich bei guter Gesundheit. Meine Gedanken sind viel bei Euch, ob Ihr gesund seid, zu essen habt und Unterkunft. Wie mag es in Soest aussehen? Mir geht es soweit ganz gut. Nur Nachrichten von Euch! Vielleicht bin ich schon bald bei Euch. Unser Schicksal steht bei Gott. Herzlichst Dein Heinz.“

Am 18. Dezember 1945 heißt es an Margarete:

„Liebe Margi! Zum Jahreswechsel sind meine Gedanken besonders innig bei Dir und den Eltern. Ich glaube, wir sehen uns schon sehr bald wieder. Mit all meinen Gedanken bin ich immerzu bei Dir. Mir geht es gut und hoffentlich auch Euch Allen. Post ist noch keine hier eingegangen. Mit meinen liebsten Grüßen Dein Heinz.“

Der Heilige Abend wird so gut wie möglich begangen. Es gibt eine Reisbreisuppe, um 18 Uhr eine Christvesper, anschließend eine Weihnachtsfeier. Ein behelfsmäßiger Tannenbaum aus grünen Zweigen, geschmückt mit Sternen aus Weißblech, Watte und Papier wird aufgestellt, Lieder gesungen und die Weihnachtslegende von Felix Timmermans vorgelesen. Ein amerikanisches Päckchen erfreut mit 4 Chesterfield. Am 25. Dezember hält Pastor Kaselmann einen Gottesdienst.

Am 18. Dezember wurde Heinz aufgefordert, seinen Entlassungsort anzugeben. „Es tut sich was.“ Bei einer folgenden „R[epatriierungs]-Untersuchung“ wird Heinz’ Entlassung offenbar genehmigt. Der 29. Dezember bringt Gewissheit: Von 130 restlichen Repatriierungs-Leuten sind 70 bestätigt worden. „Ich dabei.“

Am 30. Dezember bringt ein Rote-Kreuz-Waggon für jeden 11 g Tabak und Brot. 10 weitere g Tabak werden mit Kamerad Bähr gegen 300 g Brot getauscht. Um Viertel vor 12 wird der Tannenbaum beleuchtet. Hoffnungsvoll geht es ins neue Jahr!

Im Januar wird es täglich kälter und es friert. Heinz hat den ganzen Tag eiskalte Füße. Erst am 9. Januar ist die Kälte vorübergehend gebrochen. Am 15. Januar pfeift wieder der Ostwind, und es ist erneut bitterkalt. Vom Roten-Kreuz gibt es Ölsardinen und Blutwurst. Post kommt aus französischem und amerikanischem Gebiet. Ein Kamerad erhält Post aus Remscheid. Für Heinz ist keine Nachricht dabei.

Der Repatriierungs-Listen-Transport für den 1. Januar wird abgeblasen. Hoffnung wird auf den 3. Januar gesetzt. Am 15. Januar wird wieder ein Transport verschoben.

Ein letztes Mal schreibt er am 20. Januar 1946:

„Liebe Margarethe! Die meisten auf meinem Zimmer haben nun Nachricht von ihren Angehörigen, mir fehlt noch jedes Lebenszeichen aus Soest und Osnabrück, auf das ich so sehnsüchtig warte. Hoffentlich hast Du wenigstens Nachricht von mir inzwischen. Ich werde wohl bald kommen und wieder bei Dir sein. Ich kann den Augenblick des Wiedersehens kaum mehr erwarten. Weihnachten haben wir nett verlebt, in Gedanken war ich bei Dir zu Hause. Es ist dies mein 7. Schreiben an Dich. Hast Du alle erhalten? Wie übersteht Ihr die Kälte? Zu leben soll in der englischen Zone, wenn auch nicht genügend, so doch ausreichend sein, wie ich höre. Das beruhigt mich sehr. Hoffentlich wird mir bald die Ungewissheit über Euer Ergehen durch einen Brief von Dir genommen sein. Ich bin bald bei Dir. Immer bleibe ich mit tausend Grüßen Dein Heinz."

Endlich am 24. Januar geht ein Vorkommando nach Mulsanne sur Sarthe. Am 25. Januar werden die Entlassungen offiziell! Am 26. Januar gehen 500 Mann in das Lager nach Mulsanne. Am 28. Januar marschiert auch Heinz die 12 km bis zum Lager. Dort erwarten ihn Wellblechbaracken. Seine ist die Baracke 13, die zum Glück über einen Ofen verfügt. Zahnschmerzen quälen ihn. Am 31. Januar heißt es für das Depot 403 Abtransport R1 in die Provinz Champagne.

Am 1. Februar beginnt die Abreise nach Thorée-Les-Pins. Dort werden am Sonntag Kartoffelbrei mit Gulasch und süße Nudelsuppe ausgeteilt! „Tadellos!" Von Tag zu Tag verschiebt sich die Weiterfahrt. Am 7. Februar unterschreibt Heinz den Erhalt von 11.000 Francs. Er tauscht seine Bergschuhe gegen 46 Zigaretten sowie ein Stück Seife und ein Sporthemd gegen sechs weitere. Am 11. Februar heißt es endlich „Antreten mit Gepäck", es geht jedoch zurück ins Quartier. Am 12. Februar um 7.15 erneutes Antreten zum Abtransport! Diesmal rollt der Zug um 11.58 an! Über Tours und Orléans erreicht der Transport am 13. Februar 1946 um 8.00 morgens Troyes, die Hauptstadt der Champagne, und um 17.00 Bar-le-Duc. Vier Jahre und acht Monate zuvor, am 13. Juni 1941, hat Heinz mit seiner Truppe Troyes verlassen, um im Handstreich die Sowjetunion zu nehmen. Am 14. Februar 1946 kehrt er nach Deutschland zurück und erreicht über Saarbrücken und Homburg das französische Aufnahmelager Bretzenheim an der Nahe. Von dort dauert es weitere sechs Tage bis er seinem Vater ein Telegramm aus Soest schicken kann:

„*20.2.1946 An Dr. Franz Oldermann: Aus Gefangenschaft entlassen. Heute gesund in Soest eingetroffen. Heinz Oldermann.*“

Noch am selben Tag schreibt er ausführlich an seinen Vater:

„*Soest, 20. Februar 46*

Mein lieber Vater! Als am 31. Januar 1946 von 5.000 Offizieren 50 Kranke und Versehrte sich innerhalb einer halben Stunde zum Abtransport fertig machen mußten, erschien es mir wie ein Traum, daß ausgerechnet ich mit dabei war. Nun ist es Wirklichkeit geworden, daß ich wieder an einem weiß gedeckten Tisch sitze, einen Anzug anhabe, ein heißes Bad und ein weiches Bett hinter mir und vor mir habe. Es ist unglaublich schön.

Infolge allerdings meiner völligen Unterernährung sind – wie bei allen heimkehrenden Kriegsgefangenen – auch bei mir in beträchtlichem Masse die bekannten Hungerödeme, nämlich Wasser in Fuß, Bein und Gesicht aufgetreten, so daß ich meine Schuhe z. Zt. nicht ankriege. Dazu kommen wesentliche Gelenkschmerzen, die aber schon im Abklingen sind. Heute Morgen war der Arzt da, der festgestellt hat, dass mein Herz absolut in Ordnung ist und dass die Hungererscheinungen von selbst wieder gehen. An Reisen ist daher vor Ablauf einer Woche nicht zu denken. Ich denke daher, wenn alles gut geht und ich wieder einigermaßen bei Kräften bin, Donnerstag nächster Woche mit Margarethe nach dort zu kommen. Wie sehr ich mich auf unser Wiedersehen freue, kann ich gar nicht sagen. Eine besondere Freude auch ist es für mich, Bruder Rolf und Traudel, die ich nun endlich auch kennenlernen werde, anzutreffen. –

10 Monate fortgesetztes Hungern gehen nicht spurlos vorüber und der Arzt wird mir ein Attest schreiben, daß ich deshalb Verpflegungszulage erhalte. Das ist sehr wichtig. In Osnabrück muß ich dann mal sehen, welche Schritte ich tun werde, um zu Arbeit und Brot zu kommen. Ein Jammer, dass Leipzig nicht amerikanisch geblieben ist, Lorentz hat noch nicht wieder aufmachen dürfen und Wiegandt ist in russ. Gefangenschaft. –

Bis zum letzten Augenblick bin ich ohne jede Nachricht von Margarete und Dir geblieben. Du kannst Dir denken mit welcher Sorge und sich immer steigender Spannung die letzten Tage und Stunden und Minuten für mich dahin gegangen sind. Margaretes Eltern hatten noch keinen Telefonanschluß, was mich auch gleich stutzig machte, bei der Verwandtschaft erfuhr ich dann, daß alles wieder in Ordnung sei.

Mündlich erzähle ich dann alles der Reihe nach. Stell' ne Pulle kalt, wenn noch vorhanden, und eine gute Zigarre von Vater Wechmann, den ich mit Tante Betty herzlich zu grüßen bitte, dann kann es losgehen. Ist ja nicht viel Schönes von den 10 Monaten zu berichten, sondern fast nur Schweres. Ich grüße Euch alle mit Margarete und Eltern Als Dein Heinz.“

Wieder einmal war Heinz das Glück hold. Noch am 1. Februar 1948 belief sich die Zahl der Deutschen in französischer Kriegsgefangenschaft auf 256.000 Personen. Von den Heerscharen in sibirischen Lagern ganz zu schweigen.

8. Neubeginn und Abschied

Das Ende der nationalsozialistischen Gewaltherrschaft birgt den Neuanfang. Was mag in Heinz vorgegangen sein, als er nach Hause zurückkehrte in das zerstörte Osnabrück, in dem nichts mehr so war wie bei seinem letzten Aufenthalt. Zerstörte Wohnhäuser, ausgebombte Geschäfte und zusammengefallene Kirchtürme säumen den Weg in die Innenstadt. Am Marktplatz zwischen den zerbombten alten Giebelhäusern, der ausgebrannten Marienkirche und der Ruine des Rathauses, in dem einst der Westfälische Friede geschlossen wurde, ist das hier sonst pulsierende Leben erloschen. In den winkligen Gassen der Altstadt kann man zwischen Bergen von Schutt den Straßenverlauf nicht mehr erkennen. Alles hat lichterloh gebrannt.

Für die danach Geborenen gehörten die Ruinen zum Schulweg so wie die Heckengänge mit ihren üppigen Gärten, über deren Zäune die Heckenrosen wucherten. In den Trümmern der einstigen Villen ließ es sich auf Entdeckung gehen, konnte man die Phantasie schweifen lassen und sich vergangenes Leben vorstellen. In den Trümmergrundstücken, Wildnis genannt, wuchsen Disteln und schulterhohes Buschwerk, ideal zur Anlage von Höhlen, in die man eintauchen konnte. Und auf der Natruperstraße marschierten noch lange die „Tommys", denen die Kinder, am Zaun stehend, die ersten englischen Worte zuriefen: „Gif mi ä penni plies".

Für Heinz gab es bei seiner Rückkehr nichts mehr zu träumen. Er kam als Verlierer. Um Wohnung und Arbeit kreisten die Gedanken. Der spärliche noch vorhandene Wohnraum musste mit vielen ausgebombten und geflüchteten Familien geteilt werden. Im Haus an der Lürmannstraße waren alle Zimmer belegt. Schon ein halbes Jahr nach Kriegsende hatte Franz von der britischen Militärregierung die Erlaubnis zur Aufnahme seiner Anwaltstätigkeit erhalten. So wurde das Erdgeschoss des Hauses zum Domizil der in der Klusstraße ausgebombten Kanzlei. Wegen des Brennstoffmangels konnten nur zwei Räume geheizt werden. In Franz' Arbeitszimmer arbeiteten Franz und seine beiden Anwaltskollegen, im Esszimmer standen die Arbeitstische der Schreibkräfte. Galt es, etwas Vertrauliches mit einem Klienten zu besprechen, musste man sich einen Mantel anziehen und ins große ungeheizte Wohnzimmer gehen. Das Damenzimmer wurde zum Wartezimmer.

Zwei Zimmer in der ersten Etage bewohnten die Krochmanns. Im ehemaligen Schlafzimmer wurden die Kinder von Heinz' Cousine Gerda aufgenommen. Gerda war nach der Geburt ihres vierten Kindes an der Tuberkulose verstorben, Kurt ihr Mann, als Sanitätsarzt an der Front eingesetzt, noch nicht zurückgekehrt. Lore kümmerte sich nun um die Kinder ihrer Cousine. Im Souterrain war eine sechsköpfige Flüchtlingsfamilie untergekommen.

In der Mansarde hielten Rolf und Traudel Einzug, die es im August nach achttägiger Reise in einem USA-Waggon, angehängt an verschiedene Güterzüge, mitsamt Hab und

Gut aus München nach Hause geschafft hatten. Hielt der Zug längere Zeit auf freier Strecke – so berichtet Traudel ihrer Mutter in Berlin –, habe man am Bahndamm ein Feuer entfacht und eine Suppe gekocht.

Des Abends müssen sich alle Hausbewohner in Franzens Arbeitszimmer aufhalten, wenn sie nicht in ihren eigenen Schlafzimmern frieren wollen. Hier liest Franz jeden Abend vor. Alle müssen zuhören, ob sie wollen oder nicht.

Kurzfristig droht dem Haus im November 1945 die Räumung und Besetzung durch die britische Verwaltung. Alle Hausbewohner müssen neue Unterkünfte suchen. Franz hätte bei Gertruds Verwandtschaft eine Bleibe gefunden. Als schon Kisten und Koffer für den Auszug gepackt sind, wird die Verfügung plötzlich aufgehoben. Traudel empfindet großes Mitleid mit dem alten Herrn: „Er ist doch mit diesem Hause fest verwurzelt wie kein anderer, hat seine geregelte Lebensweise, seine Bequemlichkeit, seinen Garten und der vielen Dinge mehr, die nun auf einmal nicht mehr sein sollen. [...] Es hing wirklich am seidenen Faden und wodurch die Beschlagnahmung rückgängig gemacht worden ist, weiß kein Mensch."

Nach Heinz' Rückkehr im März 1946 ist für ihn und Margarete kein Platz mehr an der Lürmannstraße. Das Haus in Soest ist von britischen Familien besetzt. Margaretes Eltern müssen sich bei den Nachbarn einrichten. Heinz und Margarete finden Unterschlupf in einem Zimmer unter dem Dach des Hauses der Pirmanns, einer Cousine von Gertrud, in der Goethestraße in Osnabrück.

Franz gewährt nicht nur Obdach, er verteilt auch Beihilfen an seine Schwägerinnen. Irmgard und Alfred, in Breslau ausgebombt, kommen bei einer befreundeten Familie in Bad Rothenfelde unter. Eine schwere Holztruhe mit der Aufschrift „Prankel Breslau" enthält die Überbleibsel einer einst üppigen Haushaltung, viele Menschen kamen mit weniger. Alfreds Landmaschinenpark fand willkommenen Einsatz weit im Osten. Nach Alfreds Tod setzt Franz der Schwägerin eine Rente auf Lebenszeit aus und sorgt für eine letzte Bleibe in dem Altersheim, dessen Vorstand er war.

Auch Schwager Ottos Frau Gertrud steht auf Franz' Versorgungsliste. Nach dem Ableben ihres Mannes, der 1954 bei einem Verkehrsunfall starb, brachte sie sich bei ihrem Schwager Franz auf vielen Postkarten als „Deine Schwägerin Gertrud" in Erinnerung, gerade so als wollte sie die Familienbande dauerhaft beschwören.

Bei soviel Großzügigkeit hatte Irmgard allen Grund ein Festgedicht zu schreiben auf Franz, der am 7. April 1946 seinen siebzigsten Geburtstag beging. Jahrelang war er Ehrenvorsitzender des Osnabrücker Anwalts- und Notarvereins, seit Beginn des Jahres ist er stellvertretender Präsident der Rechtsanwaltskammer Oldenburg.

Für Franz wird inmitten der Trümmer in seiner Stadt und der Ungewissheit, wie es weitergehen würde nach dem endgültig ausgezählten „Tausendjährigen Reich" die Anwesenheit des wenige Wochen zuvor zurückgekehrten Sohnes ein besonderes Geschenk gewesen sein. Aber es ist Irmgard, die dichtet, was sonst die Aufgabe von Heinz war. Das wirft ein Licht auf dessen seelischen Zustand, der ein fröhliches Reimen noch nicht wieder möglich machte. Irmgard hingegen spricht für eine ganze Generation, wenn sie der Hoffnung Ausdruck verleiht, man möge jetzt doch „die dunklen Zeiten möglichst schnell hinter sich lassen".

Rolf kommentiert die Heimkehr seines Bruders: „Gestern ist nun Heinz mit Margarete angekommen, und er kann viel erzählen, wenn auch nicht gerne, denn er mag an diese für Körper und Seele qualvolle Zeit nicht gern erinnert werden. Jedenfalls hat er großes Glück gehabt, entlassen zu werden." Wer könnte das nicht verstehen, dass man nicht gern erinnert werden möchte daran, dass fast zehn Jahre privaten Lebens verloren sind, zehn Jahre im Dienst eines Massenmörders.

Denn der Krieg hatte nicht nur die Städte zerstört, sondern auch die Jugend genommen, die Ideale und die privaten Lebensentwürfe zu Nichte gemacht. Werte, die jahrelang von oben eingetrichtert wurden, werden nun geächtet. Mit den im Krieg vollbrachten „Heldentaten" konnte man nicht punkten. Die Entbehrungen, die man erlebt und die Ängste, mit denen man gekämpft hatte, durften nicht artikuliert werden.

Ein Zurück in die gewohnte Welt ist nicht mehr möglich. Selbst die Erinnerungen sind zerstört, da es kaum noch jemanden gibt, der diese Erinnerungen teilen und nachempfinden könnte. Der Verlust des über Jahre gültigen Wertesystems und das Gefühl, betrogen worden zu sein, verlangen nach einer neuen Orientierung. Wiederaufbauen und Nachholen. Ein bisschen von der verlorenen Zeit nachholen. Viele Feste wurden damals gefeiert, lese ich. Heinz und Margarete und das befreundete Ehepaar Eva und Karl-Heinz Welp organisieren ein paar Flaschen und feiern das wiedergewonnene Leben, auf dem einzigen Bett sitzend, in der Dachkammer bei den Pirmanns. Sie werden ein wenig laut, lachen, singen vielleicht. Wer könnte es ihnen verdenken? Sie haben das mörderische „Dritte Reich" überlebt. Evas Heimat Stettin ist in so weite Ferne gerückt wie New York oder Sydney. Sie hat die Bibliothek ihres Vaters brennen sehen. Von der Straße aus. Die Familie meiner polnischen Freundin aus Lemberg nahm ihren Platz in Stettin ein. Auch sie wäre gern in ihrer Heimat geblieben.

Tante und Onkel beklagen sich am nächsten Morgen über die Unruhe im Haus. Es wird Zeit, eine neue Bleibe zu finden. Freund Hans-Gerhard Schmidt kann eine Einzimmerwohnung im unzerstörten Teil des Elternhauses seiner Frau an der Natruperstraße anbieten. Ein schönes großes Zimmer zum Garten hin mit Balkon, eine Küche und ein Bad. Das Paradies. Zwei weitere Zimmertüren sind vermauert, beim Durchschreiten würde man in die Tiefe stürzen. Geschlafen wird hinter einer Rollwand in der geräumigen Diele. Aber man kann die Tür verschließen. Im Garten gackern Hühner und werden Kaninchen gefüttert. Hans-Gerhards alte Schwiegermutter baut mit krummem Rücken Kartoffeln und Rüben an.

Versuchte man die Ursachen für diesen Niedergang zu verstehen? Oder beließ man es dabei, die eigene Schuld als eine gemeinsame Katastrophe zu betrachten, die ein böses Schicksal über das unschuldige deutsche Volk, über all die „Herrenmenschen" verhängt hatte? Die Scham über das Vergangene, das Böse, das deutsche Menschen zugelassen und begangen hatten, musste eingestanden werden. Die Erkenntnis, einer menschenverachtenden Ideologie aufgesessen zu sein, muss bedrückend, der Zorn über Millionen zerstörter Leben und über die eigene aus der Bahn geworfene Lebensgeschichte muss riesengroß gewesen sein. Neben dem sinnlosen Sterben an den Fronten, dem Elend in den zerstörten Städten rückte nun auch das Grauen in den Konzentrations- und Vernichtungslagern in Sichtweite.

Konnten Franz und Heinz sich noch in die Augen schauen, als sie langsam aber sicher konfrontiert wurden mit den entsetzlichen Verbrechen der Nazis, die die Grundfesten der zivilisierten Welt ins Wanken gebracht hatten? Man hätte nicht aufhören können zu weinen, wenn man sich darauf eingelassen hätte. Also versuchte man, nicht daran zu denken, es weit weg zu schieben. Das Schlimme, das man erlebt hatte, wurde verdrängt. Die Erinnerungen an das Mitmachen, an das Dulden eines Völkermords versuchte man auszulöschen. Und es gab ja einen Verbrecher, auf den man alle Schuld abladen konnte. Der „Führer", der Vernichter. Der „Führer", der das Volk missbraucht hatte. Ein Volk, das aufgehört hatte, zu denken. Und schlimmer noch, zu fühlen, Leid zu sehen und Mitleid zu empfinden. Ein Volk, das Menschen geknechtet hatte und verhungern ließ, ohne den einzelnen Menschen zu sehen, den es vor sich hatte. KZ-Kommandanten, Scharführer, Wächter, Aufseherinnen und Befehlsempfänger, denen die Wahrnehmung menschlichen Lebens, seine Unantastbarkeit, ausgetrieben und abhanden gekommen war.

Ehemalige hohe Militärs stellten nach Kriegsende Überlegungen an, ob man den Krieg nicht doch noch hätte gewinnen können. Entsprechende Planspiele wurden zu Papier gebracht, die den Russlandfeldzug 1941 vier Wochen früher beginnen ließen. Diese entscheidenden Wochen an Vorsprung hätten der siegreichen Armee den „überraschenden" Wintereinbruch erspart. Zweifel an der Rechtmäßigkeit des damaligen Angriffs- und Vernichtungskrieges, am nationalsozialistischen Gedankengut oder gar Schuldgefühle kommen in diesen Werken nicht vor. Konnte sich nach Kriegsende ernsthaft jemand darüber Gedanken machen, wie es geworden wäre, hätte man deutsche Bauern auf Erbhöfen in der russischen Taiga angesiedelt? Zehn Millionen Deutsche hätten dort sesshaft werden sollen, so des „Führers" Wahnvorstellung. Hätte es solche Willigen überhaupt gegeben? Hätten in ganz Europa Hakenkreuzfahnen flattern können? Aber ja, es gab diese Strategen, die lieber des „Führers" militärischen Unverstand kritisierten und seine Fehlentscheidungen analysierten, anstatt sich mit den Ursachen des militärischen Größenwahns und dem mangelnden Widerstand, dem fehlenden Aufbegehren gegen die „Endlösung" der Judenfrage zu befassen. Ein System, das seit Generationen auf Befehl und Gehorsam aufgebaut war, in dem Fleiß, Ordnung und Disziplin zu den Kardinaltugenden zählte, wurde nicht in Frage gestellt. Die Menschen schwiegen, als die Untaten der Naziverbrecher, die grausamen Bilder der ausgemergelten Opfer und die Leichenberge in den Wochenschauen gezeigt wurden, so wie sie geschwiegen hatten, als ihre Mitmenschen aus der Straße am Brühl und anderswo verschwanden. Deutschland wandte sich dem Wiederaufbau zu. Einen Schlussstrich wollte man ziehen und die „schlechte, die dunkle Zeit" vergessen.

Die Scham über das Geschehene blieb den Nachgeborenen, die Scham, einem Volk anzugehören, das solche Verbrecher hervorgebracht hatte. Diffuse Schuldgefühle belasten noch lange Zeit. Die Frage, wie es gelang, aus zivilisierten Menschen Massenmörder zu machen, wird sich wohl niemals beantworten lassen.

Ein Vierzeiler aus dem Herbst 1946 lässt erahnen, in welcher Stimmung sich Heinz befand:

„Herbst
Das Nebelwasser rinnt und rinnt
Vom kahlen Ast zur Erde hin
Darüber hin der Winterwind
Verweht ohn' Freud, verweht ohn' Sinn."

In einer Erzählung von der Front mit der Überschrift „Die Versuchung" schildert Heinz die Verstrickungen, die das Soldatenleben bereithielt: Vier Soldaten in einem Gefechtsstand spielen Karten. Sie haben trockene Kehlen. Ein Kamerad namens Wilhelm macht sich spät abends auf den Weg, um von der Geschäftsstelle der Division ein paar Flaschen zu beschaffen. Die Kameraden im Unterstand warten auf seine Rückkehr. Aus der Ferne werden sie Zeuge von Granatwerfer-Einschlägen und MG-Feuer. Als Wilhelm nicht zurückkommt, geht einer auf die Suche und stolpert über den Stahlhelm des Vermissten. Mit der Taschenlampe leuchtet er in das Deckungsloch, in dem Wilhelm verschüttet ist. Bleich und stumm bleiben die Kameraden zurück und kämpfen mit ihren Schuldgefühlen.

Für Heinz ist es jetzt die vorrangige Aufgabe, Arbeit zu finden. Der Weg zurück nach Leipzig ist versperrt. Die Stadt gehört nun zur russischen Besatzungszone. Im Sommer 1944 war zuletzt ein zuversichtlicher Brief aus Leipzig eingetroffen, in dem Arndt Wiegandt vermeldete, dass sein Betrieb im Gegensatz zu anderen geöffnet bliebe und an einen Einzug in die wieder aufgebaute Kurprinzenstraße 10 zu denken sei. Für Heinz damals eine erfreuliche Mitteilung, ein kleiner hoffnungsvoller Fingerzeig auf die Zeit „danach". Nun erfährt er, dass Arndt Wiegandt noch kurz vor Ostern 1945 eingezogen wurde und ums Leben kam. Die Buchhandlung Lorentz wurde zweimal ausgebombt. Gertrud Känffert schreibt im September 1945 über die russische Besatzung: „Wenig zu essen, kein Geld. Der gesamte Leipziger Buchhandel hat noch keine Genehmigung zum Arbeiten." Im Januar 1946 heißt es: „Wir hausen in der Ruine, die wir notdürftig ausgebaut haben."[77]

Heinz betätigt sich daher zunächst im Büro von Franz, macht sich mit Schreibarbeiten nützlich, fungiert als „Grüßaugust". Abends wenn die Sekretärinnen gegangen sind, setzt er sich an die Schreibmaschine und widmet sich wieder seiner eigentlichen Passion, der Literatur. In seinem Nachlass finden sich Essays über Thomas Mann, Joseph Conrad, Ernst Wiechert und Oscar Wilde, daneben Kurzgeschichten und ein ebenso humoriges wie tiefgründiges Theaterstück. Einige Texte finden einen Verleger, doch der Erlös ist zu gering, um davon leben zu können. Er zeigt Bruder und Schwägerin einige Gutachten zu

[77] Zitiert nach: Monika Estermann/Edgar Lersch (Hg.): Buch, Buchhandel und Rundfunk 1945–1949, Wiesbaden 1997, S. 50. Die Kurprinzenstraße wurde so sehr zerstört, dass selbst der Straßenname getilgt wurde.

seinen Texten. Die Schwägerin kommentiert: „Wenn der so weitermacht, sind die Aussichten nicht schlecht."

Heinz' Metier ist die Parodie, die Satire, der Wunsch „ein wenig höhere Heiterkeit in die Welt zu tragen" – wie es Thomas Mann so schön formuliert hat. So wird die Idee geboren, ein „Intelligenzblatt" in „leicht verständlicher" Weise herauszugeben. „Nordwestdeutsche kritische Wälder" [!] heißen die Blätter, in denen Heinz neben drei weiteren Kreativen als Herausgeber fungiert. In satirischer Form wird über Politik, Forschung, Wissenschaft und Kultur hergezogen. Durchaus lesenswert ist die Parodie auf die Viermächte-Beratungen, in denen „der Russe alle über den Tisch zieht".

Dann eröffnet als eine der ersten Buchhandlungen diejenige von Franz Wunsch zunächst in der Großen Straße, später in der Krahnstraße. Mit der großzügigen finanziellen Hilfestellung seines Schwiegervaters kann Heinz sich 1950 als Teilhaber einkaufen. Vater Friedrich ist es auch, der das Geld zur Verfügung stellt für einen ersten neuen Anzug, damit Heinz angemessen auftreten kann. Freund Hans-Gerhard, nunmehr als Pastor ordiniert, stellt ein Leumundszeugnis für die Behörde aus, in dem er bescheinigt, dass Heinz „aufgrund seiner Erziehung, Bildung und vielseitigen Interessen alle Voraussetzungen mitbringt, deren ein tatkräftiger und ordentlicher Geschäftsmann bedarf, um ein Unternehmen selbständig mit Erfolg führen zu können. Sein Vater ist Rechtsanwalt und genießt in Osnabrück einen sehr angesehenen Ruf. Etwas Nachteiliges über Herrn Oldermann ist mir nie bekannt geworden."

Vater Franz mit dem angesehenen Ruf erhält 1955 das Bundesverdienstkreuz für seine Verdienste beim Wiederaufbau der Justiz nach 1945 und für sein Wirken in der Öffentlichkeit und der Kirche. Lore, Heinz und Margarete sind anwesend, als der niedersächsische Ministerpräsident Hinrich Kopf aus Hannover persönlich an der Lürmannstraße erscheint, um Franz das Kreuz zu überreichen, das er seiner Sammlung im Ersten Weltkrieg empfangener Kreuze hinzufügt.

Margarete hatte im Jahr 1945, während Heinz bereits in französischer Kriegsgefangenschaft war, eine zweite Fehlgeburt erlitten. Die zweite Fehlgeburt, die zu fortgeschrittener Zeit erfolgte, verlief noch dramatischer als die Erste. Von ihrem Mann hörte sie fast ein Jahr lang nichts. Als er heimkommt, ist er entkräftet und vom Hunger gezeichnet. Es dauert vier Jahre bis sich noch einmal Nachwuchs einstellt, den beide „in dankbarer Freude" anzeigen. Nun hätte endlich alles in geordneten Bahnen verlaufen können. Doch das Schicksal wollte es anders. Aus den ehemals besten Absichten wurden krampfhafte Versuche, die Ehe aufrecht zu halten, die kläglich scheiterten.

Sieben Jahre seit der Eheschließung, in denen ein Miteinander kaum möglich war, haben Heinz und Margarete verändert. Beinahe zwölf Monate Gefangenschaft für Heinz, ein Jahr Ungewissheit über das Schicksal ihres Mannes für Margarete haben Spuren hinterlassen. Der Verrat an den Idealen und die Trauer um die verlorene Jugendzeit haben die Persönlichkeiten verändert. Ein Gefühl der Fremdheit wird sich eingestellt haben. Sich gegenseitig zu helfen, war offensichtlich nicht möglich. Die innere Leere versuchten sie – wie viele Betroffene – auf andere Weise zu betäuben. In Margaretes Nachtischschublade lag immer eine runde schwarze Dose mit „Saridon“-Tabletten, die seit 1933 gegen alle Arten von Schmerzen im Einsatz waren.[78] Heinz empfahl – auch später noch –, Ängste jeder Art mit einem „Adumbränchen“ zu bändigen. Freund Albert und seine Frau waren morphinsüchtig geworden. Seinen Einsatz in den Frontlazaretten hatte der junge Sanitätsarzt nicht anders bewältigen können. Alkoholgenuss, an der Front bewusst eingesetzt, um den Angstpegel der Soldaten zu senken, blieb für viele Heimgekehrte ein ständiger Begleiter.

Einige Jahre noch gibt es Fotos von gemeinsamen Ausflügen mit Freunden und Kindern. Margarete immer im schicken Kostüm mit einer Perlennadel am Revers oder im flotten Sommerkleid, Heinz blendend aussehend im Anzug und mit Hut, lässig an das geliehene Auto für den Sonntagsausflug gelehnt. Ein Ring mit drei Perlen zum zehnten Hochzeitstag.

Die Fotos allerdings zeigen nicht alles. Nicht das, was im Inneren vor sich geht. In Margaretes Notizbuch ist von Auseinandersetzungen die Rede. Sie flüchtet an die Ostsee, lässt die Tochter in der Obhut ihrer Eltern. Anschließend wieder eine Aussprache. Dann erscheint immer häufiger der Eintrag: „Heinz nicht zum Abendessen.“ Am 1. April 1957 trennt sich Heinz von Margarete und gründet mit einer zweiten Frau eine neue Familie. Wohl auch ein Weg, den bedrückenden Erinnerungen auszuweichen und in einen neuen unbelasteten Lebensabschnitt einzutreten.

Für Margarete brechen schwere Jahre an, in denen sie sich sehr elend fühlt. Die befreundeten Ehepaare ziehen sich zurück. Rose, Gisela, Trude und Lore, die Ehefrauen von Heinzens Freunden, mit denen sie abends so gerne ins Kino ging, brechen den Kontakt ab. Nur Freundin Eva steht ihr zur Seite. So viele Jahre hat Margarete auf ihren Mann gewartet, ist in den „schlechten Jahren“ mit dem Fahrrad über Land gefahren, um ein paar Eier zu ergattern, hat gehungert und gefroren und alles versucht, für die dann doch noch vervollständigte Familie ein behagliches Heim zu schaffen. Vergebliche Mühen.

Für Franz, den von den Moralvorstellungen eines vergangenen Jahrhunderts geprägten gläubigen Christen, war diese Meldung ein weiterer Schicksalsschlag in seinen letzten, vom Niedergang der deutschen Zivilisation und der Zerstörung seiner tausendjährigen Stadt geprägten Lebensjahren. Gerade mit diesem Sohn hatte er in einer besonders innigen seelischen Beziehung gestanden, für ihn hatte er viele Steine aus dem Weg geräumt. Nicht zuletzt aufgrund der unklaren Herkunft hatte dieser Sohn immer auch Anlass zur Sorge gegeben. Auf ihm ruhte sein ganzer Stolz. In einem Brief an Lore und Rolf, in dem er vom Ende der Ehe seines Sohnes Heinz und den näheren Umständen berichtet, unterzeichnet er nun als „Euer tieftrauriger Vater“. Zwei Jahre später findet er seinen endgültigen Frieden. Mit ihm vergeht ein Zeitalter.

Mit ihm bricht auch die Verbindung weg, die mich noch zweieinhalb Jahre nach der Trennung meiner Eltern mit meiner väterlichen Familie zusammengehalten hat. Das schöne Haus wird verkauft. Mir blieb die kindliche Scham über den Makel des Zerbrechens der Familie. Tief eingeprägt hat sich das Bild des weißhaarigen alten Mannes, der uns hoch oben vom Balkon aus nachsah, wenn meine Mutter und ich uns nach einem Be-

[78] Das Präparat mit dem Wirkstoff Propyphenazon wurde wegen seiner Nebenwirkungen erst 2010 vom Markt genommen.

Mit Eva, 1948 …

… und Lore, 1948

Mit Tochter, 1953

Goldene Hochzeit in Soest, 1955

such bei ihm kurz vor dem Durchgang durch die alte Stadtmauer noch einmal umdrehten und ihm zuwinkten. Mit dem Tod, den ich nicht wahrhaben wollte, verlor ich nicht nur einen gütigen Großvater, sondern auch den Zugang zu der vom Leben seiner entschwundenen Bewohner geprägten Aura des Hauses an der Lürmannstraße.

Heinz, dem Kriegsjungen, der seine leibliche Mutter nie kennengelernt und dem das Schicksal gleichwohl liebevolle Eltern und ein eindrucksvolles Elternhaus zugedacht hatte, blieben noch drei Lebensjahrzehnte in Frieden. Freunden und Familie galt er als charmanter Gastgeber und brillanter Erzähler. Seiner Tochter und den beiden Söhnen blieb er als gütiger, niemals tadelnder und belesener Vater in Erinnerung, verklärt zu einem Mythos, dem sie nicht gerecht werden konnten. Über sein Leben „davor" sprach er wie viele andere nicht.

Nachwort

Nachdem ich viele hundert Briefe gelesen habe, in denen sich mir nicht nur das vielfältige, oft auch widersprüchliche Wesen meines Vaters offenbarte, sondern in denen auch die Sichtweise und das Empfinden seiner Umgebung, Familie und Freunde, in jener „dunklen Zeit“ fassbar wurden, hat sich auch meine eigene Wahrnehmung geändert. Mein nachgeborener Bruder fasste sein Fazit nach dem Lesen des Manuskripts so zusammen: „Ich habe einen fremden Menschen kennengelernt, der später einmal mein Vater wurde.“ Auf die Spur dieses fremden Menschen zu kommen, bedeutete aber nicht nur die Genese des Briefschreibers, meines Vaters, zu erstellen, sondern auch die besondere Position des Adressaten der Briefe, meines Großvaters, zu berücksichtigen.

Meine Versuche, die biologischen Eltern meines Vaters und ihre Geschichte ausfindig zu machen, sind gescheitert. Es gibt einige Hinweise und Möglichkeiten, aber keine belastbaren Erkenntnisse. Zu viel Zeit ist vergangen, um dem auf die Spur zu kommen, was zu Beginn des Ersten Weltkriegs vor mehr als hundert Jahren eine junge Frau in Berlin erlebt und erlitten hat. Noch mehr im Dunklen liegt die Person des Mannes, der mein Großvater war.

Für mich war und ist der Mann mein Großvater, den ich als Kind gekannt und geliebt habe. Auch mit meiner Großmutter, die ich nicht kennengelernt habe, fühlte ich mich verbunden: lesen, schreiben, und die Liebe zu allen Schönheiten der Natur und Kunst. Erst mit den Überlegungen zur ungeklärten Herkunft meines Vaters gewann der Wunsch an Bedeutung, mehr über meine leiblichen Großeltern zu wissen. Welche Anteile in mir stammen von der unbekannten mecklenburgischen Großmutter und welche von dem noch unbekannteren Großvater, fragte ich mich?

Meine mütterlichen Großeltern, die mich während meiner Kindheit und Jugend begleitet haben, kannte ich sehr gut. An ihnen kann ich mein mütterliches Erbe festmachen, die Geschichte einer Frau, die inmitten einer umfangreichen Verwandtschaft in einer Kleinstadt aufwuchs und deren Jugend durch den frühen Tod ihres neunjährigen Bruders überschattet war. Familiäre Erinnerungen, die auch mich geprägt haben.

Auch in meinem Vater erkenne ich die Einflüsse seines Elternhauses – oft genug beschrieben in den Frontbriefen – und die seiner liebevollen Eltern. Dennoch bleibt für mich vieles im ungewissen. So als kennte ich nur die Hälfte dieses Menschen. Etwas anderes bleibt verborgen, für immer verschüttet. Das ist im Vergleich zu anderen Familiengeschichten keine Tragödie, aber ich spüre doch, dass es mir fehlt, nichts von dem Leben und den Prägungen dieser beiden Menschen zu wissen, nicht zu wissen, welche Anteile sie an mir haben, auch nicht zu wissen, wo sie ihre letzte Ruhestätte gefunden haben.

Weit mehr aber noch als diese ganz persönliche Fehlstelle in meiner Biographie beschäftigt mich die Frage nach der politischen Stellung der Großeltern während der Nazi-Zeit. Nach all den Einblicken, die ich gewonnen habe, musste ich von meiner naiven Vorstellung Abschied nehmen, meine Großeltern hätten auf der Seite der „Guten", der Gegner der NS-Herrschaft gestanden. „Deine Großmutter hat Wahlkampf für die DVP gemacht", hatte ich von meiner Mutter gehört, und „dein Großvater durfte sich als Rechtsanwalt nicht öffentlich äußern, er musste unparteiisch sein". Das hatte mich beruhigt. Erst durch die vorliegende Recherche ist mir bewusst geworden, wie frühzeitig die Deutsche Volkspartei schon von der politischen Bühne verschwand und anderen Kräften Platz machen musste. Wo aber haben die Großeltern danach ihr Kreuz gemacht? Da sie weder Kommunisten noch Sozialdemokraten waren, werden sie nicht zu dem einen Prozent gehört haben, die 1933 die NSDAP nicht gewählt haben. Gut, es gibt in diesem Haushalt, in dem alles so säuberlich archiviert wurde, kein Parteibuch und keine Anstecknadel, die eine Mitgliedschaft belegen würden, aber das ist nur ein hilfloser Versuch, der Wahrheit auszuweichen.

Mit dem Entsetzen über diese Erkenntnis stehe ich nicht allein. Nicht umsonst fallen mir die Berichte ein, mit denen meine Jugendfreunde ihre Nazigroßeltern und Eltern reinzuwaschen versuchten. „Meine Großeltern waren überzeugte Katholiken, da hatten die Nazis keine Chance", erzählte damals Freund Klaus. „Mein Großvater war Bergmann, der hat Flugblätter gegen die Nazis verteilt, die waren auch keine Nazis", so Freund Rainer. Wann aber war das? Konnten sich die Katholiken und die Bergleute während der gesamten NS-Zeit heraushalten? Wenn es so war, wo sind dann die 99 Prozent, die die NSDAP gewählt haben, abgeblieben? „Mein Vater war Offizier in Lodz – erzählt mir eine Freundin –, aber ich glaube nicht, dass er etwas mit der Verwaltung des Gettos zu tun hatte." Warum aber war es dann der letzte Wunsch ihrer Mutter, dass die Briefe ihres Mannes nach ihrem Tod verbrannt werden sollten?

Diese Aussagen decken sich mit den Ergebnissen der Konfliktforschung, nach der 70% der Nachgeborenen der Meinung sind, ihre Vorfahren seien keine Täter oder Täterinnen des Nationalsozialismus gewesen. Die Gründe sind bekannt: Die Eltern schwiegen, bagatellisierten, wollten nicht erinnert werden. Erschreckend gering ist daher das Wissen über die Verstrickung der eigenen Familienangehörigen. Die Erkenntnisse einer Nachforschung könnten verstörend sein.

Die Millionenfachen Opfer der NS-Herrschaft können wir nur noch beweinen. Die Ursachen der unbegreiflichen Handlungen der Täter aber müssen wir zu verstehen versuchen, um unserer Zukunft willen, schreibt Timothy Snyder.

Aber wer waren die? Unbestritten und vielfach dargestellt ist die Traumatisierung der Frontsoldaten und der leidtragenden Frauen und Kinder an der „Heimatfront" nach dem Ende des Zweiten Weltkrieges. War aber nicht auch die Generation meiner Großeltern bereits eine traumatisierte Generation, die nach dem Ende des Ersten Weltkriegs ihre Wurzeln und ihre Identität verloren hatte? Auch Traumata werden vererbt, nicht nur die Empfänglichkeit für schöne Sinnesreize, für Musik und Literatur, sondern auch das Grauen und die Angst können sich in den Genen festsetzen. Franz war Angehöriger der Kaiserzeit, jener „guten alten Zeit", die noch unbelastet war von Weltkriegen und Massenverbrechen. Als die Nazis 1933 Fuß fassten im ehemaligen Kaiserreich war Franz bereits fast sechzig Jahre alt. Da war er gefeit gegen den braunen Mob, gegen sozialistische ebenso wie nationale Ideologien. Andererseits gehörte Franz zur Generation der am Ersten Weltkrieg Beteiligten.

Schaut man dahin zurück, dann ist es vielleicht nachzuvollziehen, dass auch diese Menschen ihre Erwartungen an die nächste Generation, v.a. an die Söhne weitergaben, in der Hoffnung, diese würden „die verlorene Größe Deutschlands" wiederherstellen und die Scham über die Niederlage ausradieren. Diese Menschen hissten keine Fahnen, besuchten keine Paraden, aber sie waren beeindruckt vom wirtschaftlichen Aufschwung, den rückläufigen Arbeitslosenzahlen und den scheinbar mit Leichtigkeit errungenen Siegen in den so genannten Blitzkriegen der Anfangsjahre. Auch mein Vater hat gespürt, was sein Vater von ihm erwartete. Seine Briefe sind darauf angelegt, sich siegesbewusst und kämpferisch zu präsentieren. Mir geht es gut, Ihr müsst Euch keine Sorgen machen, schreibt er. Aufopfern und durchhalten bis zum letzten. Dem-Vater-gefallen, seinen Kampf an der Somme, wo dieser einen Kopfschuss erlitt, weiterführen, Deutschlands Größe wieder herstellen. „Deine Beförderung zum Wachtmeister erfreut Vaters militärisches Herz", schrieb Gertrud.

Vielleicht liegt darin ein denkbarer Ansatz zur Beantwortung der Frage, wie es möglich war, dass aus all diesen persönlich liebenswerten Menschen mehr oder weniger überzeugte Vertreter einer rassistisch begründeten nationalen Ideologie geworden waren. Zwar traten sie nicht öffentlich auf und begingen auch keine Massenmorde, aber sie sehnten sich in ihrem Inneren nach der Wiederherstellung ihrer jugendlichen Ideale, nach der Zugehörigkeit zu einer anerkannten und bedeutenden Nation. Und sie gaben diese Sehnsucht, diesen Auftrag an die folgende Generation weiter.

Dank

Meinem Bruder Oliver Oldermann und meiner Freundin Marion Machtan danke ich für ihre spontane Zustimmung nach der Erstlektüre des Manuskripts, die mich zur Weiterarbeit ermutigt hat. Ein spezieller Dank gilt meiner Freundin Irma Vormbaum-Heinemann, die sich des Manuskripts mit kritischer Empathie und „spitzem Bleistift“ angenommen und viele Stunden Zeit für Diskussionen erübrigt hat. Meiner Freundin Ingeborg Feindt danke ich für die wertvollen Literaturhinweise und ihre familiären Erinnerungen an das kriegszerstörte Osnabrück. Aller noch verbliebenen Unklarheiten hat sich dankenswerter Weise mein treuer Freund und Leser Dr. Hans-Richard Sliwka angenommen. Zuletzt danke ich – wie immer – meinem Lebensgefährten Hans-Martin Schäfer für die technischen Hilfeleistungen bei der Reproduktion und Bearbeitung des Bildmaterials.

„Wir sind dankbar dafür, dass das deutsche Volk die Schrecken des Krieges in Erinnerung behält“, schreibt Efrosinja K. aus Belarus.

Das Buch widme ich den Enkeln von Heinz: Anna mit Lydia, Victoria, Jonas und Paul, damit die Erinnerung an die Schuld des deutschen Volkes nicht verblassen möge.

Personenliste

Familie

Anna Concordia Lindemann (*1883), Heinz' leibliche Mutter
Ernst Maximilian Hake (1844–1925), wirkl. geh. Oberbaurat, Vormund

Dr. jur. Franz Oldermann (1876–1959), Rechtsanwalt
Gertrud Oldermann (1882–1941), geb. Kanzler
die Kinder:

Lore Oldermann (1912–1967)
Heinz Oldermann (1914–1988)
Rolf (1915–2002) Oldermann und Traudel, seine Ehefrau

Irmgard Prankel (1886–1968), geb. Kanzler, Schwester von Gertrud
Alfred Prankel (1873–1946), ihr Ehemann, Groß-Strehlitz
die Töchter:

Ilse Prankel (1909–1966)
Gerda Prankel (1911–1947)

Kurt Feise (1910–1986), Dr. med., Gerdas Ehemann

Otto Kanzler (1888–1954), Bruder von Gertrud und Irmgard, Köln
Gertrud Kanzler, seine zweite Ehefrau

Otto Kanzler (1851–1924), Dr. med., Vater von Gertrud, Bad Rothenfelde
Hermine Kanzler, geb. Künsemüller (1858–1905), seine Ehefrau
Minna Künsemüller (1863–1920), Schwester von Hermine
Hedwig Kanzler (†1925), Oberin, Schwester von Otto Kanzler
Richard Kanzler (1893–1942), Generalmajor, Vetter von Otto Kanzler
Lotte Kanzler, seine Ehefrau
die Söhne:

Fritz Kanzler (1922–1941)
Wolfgang Kanzler (1925–1943)

Friedrich Struck, Gertruds erster Ehemann (†1908)
Lisy Pirmann, Cousine von Gertrud

Margarete Oldermann (1921–2003), Heinz' erste Ehefrau
Friedrich (1886–1971) und Ernestine Schnüll, Margaretes Eltern, Soest
Barbara Oldermann (1930–2012), Heinz' zweite Ehefrau

Freunde und Freundinnen in Osnabrück

Enno Geelvink (1914–1942)
Dieter Schoeller (1912–1943)
Heide Schoeller
Albert Heinig
Renate Philipson
Marianne Philipson
Aenne Sprengelmeyer
Fritz und Wilma Dresing
Hans Gerhard (1911–1973) und Hilde Schmidt
Karl-Heinz und Eva Welp
Sophie Krochmann, Freundin von Gertrud
August Marahrens (1875–1950), Landesbischof, Freund von Franz
Carl Adolf und Helene Philipson, Textilgroßhändler
Gerhard Schoeller, Papierfabrikant
Familie Reimerdes, Nachbarn

... in Bad Sülze

Martin Stiller, Schwiebus
Walter Petersen, Güstrow
Wolfgang Kaupisch, Güstrow, später Berlin und Leipzig
Wilhelm Hauck, Chemnitz
Bernhard Meininghaus († 1940)

... in Leipzig

Alfred Lorentz, Verlagsbuchhändler
Dr. Ernst Wiegandt, Verlagsbuchhändler
Arndt Wiegandt, Juniorchef
Frau Jungbluth, Zimmerwirtin
Irmgard Jungbluth, deren Tochter

Frau Professor Lipsius, Zimmerwirtin
Wendula Lipsius, verh. Scholz, deren Tochter
Gertrud Känffert, Kollegin
Rudolf Kuntze, Kollege
Heinz Rasenberger, Kollege
Rolf Trömel, Freund
„Fräulein" Kudella, Freundin
Irmgard Graber (1915–1939), Freundin
Wolf-Dieter von Schütz, Freund
Rosica Rosenfelder, Freundin

... in Mohrungen

Helmut Rolf, Stubenkamerad

... in Frankreich/Russland/Dänemark

Leutnant Rosendahl
Hans-Gerhard Schmidt, Ordonnanz-Offizier, Osnabrück
Schmidt, Oberstleutnant
Fritz Heber, Major
Hans Wolff, Oberstleutnant, Godesberg
Hermann Tietjen, Major

Abbildungsverzeichnis

Alle Fotos entstammen dem Archiv der Autorin bis auf

Ortsregister

(* Ortsangabe in der Fußnote)